燕山刀客◎著

要留清白在人间

大明捍卫者

于谦

河南文艺出版社
·郑州·

图书在版编目(CIP)数据

要留清白在人间:大明捍卫者于谦/燕山刀客著. --
郑州:河南文艺出版社,2023.10
ISBN 978-7-5559-1446-4

Ⅰ.①要… Ⅱ.①燕… Ⅲ.①于谦(1398-1457)-传记
Ⅳ.①K827=48

中国国家版本馆 CIP 数据核字(2023)第 094231 号

选题策划	刘晨芳		
责任编辑	王战省		
责任校对	殷现堂		
责任印制	陈少强		
版式设计	吴 月		
封面设计	张 萌		

出版发行	河南文艺出版社	印　张	22.75
社　　址	郑州市郑东新区祥盛街 27 号 C 座 5 楼	字　数	280 000
承印单位	郑州印之星印务有限公司	版　次	2023 年 10 月第 1 版
经销单位	新华书店	印　次	2023 年 10 月第 1 次印刷
开　　本	700 毫米 × 1000 毫米　1/16	定　价	62.00 元

壹 追忆国之良臣
功在朝廷 泽被生民

贰 听见国之廉臣
两袖清风 勤政恤民

叁 阅见国之柱臣
扶危定倾 还原真相

肆 凭吊国之忠臣
留言传心 摘录感动

扫码洞观 无双国士的

多面人生

「谦谦君子」治国理政

「救时宰相」济世安邦

码上解锁

☑ 有声诵读
☑ 明史大案
☑ 读书笔记
☑ 追忆交流

自序

英雄从未走远，情怀历久弥新

有人说，没有英雄的时代，才是最好的时代；不需要英雄的社会，才是最好的社会。而中国传统社会能够持续不断地产生英雄，成就英雄，辜负英雄，固然值得后人尊敬和缅怀，从一定程度上说，也是民族矛盾反复激化，政权危机不断出现的表征。

但是，忘记历史就是背叛。对那些曾经拯救和保护了炎黄子孙的英雄，我们必须给予足够的敬意。没有他们的眼界与睿智、努力与抗争、付出和牺牲，中华民族的历史进程注定会面目全非。

明朝景泰年间的兵部尚书于谦，显然就是这样的英雄。

每个人都是地球上的过客，每个生命都注定要走到终点。我们在一声啼哭中来到世界，也会在亲人朋友的哭声中离开人间。

无疾而终地离开，肯定是绝大多数人追求的方式。但是，有些生命的非正常中断，有些人生旅程的戛然而止，反而令当事人的形象更加伟岸，使他们的事迹更加感人，让他们的英雄形象更加光彩夺目。

而于谦，显然就是这样的英雄。

不知不觉，新冠疫情已经困扰国人将近三年了。无数人都在缅怀2019 年，怀念可以正常上班的幸福，可以四处游玩的悠闲，可以说走就走的从容。怀念不用隔离、不用做核酸检测、不用担惊受怕的生活。

很多时光，只有告别之时，才能意识到其难得。

很多事物，只有失去之后，才能发现其可贵。

很多英雄，只有不会再出现之后，才能彰显其伟大。

而于谦，显然正是这样的英雄。

于谦生于诗书之家，从小刻苦向学，心怀大志，严于律己，并以南宋丞相文天祥为人生标杆。两次乡试落第，他并不气馁，愈挫愈勇；长期外放做官，他毫无怨言，尽职尽责。

五十二岁之前，于谦虽说长期挂着兵部侍郎衔，却几乎没有涉足过军事。他担任山西及河南巡抚十八年，勤于政务，关心民生，任劳任怨，殚精竭虑，在两省留下了很多佳话，被百姓誉为"于青天"。琐碎的工作没有动摇他的远大理想，小人的陷害没有令他改变做人理念，而当更大的责任需要他担当时，他也有足够的实力与信心直面挑战。

土木之变、北京保卫战和夺门之变，都是明史中特别重要的大事件。每一件事，都充满了变数、伏笔与疑点；每一件事，都深远地影响了大明政权的盛衰，甚至中国历史的走向；每一件事，都能留给后人太多震撼、反思和唏嘘。

而这三件大事，都与于谦有着特别密切的关系。英宗亲征他本应跟随却未能成行，从而逃过了土木堡之劫，得以有机会挽救危局；北京保卫战靠的是全体军民的众志成城、视死如归，但更离不开于谦的运筹帷幄、指挥若定；夺门之变的核心人员，都视于谦为眼中钉，共同的目标让他们走到了一起。而于谦最后的抉择，既留下了永久遗恨，更让后人感慨不已。

正统十四年（1449）秋，瓦剌悍然入侵。英宗仓促出征，二十万京营精锐几乎全军覆没。蒙古铁骑随即将北京当成了攻击目标。原本处在黄金时期的大明王朝，突然间就有了京城不保、政权倾覆的危险。安史之乱或者靖康之耻的悲剧，似乎又要在中华大地上重演。

幸运的是，危急关头，于谦挺身而出，果断力主另立新君景泰，并担负起了领导北京保卫战、捍卫京师安危的重任。他不光顺利完成了任务，还赢得漂亮，赢得彻底，赢得让国人解恨、令敌人绝望。

于谦创造的背城而战、炮骑结合等战术，深深影响了之后两百年的城市攻防战；北京保卫战的胜利，又大大凝聚了人气，弘扬了国威，甚至促成了瓦剌也先集团的瓦解。他不光为大明保住了中原河山，避免了靖康之耻的重演，更令中国最后一个汉人王朝能继续发展两百年。

北京保卫战之后，大明原本形势大好，"景泰中兴"的局面已然形成。但由于皇位继承产生的危机与争执，以及英宗回国引发的潜流与变数，最终导致了夺门之变的爆发，看似一切回到起点，但事实是面目全非。

而一心希望告老还乡的于谦，却不幸被卷入争端，并成为这场阴谋的替罪羊，为中国历史留下了千古奇冤，更使英雄用生命捍卫的城市蒙受耻辱。后人每每回想起来，总是唏嘘不已，甚至潸然泪下。但正是因为这样的不幸结局，反而令他的形象更显伟岸，事迹更为突出，影响力更加持久。

每个人的生命都是有限的。如果将人生比作一盘棋局，对手就是命运，那我们明知要输，为什么不选择躺平，而要全力以赴呢？正是生命的有限性，才给了每个人拼搏的理由。

于谦生活在承平环境，原本没有成为文天祥的机会，但多年如一日的自我激励、脚踏实地的不断提高，让他在机会真的到来之时，能够从容地把握住。

于谦的心路历程、成败得失，给了我们看待世界的另一种视角，让我们清楚地意识到，努力把握好经历与过程，就是生命最大的意义。求仁得仁，又何怨乎？

我们普通人，没有于谦的才华，也很难有他的机遇，当然也不会有像他那样的不幸。但大家都能不同程度地从他的心路历程中受到触动，得到启发与感悟，帮助自己正确规划努力目标，合理拓展上升通道，让人生之路走得更加平稳和充实。

于谦离我们相当遥远，又与我们如此贴近。随着北京和杭州建设世界级历史文化名城步伐的加快，于谦这位联系了两大都市的英雄，必将一次次被后人提起、缅怀与讴歌。而于谦的志存高远、勇敢担责和不畏牺牲，更值得千千万万的国人学习、模仿和追随。

是为序。

目　录

第一章

钱塘少年初长成

一、杭州骄子，甫一出世就不平凡

"东南形胜，三吴都会，钱塘自古繁华。烟柳画桥，风帘翠幕，参差十万人家。"北宋大词人柳永笔下的杭州，既风景如画、美不胜收，又市场繁荣、人丁兴旺。隋大业六年（610），这座城市得益于江南运河的开通，成为隋唐大运河的南部起点，从此也开始了不断扩张的进程。

后梁开平元年（907），朱温篡唐称帝，建立梁朝（后梁），并封钱镠为吴越王。杭州第一次成为王国都城。钱镠当权之后，对杭州进行了大规模扩建。五代十国烽烟不息，而杭州却能安享太平近百年，钱氏诸王功不可没。

到了柳永生活的年代，作为两浙路路治，杭州已成为江南第一大城，超过了传统的南方中心城市南京和扬州。运河码头终日繁忙，粮食和其他物资源源不断地运往京师开封。

　　南宋建炎三年（1129），杭州被升为临安府。绍兴八年（1138），她更成了南宋的事实首都，被称为"行在所"，直到德祐二年（1276）被元军攻破。

　　特别值得强调的是，在整个南宋和元时期，杭州都是全国以至全世界人口最多、商业与文化最繁荣的大都市之一，在人类文明发展史上写下了浓墨重彩的一笔。金中都、元大都与宋元杭州的差距，正是南北实力差距的准确体现。在著名的《马可·波罗游记》中，作者以最多的篇幅介绍了杭州这座名城，并称其为"世界上最美丽华贵之天城"。

　　洪武元年（1368）正月，明太祖朱元璋在应天府①称帝，明朝成为中国历史上第一个建都江南的大一统王朝，杭州的地位从此大大削弱。但作为浙江省府②所在地，又是京杭大运河起点，杭州依然是东南名都。"上有天堂，下有苏杭"的美誉，依然让国人津津乐道。唯有杭州人自己，回想起曾经的荣耀与辉煌来，才会有一些失落和憋屈。

　　"六朝烟月之区，金粉荟萃之所"，说的固然是大明京师南京，但同为江南大城的杭州，其实也有类似的情况。经济的繁荣带来生活环境的安逸，物质的富足导致尚武精神的流失。很长一段时间里，能代表杭州形象的，似乎总离不开西湖上精致的画舫、佛寺中考究的茶茗、书院中精致的少年、青楼里娇艳的歌女，让人感觉少了一些阳刚之气。即便是安葬在西湖边上的民族英雄岳飞，似乎也无力将这个城市唤醒。

　　而到了明朝中期，一位土生土长的杭州人，却以自己的血性与刚烈、

---

　　① 当年八月，朱元璋以应天府为南京，开封府为北京。洪武十一年（1378）正月，废北京，改南京为京师。永乐十九年（1421）正月，朱棣以北京为京师，改京师为南京。

　　② 洪武九年（1376），朱元璋将各行中书省改为承宣布政使司，但民间依然习惯称"省"。

坚韧及果敢，为中国历史添上了浓墨重彩的精彩一笔，为这座城市带来了别样荣光，也让自己的名字，成为可与岳武穆比肩的传奇，更让后来的我们在崇敬之余，深切感受到了两浙文化的另一面。

到底是时势造英雄，还是英雄改变时势，这当然是见仁见智的问题。但可以肯定的是，正是这位伟人的出现，让我们对杭州更多了一份敬意。

洪武三十一年（1398）四月二十七，江南已然入了夏。午时（11：00 至 13：00）前后的杭州府钱塘县，阳光灼热而刺眼，瓦蓝的天空几乎看不到云朵，没有一丝风，天地之间如同一座巨大的蒸笼，压得行人喘不过气来。而太平坊南新街①一户于姓的官宦人家里，所有人却忙前忙后，相当开心。

伴随着"哇"的一声啼哭，一个新生命来到了人间。

这是于家少主人于仁和妻子刘氏的长子，还是个男孩！可把全家老少开心坏了。他们能想到的是，儿子才是自己的，女儿早晚要出门，还得陪嫁妆；他们想不到的是，一个多月之后，全家人就得素服默哀——洪武皇帝朱元璋驾崩了。当然他们更想不到的是——

朱元璋一手缔造的大明王朝，未来居然还需要这个孩子亲手去拯救！

这个孩子，就是本书的主人公于谦。要说老于家和老朱家的关系，还真是相当微妙。父亲于仁恰好出生于洪武元年（1368），即明朝建立之年，只比永乐皇帝朱棣小八岁。

永乐的孙子，大明第五位皇帝宣宗朱瞻基，生于建文元年（1399）二月初九，比于谦小不到一岁。② 成人之后的他们，还会有很多交集。

---

① 今杭州市上城区清河坊祠堂巷 42 号。
② 另有一种观点，认为朱瞻基和于谦同年出生。本书采用前一种说法。

自称于谦十一世孙的清朝学者于继先，在其整理的《先忠肃①公年谱》中记载了这么一个故事：

南宋末年的书生丞相文天祥，在民间一直拥有极高人望。于谦的祖父于文和父亲于仁，更是对文天祥的气节非常崇敬，甚至在家中一直供奉着他的遗像。

正所谓心诚则灵。终于，在一个伸手不见五指的黑夜里，于仁从睡梦中惊醒，猛地看到了一位头戴金色头巾、身着绯色长袍的神仙，就站在他面前。所谓白天不做亏心事，半夜不怕鬼敲门。于仁当然并不惊慌，只是不明白对方要干什么。

正疑惑间，神仙就开门见山地发话了。而这句话，从此定下了自己儿子的名字，甚至定下了这孩子一生的命运。一切都是上天的安排啊！

神仙是这么说的："你父子俩真心诚意地供奉文山②公，让我非常感动。为表示感谢，我马上就给你送个儿子！"于仁连忙谦虚地说："仙家过奖，不敢当啊。"但心里可乐开了花。要知道他已经三十一岁了，连一个孩子都没有，街坊邻居难免在背后指指点点。

第二天一早，于仁就把昨夜发生的事情悉数告诉了刘氏——这小两口可真是无话不谈啊。谁知妻子听完，居然红着脸低下了头："相公，奴家有喜了。"

于仁这位老实人不听则已，一听差点从椅子上蹦起来：神仙还真是说话算数啊，看以后谁还敢说我不行？当然，古人表达感情的方式比较含蓄，断不会马上搂住老婆亲几口，或者抱起来原地转上两圈，他只是

---

①　忠肃为于谦的谥号。
②　文天祥号文山。

投去感激的目光，但这已经令妻子欣慰了。

十个月之后，一个大胖小子呱呱坠地。这可是长子啊，光大门楣的希望就靠你了！

到了孩子三岁的时候，于仁不失时机地向娃他妈提议："娘子啊，当年为了感谢仙人送子，我就谦虚了一下。那孩子就叫于谦，字廷益吧，希望他能对朝廷有些益处（潜台词是：最好能成为朝中重臣）。"那年代做妻子的，怎么可能驳老公的心意呢，于是孩子的名字就这么定了。

在我们今天看来，这个故事的可信度显然几乎为零。但于谦与文天祥之间的微妙联系，却是实质上存在的。于仁既然一直崇敬文天祥，做梦遇到"神仙送子"，也是合理的事情。

在长子的身上，于仁倾注了太多心血，也寄托了太多期望。潜意识中，他肯定希望自己的儿子能有文丞相那样的事功，如此一来，他本人不也就青史留名了吗？

而进入读书年龄的于谦，在父亲的谆谆教诲、不断激励与暗示之下，也有点"入戏太深"，真的把这位南宋丞相视为典范，以其事迹激励自己刻苦读书。在今天的学者看来，这就是"皮格马利翁效应"在起作用了。

洪武三十一年为戊寅年，因此于谦属虎。四月二十七日换算成阳历，则是 1398 年 5 月 13 日，属于金牛座。按今天的说法，于谦就是那个年代的"90 后"。2022 年，正好是他的本命年。

于谦的出生，给一家老小带来了太多欢乐与希冀。不过五十来天之后，洪武皇帝归天的消息就从京城传到了杭州。二十二岁的皇太孙朱允炆正式继位，宣布次年改年号为建文，大赦天下，并为朱元璋上谥号

"开天行道肇纪立极大圣至神仁文义武俊德成功高皇帝"，庙号太祖，葬于京城东边早已修建好的孝陵。

朱元璋在位三十一年，只用了一个年号洪武，这个做法为之后的明清皇帝继承。因此，后人就可以用年号来代称君主本尊，例如嘉靖皇帝、乾隆皇帝等。只有一位皇帝除外，他有两个年号，也是本书中的重要配角，和于谦还有很多交集。

这位仁兄是谁呢？熟悉明史的同学自然不会陌生，还会给他起各种昵称。诸位读到后文就知道他是谁了。

说起于家，祖上还是相当显赫的。他们祖籍在考城（今河南省兰考县），先祖（因家谱丢失，名已不可考）曾在北宋担任过汾州节度使等高官；于仁的祖父于九思，在元朝末年当上了杭州路总管，从此举家迁到了这座名城。

因此，于谦性格之中有北方人的豪爽与执拗，也显得非常合理。

对于洪武大帝朱元璋，杭州人的心态是复杂的。一方面，感激他恢复中华的不世功业，敬佩其北伐元朝的宏大气魄；另一方面，又对他实施海禁、重农抑商、压制读书人等政策心怀不满。

而新皇帝建文，还真的没有辜负这个年号。他显然对学者文人更加重视，也愿意进一步发挥科举的作用。你说天下书生能不开心吗？马上可以得天下，岂有马上治天下的道理？

可惜好景不长。建文元年（1399）七月，朱允炆的叔叔、燕王朱棣从遥远的北平起兵造反，发动靖难之役。他做的事情，使人联想到唐朝天宝十四载（755）开始的安史之乱。

当然，朱棣比安禄山幸运得多。三年后的六月，受益于南京城内的叛徒开城，他轻松占领大明京师，顺利登上皇位，毫不客气地改当年年号为洪武三十五年，并定次年年号为永乐。也就是说，人家不承认大侄子这几年的工作，建文白建了。

永乐元年（1403）元旦①，朱棣就急不可耐地下诏，将自己的"龙兴之地"北平改为北京。到了二月，永乐又改北平府为顺天府，设北京留守行后军都督府、北京行部和国子监。这么一来，大明王朝就恢复了朱元璋在洪武十一年（1378）废除的两京制。从此直到明朝灭亡，南北二京都是政治中心。

三年的靖难战事，基本上发生在长江以北，南京城是和平接收的，杭州受到的破坏就可以忽略不计了。永乐一登基，浙江和其他布政司的反应一样务实，都自觉认同了新皇的领导，完全没有抗争到底的意愿。也许多数人只是觉得，天下都是老朱家的，换谁来当皇帝不都一样吗？

读书人更关心的，无疑是科举能不能正常进行，自己及后代会不会受影响。建文四年（1402）八月，原本是乡试的时间，但因战事耽搁了。永乐本人没读过多少书，对科举还是非常重视的。他下令在永乐元年举办乡试，次年在南京进行会试，第三年则继续在各地开展乡试。这样就把耽误的一次考试补齐，继续维持子、卯、午、酉年乡试，丑、辰、未、戌年会试的传统。

按照惯例，会试每年在全国大概只能录取两三百名举子。但永乐二年，礼部一下子录取了四百七十二人，显然是皇帝授意的。这个姿态再清楚不过了：国家还是用得着你们的，科举还要你们大力参与的。知识

---

① 明朝的元旦为正月初一。

界的顾虑当然也打消了。

于仁字彦昭，为人正直，乐善好施。他虽说手不释卷，却无意于自己参加科举，而是将主要精力用在治学上。他并没有著述流传下来，殊为可惜。自从有了长子，于仁更是将很大一部分精力，转移到对于谦的教育培养上面。

后来，于家又有了次子于泰和一个女儿，但最终能够青史留名的，当然只有于谦一人。

那么，这孩子的成长之路上，又会经历哪些波折，收获哪些关照，又遭遇哪些麻烦呢？

二、好学少年，有天赋更有勇气

三岁看大，七岁看老，一个人成年时的作为，很大程度上要受其童年的影响。

作为浙江布政司所在地，杭州的教育水平当然是领先全省；作为书香门第于家的长公子，于谦从六七岁的时候，就表现出了与同龄孩子截然不同的气质，似乎真的以为"天将降大任于自个儿"。

看来，父亲平日用文天祥的事迹激励他，显然收到了相当不错的效果。

每天，他不是捧着书本一行一页地苦读，就是举着毛笔一笔一画地练字，也不害怕眼睛近视了。至于上树摸鸟蛋、下河捉泥鳅之类的童年"必修课"，他完全不感兴趣，也不想浪费时间。小于谦的这种做派，跟视他为偶像的王阳明形成了鲜明反差，倒是相当接近于王阳明的父亲——成化十七年（1481）状元王华。

如果说别的孩子是"逃学威龙"，那于谦妥妥的是一枚"求学威龙"。

可如此一来，也让他在小朋友之中显得有点儿特立独行。这妥妥的"别人家的孩子"啊，或者说，他有些不够合群。但是，没主见随大流，就一定是情商高吗？

上学第一天，老师就想检查一下于谦的水平，于是决定考考他。

在明朝，人们喜欢对对子。老师正思考间，看到旁边有个小孩子正抱着柱子玩耍，老师眉头一皱，有啦："手攀屋柱团团转。"

他笑呵呵地说完，就坐下喝茶了。大才子曹植还得七步成诗呢，老师可能觉得，这小朋友怎么也得考虑小半个时辰吧，先休息会儿。哪里想到，这位看起来略显木讷的孩子，张嘴就来，根本就用不着思考，让老师完全没有精神准备。

"脚踏楼梯步步高。"

这于谦人不大，倒有观察事情的敏锐性，当时确实有孩子正从楼梯往上蹦蹦跳跳地嬉闹。老师不想折了面子，随口又说："三跳跳落地。"

这也太简单了吧，能难倒小学究吗？于谦伸伸小手，向着蓝天指了指。老师还没明白怎么回事呢，只听这孩子面无表情地对道："一飞飞上天！"

这对得还真工整：数字对数字，动作对动作，该重复的重复，该呼应的呼应，人才啊！老师不禁脱口而出："这孩子，长大必定不是凡夫俗子！"

次日，于仁到私塾来拜访老师，顺便了解一下儿子的学业。两个大人是一见如故，相见恨晚，聊了很长时间，就当时的热点问题，进行了开诚布公的讨论。老师回头一瞅于谦，不禁有点生气了。

原来，这小子还端坐在书桌前，捧着本书读得很认真，读到兴奋之处，还免不了摇头晃脑，似乎外面什么事都和他没关系，天上掉下块金子都懒得捡，这也太目无尊长了吧。换作别人家的老爹，八成早就发火了，可于仁却跟没事人一样。老师有些心理不平衡了。他猛地转过身去，走向于谦，大声质问道："子坐父立，礼乎?"

这句话一出，老师可算是出了一口恶气了。怎么着吧，于情于理，我说的话都毫无问题。你小子可以不尊重我，连自己的老爹也不放在眼里，太不应该了吧，我就替他教训教训你。谁知于谦的回应让他哭笑不得。

只见这位小朋友平静地合上书本，慢慢起身，不慌不忙地说道："嫂溺叔援，权也。"

古人讲究男女授受不亲。大夫给姑娘把脉都不好意思直接上手。但《孟子》中讲到，如果嫂子掉进水里了，小叔子要不要救她呢? 救了，岂不是乱了礼数? 不救，那当哥的还是不会放过你。这种情况下，你就不能在乎太多，权宜之计，救人要紧。同理，子坐父立，也属于这种情况。不过，对于一个还远没到青春发育期的孩子，这脑洞开得有点大了吧。

于谦以为老师又想出对子考自己，当着父亲的面，还不趁机表现表现? 但这一次，他还真的想多了。

老师尽量控制自己的吃惊表情，看着眼前这个眉清目秀的小朋友，心想，小小年纪，你咋能懂这么多? 好在于仁及时打圆场，假装生气地说："小子多嘴!"这事才这么平息过去。

从那以后,老师可不敢再找于谦对对子了,万一再搞得自己下不来台呢?现在我们回头看看,小于谦确实足够聪明,也遇事不慌,但显得有些锋芒过露,不懂藏拙。

所谓从小看大,于谦的这种性格,也影响了他的一生。在一个处处讲究中庸之道的社会中,这种性格往往容易得罪人。

明末才子张岱的《快园道古》中,甚至记录了这么一则故事:

于谦小时候,母亲刘氏给他梳个了"哪吒头",这不过是当时小男孩的常用发型。可是,偏偏被和尚兰古春看到了。他摸摸自己光亮的头皮,再看看眼前这个眉清目秀、有点小姑娘气质的小朋友,随口就说了句:"牛头喜得生龙角。"

和尚自己没觉得什么,于谦可不干了,立马对出了七个字。兰古春一听脸色马上大变,心情立刻不好了。

原来,于谦说的是"狗口何曾出象牙"。相比和尚之前的玩笑,这种毫不掩饰的反击,似乎有点小题大做。于谦回到家,请母亲改梳成三角发髻,然后又出门玩耍了。

没承想,兰古春又在半路出现了。可能是想到自己之前受到的羞辱,和尚毫不客气地嘲笑说:"三角如鼓架。"话音刚落,于谦的对子就来了,这一回真是把和尚彻底惹毛,差点动手了。

于谦对的是"一秃似雷槌"。在围观者的哄笑声中,这位和尚悻悻而去。临走,像是为了挽回面子,他说出了一句永载史册的话。

于谦都说他"狗口何曾出象牙"了,那么他的这句话传播有多广呢?

三、少有大志，才会有一路向上的动力

史书上说，刘秀（东汉开国皇帝）命定要当天子。希腊神话则讲，俄狄浦斯王命定要杀父娶母。王阳明弟子宣称，老师生下来就注定能成为一代宗师。如果一切都是命运安排好的，那努力又有什么用呢？

于谦的出生被说得神乎其神，有关他成长中的故事就更多了。根据《快园道古》的记载，吃了亏的兰古春，并没有回寺院找棍子抽人，而是这么讲的："这孩子骨骼非凡，人莫能及。他日乃救时宰相也。"

不管你信不信，反正书上就这么写了。其实，这则故事还不是张岱原创。与张居正同年中进士的南直隶太仓人王世贞，在生前堪称学术权威、文坛领袖，在《弇州山人续稿·于太傅传》中，他早就一本正经地写道：

> 谦生而颀晳，美容止，七岁，僧兰古春善相，见而大奇之曰：所相人毋若此儿者，异日救时宰相也。

可见，张岱只是把王世贞的说法添油加醋地夸大了。后来，由清朝重臣张廷玉主编的《明史》，对王世贞的作品更是多有借鉴。因而在这部官修的《明史·于谦传》中，居然也有这样的内容：

> 生七岁，有僧奇之曰：他日救时宰相也。

七岁的小孩子性格还远远没有定型，让一个相面的和尚给鉴定未来，当然十分荒唐。别说当时（永乐二年）早已没有了宰相官职，永乐坐稳江山之后，可以说是国泰民安，哪里来的危机，哪里需要英雄，哪里能有普通人拯救国家命运的机会？

这当然是用小说笔法写历史。也许始作俑者王世贞想用这种方式，来证明于谦有多么伟大，其事迹有多么传奇。但在今天的我们看来，效果不是恰恰相反吗？把于谦通过多年不懈努力，甚至经历各种挫折与危险取得的成就，赢得的尊严，达到的境界，轻描淡写地说成是命中注定，这到底是夸他，还是贬他呢？

但是，于谦从小就立下了不凡的志向，这绝对是真的。

不知不觉间，于谦到了九岁。有一次，家丁去接小少爷回家，结果这孩子却成了街上一景，声势如同今日的网红。

一个衙役看到了，不禁脱口而出："红孩儿骑马游街。"

当天，于谦穿的是一身红装，骑在一匹小红马上，特别拉风。不过，听到这句话后，小少爷的表演欲也就克制不住了，他当时就对出了七个字，把围观群众全都惊住了：这孩子，可真不能小觑啊。

他说的是"赤帝子斩蛇当道"。没有一点考据功底的，还真听不明白他说的是什么。《史记·高祖本纪》中，有刘邦醉酒斩白蛇的故事。在书中，有一老妪宣称白蛇是自己和白帝之子，被赤帝之子斩杀。刘邦被老妪暗指是赤帝之子，因而他听后大喜，进而有了一统天下、号令四海的野心。小于谦讲出这番话，显然并不是想当皇帝，那可是要掉脑袋的。不过，至少也传递出了他对建功立业的强烈渴望。

中国读书人从来不掩饰对功名的追求。北宋大儒张载总结的"为天地立心，为生民立命，为往圣继绝学，为万世开太平"，一直是历代文人努力的方向。而少年早熟的于谦，十岁左右就熟读了各类经典，"小神童"的名号在街坊邻居中广泛传播。这种赞誉反过来又激励他进一步努力，而不是沾沾自喜。

所以说，自律要从娃娃抓起，不然可能就来不及了。

成年后的于谦，在《忆老婢》中对少年时光如此回忆：

我昔少年时，垂髫发如漆。

锐意取功名，辛苦事纸笔。

杭州的宜人风光，令外地游客流连忘返，但对生于斯长于斯的于谦来说，显然早就有了"审美疲劳"。他将自己的主要时间全部留给了读书写作。至于"读万卷书，行万里路"的传统，他也只能顾得上前一句。

在钱塘县城南，有一座号称"会当立马第一峰"的吴山。它左临钱塘江，右倚西子湖，峰峦叠嶂气势宏伟，古树参天处处葱郁，确实是夏日纳凉、春秋登高的好去处。但吸引于谦的，却是山脚下的"三茅书院"。

永乐十年（1412），十五岁的于谦考取了钱塘县官学生员，从此开始了住校生活。不过，和大部分同学相比，他想回家是相当方便的——也就十几里路的事。

这里的藏书颇丰，经史子集门类齐全；这里的老师水准不俗，传道授业很有方法；这里的同学，也大多聪慧上进，懂得自律。虽说大家都是以求取功名为目的，显得有些功利，但就像今天的掐尖班中，严格的训练也潜移默化地逼出了学生的潜能，提升了他们的境界。同时，这些孩子也都有了更多机会，得以结交挚友，认识同好，相互鼓励，彼此切磋。

在父亲的感召下，于谦多年来一直将文天祥视为偶像，与家中一样，他在学校卧房的墙壁上，也庄重地挂上了这位英雄的画像，还写下了一篇赞词：

　　呜呼文山，遭宋之季。殉国忘身，舍生取义。气吞寰宇，诚感天地。陵谷变迁，世殊事异。坐卧小阁，困于羁系。正色直词，久而愈厉。难欺者心，可畏者天。宁正而毙，弗苟而全。南向再拜，含笑九泉。孤忠大节，万古攸传。我瞻遗像，清风凛然。

如今，中国每年出版的新书达几十万种，让无数读者陷入选择障碍之中。于谦生活的时代，传世之作当然要少得多，但也面临一个如何取舍的问题。在老师和父亲的启发诱导下，他特别推崇先秦两汉的学者文章，以及诸葛亮、苏轼的作品。

众所周知，先秦时期是中国学术文化的一个重要的繁荣时期，出现了"百家争鸣"的盛况。两汉成就了司马迁和班固两位史学大师，以及贾谊、晁错、王充和王符等政论名家，他们的作品高屋建瓴、洞若观火，其中展露的经世济民理念，更让于谦相当欣赏。

诸葛亮和苏轼一个是顶级政治家，一个是顶尖文学家，人生际遇相差太远，但两人的身上，都有一种永不服输的信念，有着为天下苍生请命的担当，有明知不可为而为之的勇气，有着为理想不惜牺牲一切的执念，自然也都成了小于谦的崇拜对象。

诸葛亮作品不多，《出师表》《诫子书》等篇流传千古，而苏轼在文章、诗词、书法和绘画上都取得了极高成就，是难得的十项全能式文坛领袖。

更让于谦敬重的是，苏轼两次任职杭州，政绩斐然。熙宁四年（1071）他出任杭州通判时，还属人微言轻。元祐四年（1089）担任杭州知州之后，面对西湖淤阻塞萎、民众生活受到严重影响的状况，苏轼自筹经费，组织二十万军民，完成了疏通西湖的浩大工程，既为杭州铸就了最知名的地标，也充分彰显了他的务实精神和超前眼光，让钱塘父老世代缅怀，令中华文人永久景仰。

于谦还特别欣赏浙江老乡、唐代名相陆贽的施政理念，并精读了他的大量奏疏，对其中体恤民情、针砭时弊的论述非常推崇和钦佩。日后于谦走上仕途之后的作为，显然也深受几位先贤的影响。

对于葬在西子湖畔的民族英雄岳飞，于谦当然也是非常敬佩。《岳忠武王祠》诗未必创作于这一时期，却是他真实情绪的写照：

> 匹马南来渡浙河，汴城宫阙远嵯峨。
>
> 中兴诸将谁降敌，负国奸臣主议和。
>
> 黄叶古祠寒雨积，清山荒冢白云多。
>
> 如何一别朱仙镇，不见将军奏凯歌。

不过，于谦只是一介书生，大明也处于太平盛世，让他如岳武穆一样跨马提枪，既不现实，也不需要。他发挥才华的舞台，当然是考场和官场。

在杭州官学中，有一个不知道什么来头的督学佥事，平日里对学生百般挑剔，无事生非，无中生有，年轻人都非常恨他。有一次，学校组织祭拜孔庙时，督学佥事也偏要随行，结果就出大事了。

镜头一切，这位素来作威作福的贪官，此时却在水池中拼命扑腾，真叫一个狼狈。原来，不知道哪个熊孩子带头起哄，一帮人齐动手，居然把督学佥事大人推到水里，然后飞快消失。法不责众嘛，当年又没有监控。

督学佥事喊破喉咙也没人答应吗？还真不是。有身材高挑的学生走过来，伸手把他拽到了岸上。

真是雪中送炭啊，督学佥事是不是得好好表示感谢、许以重赏，顺便再问问他是否婚配呢？

他猛地抓住了对方的脖子，恶狠狠地说：“是不是你干的？同伙还有谁？”

这位救他的学生正是本书的主角于谦。

不过，于谦根本没有慌张。他仅仅说了一句话，就把事情摆平了。不管你信不信，反正王世贞和李贽两位名家都信了，还都收录在他们的著作里。

于谦是这么说的：“推你的早就跑了，没推你的才会拉你，这事不简单吗？今天你不怪罪推你的，却要责难帮你的，这是什么道理？”

此时的于谦已经十八岁，气宇轩昂，声音洪亮，条理清晰，让督学佥事一时找不到治罪的理由，此后也没有再追究他。而于谦临危不惊、处事不乱的名声，也就在学校传开了。

九层之台，起于累土；千里之行，始于足下。三十四年之后，当大明遇到与靖康耻相当类似的危险处境时，于谦表现出的坚毅与果敢让所有人钦佩，可谁又能想到，这个品质他事实上早就具备了。

不过，在信奉"多一事不如少一事""出头的椽子先烂"的传统社会中，于谦确实有点"多管闲事"的倾向，甚至还有更轴的时候。

不久之后，浙江巡按御史亲临学校视察。他早就听说了小神童于谦的大名，特意点名要求此人讲书。

对普通学生来说，这不正是拉近与御史的关系，为自己前程铺路的大好机会吗？还不得处处让对方有面子才对吗？那于谦是怎么做的呢？

他神情严肃地走上讲台，突然撩起衣襟，"扑通"跪在桌案前了。

现场一片哗然。难道于谦是想用这种方式，来表达对御史的尊敬吗？这真是五百年前的"跪舔"吗？

这位大人都不好意了："讲书不用行跪礼。"让他赶紧起来。

不过，于谦根本就不听御史的，反过来还给他提要求："各位官员都得跪着听！"

御史很生气，坐下喝茶吃点心不香吗？可听人家一解释，他也无可奈何，乖乖地跪着听这小子演讲了半天。

于谦当时说的是："今天我讲的是太祖高皇帝亲自制定的《大诰》，不敢不跪。"是啊，这文件的权威性类似圣旨，再大的官，接旨时不还得跪下吗？合理！

道理是没错，但御史大人肯定不会开心，提携于谦的念头恐怕也不会再有，不利用职权打击报复就已经算很仁义了。于谦这种耿直认死理的性格在官场上往往会被划入另类。

但凡事都有两面性。试想一下，换成那些八面玲珑的人精，在土木之变发生以后，能有于谦那样的坚强意志和坚定信念吗？

于谦不单做事出位，胆子也是大得可以。他经常晚上从家里步行到学校，中途要路过一座星宿阁。坊间传言，这地方一到晚上就少不了孤魂野鬼，抓了男人就当夜宵，抓了女人就做些别的。因此，好心的同学都提醒他，老老实实住家里得了，千万别乱跑，第二天早上回来也不迟。

可于谦听了，只是微微一笑，也不想多辩解，还是继续坚持走夜路。有一次，不知道是想见识一下大场面，还是想邂逅个把漂亮女鬼，他干脆住进了星宿阁，倒有些宁采臣住进兰若寺的呆萌。

于谦出事了吗？当然没有，否则谁来领导北京保卫战呢？那么，他收获爱情，"人鬼情未了"，私订终身了吗？很遗憾，也没有。

那么，于谦是坚定的唯物主义者，不相信世上有鬼吗？根据现有的历史资料，恐怕还得不出这样的结论。只能说，此时的于谦，已经胆识过人了。"白天不做亏心事，半夜不怕鬼敲门"嘛。

金榜题名是每个读书人的心愿，不过在进京赶考之前，还得先通过地方的考试。于谦很早就考过童生试，拥有秀才身份了，自然在街坊邻里中传为佳话。

那么，接下来的挑战，他能一路顺风吗？

码上解锁

☑ 有声诵读　　☑ 明史大案
☑ 读书笔记　　☑ 追忆交流

第二章

初涉官场不轻松

一、乡试失利，却有意外收获

天将降大任于是人也，不会让他随随便便成功。永乐十二年（1414）八月初九，十七岁的于谦来到浙江贡院，开始了连续九天的乡试。

"乡试"听起来挺低调很接地气，但举办地点可不是什么乡村，而是各布政司所在地，绝对的中心城市，全国只有十六个考点（两京十四省）①，这是各省府能够承办的最重要的考试。乡试每三年才举行一次，主考官都是从朝廷直接派来的，为的就是防止地方舞弊。

千万别以为乡试容易。事实上，它的竞争极其惨烈，两京十四省数万甚至数十万有秀才身份的考生中，只有两三千人能够脱颖而出，考取举人，并获得前往京师参加会试的资格；第二年，这些精英全部集中在

—————————

① 宣德二年（1427）宣宗放弃交趾布政司，此后明朝核心领土一直为两京十三省。

南京贡院参加会试，争夺两三百个进士指标。

因此，说能通过会试的是千里挑一，一定程度上并不夸张。退而求其次，在大明王朝，只要能获得举人资格，也就为自己争取到了一份"铁饭碗"，从此除非触犯刑律，就会一直拥有官员待遇，可以随时递补为官。而且，明朝几乎不存在元朝那样的贵族世家，更没有唐朝那样的军权、民政和财权一把抓的节度使，从国家到地方的行政权力，都需要文官来行使。

所谓近水楼台先得月。于谦家离浙江贡院不过区区一里多路，这才叫标准的"学区房"，真正赢在起跑线上。于谦的起点，比很多人的终点还要高，他根本用不着备车，哼着小曲、吹着口哨就走过去了。而很多省城之外过来的秀才，只能早早赶到钱塘县城，投宿到贡院周边的客栈之中，让老板数钱数到手抽筋。

元文宗至顺三年（1332）八月，时年仅有二十二岁的于谦同乡、大明开国第一谋臣刘基，也从本省的处州路青田县赶到杭州参加乡试，并顺利获得举人资格。第二年，刘基北上大都（北京），以三甲第三十名的优异成绩高中进士。

大明建立之后，朱元璋很快就恢复了科举。洪武三年（1370）八月，首次乡试在各行中书省所在地举行。明朝科举的录取规则，主要就是由刘基制定，并经朱元璋进行了调整。刘基还担任了直隶①乡试的主考官。

弘治五年（1492），于谦的一个忠实粉丝，从绍兴府余姚县来到了杭州，也顺利地考中了举人。这个年轻人，正是心学圣人王阳明。他中举

---

①　当时的直隶，大致相当于今天的江苏和安徽两省。朱棣迁都北京之后，以北京周边（今河北大部）为直隶，原直隶改为南直隶。

时，还没过二十一岁生日呢。

不过，王阳明之后的表现有些"拉胯"。他后来在北京连续参加了三次会试，屡战屡败，直到二十八岁"高龄"时，才艰难地考中进士，成绩是二甲第七名。

那么和他俩相比，于谦的表现如何呢？

对于此次乡试，于谦本人是志在必得。周遭几乎所有人都向于仁提前祝贺，让他准备请客，甚至准备给这秀气的孩子做媒。

是啊，于谦不行，还有谁能行啊？

此时，永乐皇帝朱棣还在北京，短期内不打算回来。因此来年的会试和殿试，都将放在北京举办。

如果于谦通过乡试，他就将成为大明第一批在北京参考的举子。当然，对广大南方考生来说，还是在南京考试方便得多。

榜单公布出来了，于谦不慌不忙地挤进人群里。他信心满满，觉得很快就能看到自己的名字。不过随着时间流逝，于谦的表情从放松变成了紧张，进而又相当失落。从第一行瞅到最后一行，他还是没有找到最熟悉的那两个字。

于谦落榜了！这消息就如同长了翅膀，在街坊中很快传开了。多数人当然要登门安慰一下，毕竟长公子才十七岁，三年之后还能再考。再者说了，这个年龄就中举的，实在也不多（想想范进）。被誉为明朝第一政治家的张居正，倒是在嘉靖十九年（1540）十六岁时高中举人。

按今天的标准，十七岁（周岁十六）的孩子还处在青春发育期，家长免不了反复警告早恋的危害性。可在大明年间，这岁数已经能娶妻成家了。落第之后的于谦，当然没有心思想姑娘，没有条件约姑娘，更没有底气追姑娘。

不过，他很快就从不开心中解脱出来，继续埋头读书写作，乐在其中，甚至很少出门。

这种不服输的狠劲，显然是父母乐于看到的。于谦之所以落榜，只因文化大省浙江的竞争实在激烈。于谦本人又将大把时间用在读一些"闲书"上面，交点学费也不算什么坏事。

于谦乡试失利，自然也失去了次年会试的机会。

大明开国以来已经举办了多次会试，但都是在南京举办的。永乐十三年（1415）二月，正值永乐第二次北巡未归，会试和殿试不得不放在北京。坊间已经传言，永乐皇帝很可能要把京师迁到北京去。

大运河的南部起点是杭州，北部终点就是北京。经常在运河上坐船的于谦此时不会想到，自己和北京之间，还会有那么多的缘分。

盘点一下，这是自大业元年（605）隋炀帝开设科举以来，汉人王朝首次在这座北方城市举行国家最高级别的考试。当然，辽金元三个由少数民族建立的政权，都已经在北京搞过会试和殿试了。

最能代表于谦个性的《石灰吟》，很可能就是在这段时间内写出的。这也充分证明了于谦的理想高远，绝不是为了一官半职而发愤读书。而所谓"一语成谶"，这首诗与"救时宰相"之说一样，精准地预测出了于谦的命运，自然也引发了后世学者的种种怀疑。

今天我们读来，无疑感慨良多。正如名满天下的《满江红》可能并非岳飞所作，却是其英雄气概的完美写照一样，《石灰吟》就算不是于谦所写，却也有力地彰显了他的伟大风骨和赤胆忠心。

千锤万凿出深山，烈火焚烧若等闲。

粉骨碎身浑不怕，要留清白在人间。

三年时间很快过去。于谦的信心更足，心态更稳。他再一次前往浙江贡院，再一次坐进了乡试考场，再一次挥笔疾书，迎接命运的考验。哪里知道，上天再次和他开了个玩笑，他再次体会到了名落孙山的郁闷。

"天将降大任于是人也，必先苦其心志，劳其筋骨，饿其体肤，空乏其身，行拂乱其所为，所以动心忍性，曾益其所不能"，《孟子·告子下》中的这段名句，于谦早已烂熟于胸，但这个时候，他更能理解其中的深意。

人生的道路岂能没有挫折，大丈夫岂能因此一蹶不振？当然，这时候的于谦还不能称为大丈夫。他没想到的是，在连续两次遭受打击之后，随之而来的重大收获，让他既惊又喜。

永乐十六年（1418），农历戊戌狗年，太平坊于家老宅张灯结彩，高朋满座。杭州本地很多名流都来了。二十一岁的于谦成功告别了单身，妻子是翰林学士董镛之女董氏。①

显然，这是一桩门当户对的亲事。

明朝规定的最低成婚年龄，是男子满十六岁，女子满十四岁。当朝的永乐皇帝，是在十七岁时完婚的。这个岁数的于谦，都算得上大龄青年了。

其实，于仁早就为老大不小的于谦定好了亲事，本来想等他先考取

---

① 也有种说法，认为于谦娶妻在永乐十九年（1421）前后。

进士，再来个双喜临门——洞房花烛夜，金榜题名时嘛。

不过，看到于谦两次落榜，一天天不开心的样子，老两口一商量，还是让媳妇先进门，抚慰孩子受伤的心灵吧。董于两家交情不错，这事很快就定下了。

婚礼办得简单但不失礼数，董家小姐是一位受传统文化影响很深的女性，她并没有因于家财力有限而抱怨，更没有因于谦两试不中而轻视。自从踏入于家大门，她就承担起了一名儿媳的职责，一门心思都用在了照顾一家老小上。

一个家庭多了位正值青春妙龄的女孩，就等于是一下拥有了更多的生机与活力。董氏的到来，让于家上下都非常满意和称心。受益最大的，当然是于谦自己。古代男人娶妻，很有点"拆盲盒"的感觉，很多时候真是听天由命。但这一次，这位小少爷的运气显然很不错。董小姐相貌周正，身形匀称，举止优雅，知书达礼，方方面面都让于谦挑不出毛病，甚至可以没事偷着乐。

不然，凭于谦这样不（太）懂浪漫的直男，在领证之前，不知道得吃多少亏，碰多少壁，交多少学费，走多少弯路。和那个年代的多数男人一样，他讲不出腻到骨头里的情话，做不出浪漫得让她彻底沦陷的事情，更不可能陪着她休闲购物，游山玩水。但她并不会因此闹情绪、发脾气，玩失踪。

都说只有结了婚，男孩才能变成男人。成家之后，于谦既体味到了人世间最大的幸福，又摆脱了不少琐碎家事（都交给妻子了），能有更多时间去研读经典，能以更好的精神状态去备战科举，光大门楣，当然，也是为妻子争光。

永乐十八年（1420）八月初九一早，于谦再次来到了他熟得不能再熟、闭着眼睛都能走到的浙江贡院，准备再度冲击乡试。

都说事不过三，他这次能够成功吗？

二、北京会试，初露锋芒却留遗憾

纵然于谦天赋与努力都在线，在同龄人中显然是佼佼者，但他两次乡试都失利了，竞争的残酷可想而知。对自己要求甚高的于谦，岂能被暂时的困难所压倒？岂能不愈挫愈勇？

永乐十八年（1420）九月初，金秋的阳光将杭州城装点得分外美丽，十里天街车水马龙，西湖岸边游客如织，一阵轻风拂过，让人倍感舒服。而在杭州贡院前，众多考生穿戴整齐，表情严肃，急切地等待放榜，其中当然有我们的男一号。

我们不难想象于谦焦虑的心情。他已经失落过两次，已经耽误了六年，已经让父母妻子牺牲了太多。也许，他不应该再这样下去；也许，他应该重新审视自己的前程；也许，他真的应该找份差事赚钱了。

他是个男人，要扛起家庭的责任。即便他还年轻，但真的不想再考第四次了。

"少爷，中了！"眼尖的书童提醒他。

于谦也很快露出了笑容，他看到了自己的名字——成绩好所以好找，在所有考生中高居第六。即便于谦平日再低调，此时也可以微微开心一回，小小放纵一下了。

按照习俗，所有中举者都会披红挂彩，骑上骏马，在贡院官员引领下，穿过杭州闹市区，接受万千百姓的欢呼喝彩，真可谓书生意气，挥斥方遒。

随着于谦拿到举人资格，原本相对冷清的于家宅院很快热闹起来。提着礼物登门拜访的远亲近邻，自然是络绎不绝。

千万别拿举人不当精英。要知道浙江作为文化大省，每三年有数千秀才参加乡试，最终能够录取的，也只有三十到五十人。这竞争有多残酷，就不用我多强调了吧。学养、见识、运气，甚至身体素质，哪一样欠缺都不行。

考上了举人，就拥有了终身铁饭碗，一辈子吃皇粮，免徭役。只要你颜值没有严重缺陷，有的是出人头地的机会。但和进士相比，差距还是一目了然。

因此，所有举子都丝毫不敢怠慢。要在来年的会试中脱颖而出，就得付出更多的努力，更大的牺牲，当然，还得有更好的运气。

于谦生性不喜应酬。为了躲避费时耗力的人情往来，他和父母商量之后，干脆找个地方隐居起来，安心读书。乡试都这么难，都失败了两次，会试的难度更是乡试的数倍，根本不容许自己有一点点侥幸心理。而且，考试地点可不是自己更熟悉的南京，而是遥远而陌生的北京——永乐皇帝还在那里。

这样看来，于谦乡试的两次落第，让自己对残酷的科举竞争有了更清醒的认识，称得上是塞翁失马，焉知非福。

以于谦的"情商"和个人意愿，他显然并不适合钩心斗角的官场，而更适合成为一个诗人和学者。在今天，于谦显然可以去社科院或者一流大学做个教授。

但在儒家思想主导的古代社会，一个学子想要出人头地，必须通过科举来做官，只能通过仕途来证明自己。官做得越大，自身理想和抱负才能实现得越多。他的前辈白居易、苏东坡和刘伯温等人经受的挑战，经历的苦闷，他一样也不曾少。

学成文武艺，货与帝王家。我们都知道状元及第非常威风，当上进士已经很了不起了，但其中付出的艰辛，经历的挫折，遭受的打击，却是常人所不能体会的。

这年十一月初四，永乐在北京颁下诏书，宣布从第二年元旦开始，正式以北京为京师。

而对于谦来说，他也就跻身大明开国以来，首批在新京师参加会试的举子之列。之前北京已经承办过两次会试了，但都是以"行在"名义完成的。

这年初冬，于谦的身影出现在了北京城下。二十九年之后的冬天，他将凭借自己的血性与智慧，成为这座帝都的拯救者。

会试的时间是次年二月。此时的江南已相当温暖，鲜花盛开，禾苗吐穗，但北京依然还是冰封大地，万木萧瑟。对南方举子来讲，天气无疑是个重大的挑战。他们不得不提前数月进京，一为适应环境，熟悉考场；二为拜会同乡，拓展人脉。于谦当然也不能例外。

于谦的家离大运河起点拱宸桥码头不远，他可以在这里乘船，一口气坐到通州。反正沿路的食宿，都有各地官府供给，不用自己掏钱。白天，他可以站在船头看风景，和同行的老乡把酒聊天；晚上，他可以住在沿途的客栈，点几根火烛，泡一杯香茗，趁夜深清静品读经典，日子过得挺惬意。

于谦时代的京杭大运河，是元世祖忽必烈在位期间重新修建的。它使运河远离了中国传统的政治中心长安和洛阳，而让北京和江南之间的物流更加快捷，沟通更加方便。

不过在元朝，运河由于经常淤塞，作用还是赶不上海运。朱元璋定都南京之后，漕运自然就大幅缩减。

永乐决定将京师由南京迁到北京时，下令对运河进行了大规模的整修，以保证粮食和其他物资能更加顺畅地运送到新首都。作为沟通南北的黄金水道，除非一年中最冷的几天，大运河是不会结冰的——不然漕运就得瘫痪，帝都就有粮食危机了。

之前，于谦还没有去过北京，但他对这座城市相当向往。于谦平生最崇拜的读书人是南宋丞相文天祥，正是在北京（当时还叫大都）从容赴死，让后人永久铭记，永远尊重。此时的于谦当然不会想到，自己离开尘世的地点与方式，与文天祥还会有那样的相似之处。

到了通惠河口，于谦下了船，换马车前往京城。站在高大巍峨的城门下，于谦被这座大都市的恢宏深深震撼，为能工巧匠的不俗创意深深折服。"万户千门气郁葱，汉家城阙画图中。九关上彻星辰界，三市横陈锦绣丛。"相比之下，精致的杭州真是太小了。如果说北京像一位豪情男儿，杭州只能算个小家碧玉。

各省举子来到北京，通常是住在相应的会馆之中，于谦也是住在浙江会馆。来参加考试的，当然不限于去年刚刚中举的"应届生"，还有不少早前通过乡试，但在会试中失利的"往届生"。有些人甚至考了七八次，从英俊少年变成邋遢大叔，甚至白胡子老大爷。不工作，不理财，不顾家，甚至不结婚，就是为了求取一个功名。

都说浙江是文曲星下凡的地方，浙江才子的水准傲视全国，会馆也给他们提供了相互交流切磋、分享考场经验，甚至一起猜题押宝的机会。在北京事业有成的浙江人，往往也喜欢过来认门，希望能结交一些"潜力股"，为自己将来的长远发展搭建人脉。

不过，于谦似乎信奉"你若盛开，蝴蝶自来"，不愿意把大把时间用在应酬上。这样的选择到底是对是错，其实没有标准答案，看个人情况罢了。

永乐十九年（1421），注定是中国历史上值得大书特书的一年。

五十三年前的正月初四，贫苦农民的儿子朱元璋，在南京应天府奉天殿隆重登基，宣布了大明王朝的建立。

五十三年后的大年初一，朱元璋的儿子朱棣，在北京顺天府奉天殿举行大朝仪，从而标志着北京正式升级为京师，原京师则成了留都南京。

这个决策，影响了大明之后两百余年的发展走向，影响了几千万大明子民的日常生活，当然，也影响和改变了于谦的一生。

会试从二月初九开始，同样考九天。为了争夺两三百个进士席位，从全国各地集中到北京的两三千名举子，都全力以赴，不容半点懈怠。会试有两个主考官，被称为"总裁"；还有十八个同考官，负责批改卷子。当然，为了防止作弊，所有考生的作品，都要全部糊名并誊抄。

这一年的主考官，是大名鼎鼎的杨士奇，"三杨"中的"西杨"，以及侍读周述。于谦并没有刻意去接近杨士奇，反而令对方印象深刻。

为了节约开支，京师贡院号舍与其他地方一样，也是木板搭成的小棚子。

为了杜绝作弊夹带，举子们不能穿得太多，很多人感冒发烧也就不奇怪了。

为了防止考生乱窜，号舍的门都被锁上，让他们形同坐牢。

为了便于举子取暖，房间里都有火盆。但由于通风条件不好，一不小心就能引发火灾。

这些未来大明政坛的精英，真的是用生命在考试！到了十七日收卷时，相信所有人都有一种劫后余生的幸福感，都像是从鬼门关走过一遍，又重活了一回。

到了月底，会试榜单就会在贡院张贴，取得殿试资格的考生，肯定都是有功名了，当然值得开心一回。更值得吹爆朋友圈的是，全体进士的名字，都会刻在石碑上，永久立于国子监，被称为"进士题名碑"。而取得第一名的，有个专属称呼——会元。

落选的举子，则只能悻悻地收拾东西。个别人就此放弃，大部分人还是会选择从头再来。毕竟进士功名的好处太多，进士身份的红利太大了。

殿试通常在三月初举行，主考官的级别很高——当朝皇上。殿试基本上不淘汰人，而是经过策论和面试，决定科举的最终名次。一甲只有三人，就是我们非常熟悉的状元、榜眼和探花，他们被赐进士及第。如果一个考生能连续取得解元、会元和状元，就会被称为"连中三元"。

于谦乡试考了三回，那会试成绩如何呢？也许是潜心苦读有了效果，也许是这次运气不错，他顺利地获得了与永乐皇帝见面的机会。

我们都知道"金榜题名"这个成语。所谓金榜，最初就是特指殿试最终公布的榜单，是用黄纸写就的。古人有"久旱逢甘霖，他乡遇故知。洞房花烛夜，金榜题名时"的说法，总结的是人生的四大喜事，其中以金榜题名分量最重。

　　于谦的会试成绩很好，殿试的整体表现也相当不错——他不是怯场之人。但最终的名次，却是于谦没有想到的，更让他的前程蒙上了阴影。

　　最终，于谦只获得了三甲第九十二名，无法进入翰林院，成为庶吉士了。从永乐年间开始，这个职位被视为"储相"，也就是未来内阁大学士的候选人。明朝官场有个不成文的规则："非进士不入翰林，非翰林不入内阁。"如此一来，于谦未来入阁的机会，可以说就微乎其微了。

　　相比嘉靖二十六年（1547）京试的星光熠熠，永乐十九年这一届考试的整体水准要逊色不少。位列三甲的曾鹤龄、刘矩和裴纶，恐怕只有明史专家才能记得吧。但因为有了于谦，这届会试的重要性就不容低估了。另外一位成为重臣的考生，是来自北直隶的王文。

　　于谦之所以在殿试中成绩严重下滑，据说是因他在回答皇上问题时"以策语伤时"。用今天的话说，就是说话太直，不懂得察言观色，把永乐皇帝惹不高兴了。

　　当然，性格耿直并非什么缺点，只是做某些工作不太适合而已。其实，无论是生活在于谦之前的刘基，还是于谦的迷弟王阳明，性格之中或多或少都有耿直的因子，总不能说他们情商都不高吧？

　　经过会试和殿试，于谦得到了什么职务呢？

三、二皇离世，明朝开启新的一页

　　好事多磨。永乐十九年（1421）三月，于谦虽说通过了殿试，获得"同进士出身"，但并没有马上得到官职，他还是领不到薪水。

　　这一年，没有选入翰林院的一百余名进士出身和同进士出身，都被朝廷安排"还乡进学，以待用"。

　　顺便说一下，这一年的四月初八，永乐刚刚入住不足百天的奉天、谨身和华盖三大殿，突然戏剧般在遭到雷击后失火，烧成了一片残垣断壁。由此，一些大臣还归咎于永乐悍然迁都引发的"天怒人怨"，从而掀起了一股要求还都南京的风潮。永乐将反对的声音压制下去之后，为了缓和矛盾，决定暂时不修葺三大殿，早朝改在奉天门外露天进行，称为"御门听政"。

　　于谦回家一待就是两年。到了永乐二十一年（1423），这位中了进士的待业青年，总算有了生平第一份工作，可以领到生平第一份薪水，总算可以对父母妻子有所交代了。

　　不过，于谦的工作地点既不是京城，也不是家乡，而是"赍金帛出使湖广"。

　　今天的湖北和湖南两省，在明朝都属于湖广布政司，省城在武昌府。"湖广熟，天下足。"这个省份的粮食和其他作物产出，对整个帝国当然有很重要的意义。于谦不光要考察当地官军的功过，还要远赴四川和贵州，安抚瑶、壮等族百姓。

　　说白了，这就是个跑腿的小杂役。朝廷给于谦安排了这样的差事，一定程度上也是"人尽其才"。于谦性格单纯，同情百姓疾苦，眼里不揉沙子，别人不敢管的事他敢管，别人不想惹的麻烦他敢惹，别人不想得罪的官他敢得罪，别人不想搭理的草民他会搭理。

　　特别是对官军中普遍存在的滥杀冒功行为，于谦毫不客气地进行了揭发反映，似乎根本不怕打击报复。所谓"初生牛犊不怕虎"，但你也应该为父母妻子着想啊。

性格决定命运。于谦勇于任事、耿直刚毅的性格，似乎与官场的传统有些偏差。但在大明，还是有高官认可和欣赏他的。

经过一年辛劳，于谦返京复命。因在湖广的出色表现，他被任命为山西道监察御史——依然是得罪人的差事。不过，还没来得及就任时，于谦就有了新的任务——随皇帝御驾亲征。

十个月之内，大明居然换了两次皇帝。新皇帝的登基，给大明历史掀开了新的一页，也给于谦带来了不少机遇。

人生旅程充满变数，运气确实特别重要。

永乐二十二年（1424）七月十八日，在第五次亲征漠北返程时，朱棣崩于榆木川（今属内蒙古锡林郭勒盟多伦县）。九月七日，皇太子朱高炽在北京继位，改次年年号为洪熙。朱棣则被上庙号太宗①，谥号"体天弘道高明广运圣武神功纯仁至孝文皇帝"，葬于昌平天寿山麓的长陵。

皇太子妃张氏，很快就被册封为皇后。这位女性被后世史官称为"女中尧舜"，又被誉为"五全太后"。她是河南布政司永城县（今属河南省商丘市）人。在漫长的人生道路上，张氏先后做过世子妃、太子妃、皇后、皇太后和太皇太后，对明初政局产生过相当重要的影响。

洪武二十八年（1395），张氏嫁给了十七岁的燕世子朱高炽。四年之后，她生下了长子朱瞻基，后来又生下了越王朱瞻墉和襄王朱瞻墡。

朱高炽身体肥胖，体弱多病，朱棣对他并不欣赏。但朱瞻基从小就展现出了一定的勇武之气，让他爷爷相当开心。永乐九年（1411）十一

---

① 嘉靖十七年（1538）九月，明世宗朱厚熜将朱棣庙号改为成祖。因此，本书提到的明太宗，均为朱棣。

月，朱瞻基被册立为皇太孙。

永乐十四年（1416），朱棣最后一次回到南京，敲定迁都事宜，制裁不听话、爱挑事的老二朱高煦，彻底堵死了他成为山寨版李世民的可能性。同时，朱棣还忙里偷闲，给十八岁的皇太孙解决了人生大事。

在电视剧《大秦赋》中，秦王嬴政同时娶了齐国和楚国两位公主，好事成双，当然是编剧虚构。但在母亲、皇太子妃张氏的精心安排下，时年十八岁的朱瞻基，可真是一气儿娶了俩山东媳妇：

济宁胡氏为皇太孙妃，邹平孙氏为皇太孙嫔。

这位孙氏，寿命远长于宣德帝，后来与于谦也有很多交集。

相比胡氏，孙氏的容颜明显更精致一些，也更有令男人神魂颠倒的女性魅力。朱瞻基当然更钟情于孙氏。

而且，孙氏的父亲孙忠曾任永城主簿，早早就认识了太子妃。孙氏还是个小姑娘时，张氏就将她带到南京，带进了后宫，使得她很早就适应了各种烦琐的皇家礼仪。

不过，也许是想刻意表现自己不徇私情，也许为了时时提醒宝贝儿子不能沉湎女色，张氏偏要把模样略逊的胡氏选为太孙妃，让孙氏居于其下。当然，张氏此举肯定征得了公公朱棣的同意。看到这样的结果，朱瞻基尽管表面上不敢说什么，心里肯定相当不爽。

永乐前两次北巡时，都把皇太孙带到北京，带在身边加以培养。这一次，可能考虑他是新婚，又想让他多陪一下胖子父亲。因此，次年（1417）三月朱棣开始第三次北巡时，把朱瞻基留在了南京。

此后，永乐再也没有回来过。十二月，朱瞻基父子也被召到了北京——不需要再监国了。

永乐二十二年（1424）十月，洪熙继位不久，朱瞻基就被册立为皇太子。此时他已经成婚八年，依然没有儿子。也就是说，朱棣没有抱重孙子的福气。

而于谦这边，董氏夫人已经为于谦生下了长子于冕，让这个二十七岁的男人非常开心。巧合的是，于谦生于洪武去世之年，而于冕则出生在永乐去世之年。

朱元璋让明朝成为第一个定都江南的大一统王朝。朱棣首次将首都放在了"胡风深重"的传统边关城市。父子二人都创造了历史。

朱棣迁都北京，显然有让大明比肩大元的远大理想和宏大规划。但是，朱高炽却有着与父皇不同的想法。

洪熙元年（1425）三月，这位皇帝颁下圣旨，将在北京的各部司名称前，一律加上"行在"二字，并恢复了北京行部和行后军都督府。这么一来，等于南京又恢复了京师地位。

四月，洪熙打发朱瞻基前往南京。名义上是拜谒孝陵，事实上是遵循祖制，让皇太子在京师"监国"。朱棣三次北巡期间，朱高炽不就长期在南京监国吗？

毫不夸张地说，如果洪熙能多活一年，他肯定把北京的庞大政府机关搬回南京。可惜到了五月十二，四十八岁的皇帝突然去世了。

洪熙死后，当然得由皇太子接班。耐人寻味的是，南京明明是京师，北京明明是行在，明明人在南京的朱瞻基却不就近登基，并将父皇的遗体运回来安葬，却非得千里迢迢地跑回北京继位。旅途折腾就不说了，朱瞻基的二叔、多年来一直图谋造反的汉王朱高煦，可是在水陆两条线布下了多名杀手，想让大侄子留下买路钱，不，留下人头呢。

到底是艺高人胆大，还是有什么不可告人的秘密？这年六月，朱瞻基有惊无险地回到北京，并于二十七日登了基，当上了皇帝，并以次年为宣德元年。朱瞻基给父皇上庙号仁宗，谥号"敬天体道纯诚至德弘文钦武章圣达孝昭皇帝"，并且——画重点——安葬于天寿山下的献陵。

洪熙一门心思还都南京，生前根本没在北京修陵，似乎想着将来在钟山和皇爷爷做伴。但朱瞻基此举，显然违背了父亲的意愿。

执政以后，宣德中止了洪熙还都南京的一切努力。但为了表示尊重父皇，儿子在位期间，依然将北京称为行在，依然将南京称为京师，依然不翻修永乐十九年就被烧成一片瓦砾的三大殿，依然学着老爹的做派，踏踏实实地过（表面上的）紧日子。

但事实上，宣德的日常生活可以说是丰富多彩。他不光喜欢骑马、打猎、听曲和绘画，甚至还有点莫名其妙地喜欢上了斗蛐蛐，从而被一些别有用心者嘲讽为"促织天子"。对一位大国天子来说，这确实不是多么体面和优雅的嗜好。

执政不久，宣德就封胡氏为皇后、孙氏为贵妃。可眼看就奔三了，这位后宫佳丽成群的皇上，居然还没有儿子。正因他的拉胯，洪熙临终前都没有抱上孙子。没有对比就没有伤害，人家永乐不满四十就当上爷爷了。

不过，朱瞻基的当务之急并不是造人，而是问候一位老战士。

四、随军平叛，小官员表现抢眼

转眼到了宣德元年（1426）八月。

山东布政司青州府乐安县城南，密密麻麻聚集起了数万官军。他们披挂整齐，精神饱满，气宇轩昂。无数百姓慕名过来参观。很多人活了六七十岁，也是头一次见到这么大阵仗——乐安只是个小县城啊。

金秋的阳光已经不灼热，湛蓝的天空中零星飘着几朵白云。一阵轻风吹过，带来阵阵凉意。在广场中央，一座气势宏伟的高台已经搭起。当中的帅椅上，端坐着一位英气逼人的年轻将军。此人二十七八岁的样子，装束考究，表情轻松。他的身边，则站立着众多文臣武将。有些尽管年纪一大把了，在小将军面前也得毕恭毕敬。

这帅哥是谁啊，这么大的派头？

不一会儿，在围观群众的热烈欢呼声中，一位身材壮硕的中年人，骑着一匹快马，径直向高台方向赶来。人群里突然发出一声惊呼："汉王！"

只见这位大汉跳下马来，快步走到高台前，做出了一个可以载入史册的动作，把围观群众震惊坏了——不可能吧！

只见这位壮汉诚惶诚恐地"扑通"跪倒，对着小将军叩头如捣蒜，嘴里还念叨着："臣朱高煦罪该万死，请陛下惩罚……"

为了保住老命，至于这么奴颜婢膝吗？汉王的节操还要不要？

一身戎装的年轻将领，正是宣德皇帝朱瞻基。大老远跑过来投降的，则是皇帝的亲二叔，整天叫嚣要当"李世民 PLUS（加强版）"的汉王朱高煦。

朱高煦武艺高强，曾在靖难战役中立下了赫赫战功，在永乐登基之后被封为汉王。为了尽量安抚和充分利用老二，朱棣经常给他打鸡血、灌鸡汤。最让儿子印象深刻的一句话是："好好努力，世子体弱多病。"（勉之，世子多疾。）朱棣就这么随口一说，朱高煦非要记一辈子。

过往二十余年里，老二一直致力于谋权篡位，渴望取代老大的位置。可惜，这伙计才华支撑不起梦想，辛辛苦苦折腾了几十年，只是把自己跟对手的差距越拉越大。

永乐原本想把老二送到云南，省得他整天跟老大掐架。可朱高煦就喜欢赖在南京不走，还抱怨道："我犯了什么罪，要把我发配到万里之外？"朱棣改封他于青州（今山东省潍坊市青州市），他还是不去。最后，告发老二的公文越来越多，眼看都能开个图书馆了（估计大部分是老大授意的），朱棣终于痛下决心，也不征求老二的意见了，直接将他赶到了四线小城乐安（今山东省东营市广饶县）。

一个人努力了二十多年，还没有做成一件事。皇帝都换了三拨了，自己除了年龄之外什么都不长，除了皱纹之外什么都不增，除了失落之外什么都没得到，太让人伤心了！眼看快到知天命之年了，再不拼搏一次，真的就彻底没机会了。

这年八月，孤注一掷的朱高煦终于公开造反了，并派亲信枚青去行在联络大将张辅做内应。而张辅也很快做出了自己的选择：把枚青交给新皇上。在大臣夏原吉的建议之下，宣德决定亲征，给亲叔叔来个"亲切关怀"。

十万精兵把小城乐安围了个里三层外三层。宣德并不急着进攻，而是吩咐手下书生们写好讨伐汉逆的檄文，宣传了一番投降从严、抵抗更严的道理，并为朱高煦的人头开出了理想价码，让士兵绑在箭上，向城内发射。果不其然，汉王手下纷纷逃亡，不伺候老大了。

此时的朱高煦，才对"众叛亲离"四个字有了更加深刻的认识。眼看大势已去，与其让手下人绑了去领赏，不如自己去投诚，争取宽大处理。于是，朱高煦居然像小学生写检查一样给大侄子写信，希望能负荆请罪，请求宽大处理。宣德很快就同意了。

第二天，朱高煦知行合一，说干就干，真的按约定的投降时间过来了。活到了四十七岁，这应该是他最讲信用的一次。

看着曾经在战场上砍人如切菜的汉王，曾经欺负了老爹二十年的叛乱分子，此刻就像温顺的小媳妇一样，跪在自己面前认错服软，任由自己摆布，宣德感到的不是亲切，不是温暖，不是得意，而是更加鄙视：真是个孬种啊，你靖难时的血性让狗吃了？

皇帝的卫兵当然不放心，先给朱高煦全身来了个大搜查，然后将他捆得像个粽子，这才押上了高台，让乐安百姓免费欣赏汉王的"英姿"。

围观者的叫骂一浪高过一浪，很多人甚至向朱高煦丢砖块石头。宣德身边的大臣，则建议趁着人多热闹，让反贼人头落地，既扬我大明国威，又彰显皇上的圣明，还能愉悦围观群众。

宣德却不舍得动手：把这么好玩的活宝带回行在，让他继续表演多好啊，能给庸常的生活平添太多乐趣。杀了，不是太可惜了吗？

宣德很想夹枪带棒地狠狠数落二叔一顿，既为父皇出气，也让自己解气，更让手下大臣服气。但是很显然，九五之尊要是亲自动口，那就有些跌份儿了。于是他挥了挥手，身边一个文官就果断站出来："汉庶人，你可知罪？"

此人身材高挑，五官方正，眉目有神——这不就是我们的男一号吗？

于谦根本用不着打草稿，上前一步，指着朱高煦的鼻子就开始斥骂，而且声音洪亮，抑扬顿挫，逻辑严密，条理清楚，半天不带重样的。骂得朱高煦完全没有了脾气，跪在地上浑身发抖，大气都不敢出；骂得宣德龙颜大悦，坐在帅椅上眉开眼笑，顺便多吃了几个果子；骂得在场的士兵和百姓都非常开心，爆发出一阵又一阵热烈的欢呼声；骂得自己口干舌燥，也不好意思停下来喝水。

台上三分钟，台下十年功，用在于谦身上太合适了。而且和很多书生不一样的是，于谦特别适合大场面，人越多似乎越兴奋，而不是腿肚子突然转筋，大脑突然短路，舌头突然打结。如果不小心穿越到现代，于谦也根本饿不着，开个有声专栏当主播，或者卖卖口才培训课程，都没有任何问题。

朱高煦的叛乱如过家家一般被迅速平息，批斗大会也收到了相当理想的效果，宣德的威望进一步得到了提升。之后不久，老二朱高煦在被拘押时再度犯二，伸脚勾倒了前来看望他的大侄子。宣德终于不耐烦了，让人找了个铜缸压住朱高煦，然后体贴地生了一把火，给了二叔最后的温暖。

而于谦随军出征、特别是数落朱高煦的亮眼表现，让皇帝印象深刻。正因如此，这位小官事后得到的赏赐，居然和朝中重臣一样。这令他相当感动。

看到了没有？机会，总是垂青有准备的头脑。

不久之后，于谦就得到了新的岗位。

五、出巡江西，打了一场肃贪漂亮仗

宣德二年（1427）二月，带着当朝皇帝及重臣杨廷和等人的殷切期望，于谦离开京城，来到了自己的任职之所——江西布政司南昌府。他的新职务是江西巡按。

一路之上春寒料峭，冷风呼呼作响，坐在马车里的于谦不由自主地搓着双手，但他的内心却是相当暖和的。

这一年，于谦正好三十岁。古人云，三十而立。从小有远大理想的他，常常深感时光流逝之迅速，人生际遇之无常。

六年前，他在北京参加会试，原本成绩很好，却因殿试风波排名靠后，失去了进入翰林院的机会。

六年后，有了这样一个新的机遇，当今天子又对自己另眼相看，于谦怎么可能不开心、不感动、不积极呢？

巡按只是七品官，却是代表天子巡视地方的"中央特派员"。因此，即便是一省主要领导——三司①，对巡按都会有足够的尊重。

在路上，于谦心潮难平，挥笔写下了《二月三日出使》。从诗中我们不难看出，他对未来工作的严峻、责任的重大有着相当清醒的认识，对很快就要面对的各种变数与挑战，也做好了足够的心理准备。

---

① 包括承宣布政使司、提刑按察使司和都指挥使司。

春风堤上柳条新，远使东南慰小民。

千里宦途难了志，百年尘世未闲身。

豺狼当道须锄殄，饿殍盈岐在抚巡。

自揣菲才何以济，只将衷赤布皇仁。

明明是太平盛世，说"豺狼当道"似乎有些夸张，"饿殍盈岐"是把情况想象得过于严重吗？并没有。

江西和南昌，对大明王朝有着特别的意义。

元至正二十三年（1363）时，南昌还叫洪都。这年七八月间，正是在洪都城外的鄱阳湖，朱元璋在大明设计师刘伯温的辅佐下，巧用火攻，以少胜多，打败并杀死了最大的竞争对手陈友谅，为最终北伐中原、统一中国奠定了最坚实的基础。

为了纪念这场有决定意义的大战，朱元璋将洪都改为南昌，彰显"南方昌盛"之意。

整整四十年后，南昌迎来了宁王朱权。于谦南昌之行最大的挑战与威胁，当然也是这位亲王。

朱权是朱元璋的第十七子，受封大宁（今属内蒙古自治区赤峰市），手下有十万精锐的朵颜三卫骑兵（蒙古雇佣军）。朱棣靖难时，用计胁迫朱权一同谋反，许诺"中分天下，共为天子"；并以丰厚的回报，忽悠三卫骑兵一起造反。

朱棣登基之后，当然不会兑现当初的诺言。永乐元年（1403）二月，他将朱权改封南昌，并剥夺了后者的军队指挥权。

朱权虽说是朱棣的十七弟，但和朱高炽同岁。此后四十五年，这位宁王就一直留在南昌，从精力充沛的青年变成走道费劲的老人，直到人生的终点。如果他能再多活一年，都能赶上土木之变了。朱权对朱棣产生了深深的怨恨，这也为明武宗正德十四年（1519）的朱宸濠叛乱埋下了伏笔。朱宸濠是朱权的五世孙。

作为藩王，朱权并不能直接管理江西民政，但因其特殊地位，南昌官员巴结讨好都唯恐不及，哪里还敢约束他及其下属的行为？朱权本人当然不缺钱，又喜欢附庸风雅，一生编著了《通览博论》《家训》《宁国仪范》《汉唐秘史》等作品。宁王府中官员，仗着宁王在南昌府的特殊地位，做点欺行霸市、拐卖幼女的事情，当然也不叫事，更不会有风险。

按理说，强龙难压地头蛇。特别是于谦这样人脉不够广，朋友不够多，性格又偏耿直的官员，来到一个陌生地方，如果锋芒太露，往往会树敌太多，大量的弹劾文书很快就能发到京城，让他待不下去。事实上，很多御史从京城来到地方，都主动选择"和当地人民打成一片"，你好我好大家好，吃好喝好沟通好，回京之后再交上一份不痛不痒的工作报告，谁也不得罪。

但于谦如果也这么和稀泥，他干脆改名叫和珅得了。一到南昌，于谦很快就接到举报，宁王府属官借"和买"的名义，大肆掠夺市民的合法财产。所谓"和买"，事实上是一种变相赋税，大致是春季借钱给农民，夏秋以绢或实物偿还。

这政策看起来没有毛病，但实物能抵多少钱，都是官府说了算。很多农民一旦沾上了"和买"，下场就跟借高利贷没什么区别，很快就会田产尽失，甚至不得不变卖房子和妻子。起初给你画的饼有多美味，之后让你吃的亏就有多大。宁王府在南昌有无上权威，王府属官就算搞出人命，当地官员也不敢依法追究，都选择明哲保身、装聋作哑。

所谓打蛇要打七寸，于谦一到南昌就找上了宁王府。出乎许多人意料的是，他并不是递名帖求关照，而是毫不客气地彻查王府属官的违法行为，先后将二十余名不法分子逮捕治罪，并立碑重戒。

于谦并不是不知道这么做的风险，并不是不担心被报复暗算，但他就是这种嫉恶如仇的性格、敢于担责的习惯，做的又是监察审理的工作，让他"路见不平，扭头就走"完全不可能。所谓"杀鸡骇猴"，南昌府及周边的贪官豪强们，一见于谦连宁王府都敢得罪，收拾自己又算得了什么呢？行事自然收敛了不少——等姓于的走了再胡作非为不香吗？

在以雷霆手段打击豪强的同时，于谦对南昌衙门的积压案件进行了重新核查，将其中不少推倒重审，为数百人恢复了自由和声誉，从而也挽救了数百个濒于解体的家庭。江西百姓怎么可能不拍手称快，怎能不对他感恩戴德？

有一次，于谦发现了一桩"抢劫王府林木案"，作案者是个有几亩薄田的农民王胜，受害者居然是宁王府。

于谦一看就觉得非常蹊跷。一个农民，就算借他十个胆子，也不敢抢宁王府的东西。南昌府判王胜充军，还要变卖家产（田地）赔偿王府损失。这怎么看怎么像一个圈套，而王胜则一直嘴硬，不肯就范。

于谦于是找来王胜审问。谁知道这一次，王胜的态度却非常诚恳，连续叩头认错，说之前不服判决，是舍不得田产，现在知错了。于谦知道人多眼杂，就吩咐衙役退下，随后告诉王胜："现在，你如果有冤情，就告诉本官吧。"

王胜左右瞅瞅，确信没有人偷听，然后又跪下使劲叩头："大人，冤枉啊……"

原来，王胜家的田地离宁王的竹林不远。他无意中闯了进去，见四下无人，当然也没有监控，就想砍几根毛竹顺走。谁承想，王府护卫第一时间就现身了，把他逮了个正着。不难看出，这就是"钓鱼执法"。

王胜天真地以为，退回毛竹就没事了。结果，他被人家说成是抢掠林木，不但要充军，还要用田产补偿王府损失。王胜一直不肯承认，但牢头却警告他，认罪的话可以活命，不认罪，就得"病死"在牢里了。

看着王胜诚惶诚恐的眼神，于谦确定他没有说谎，就立即与王府属官交涉。

于谦询问道："王胜是以什么手段抢掠林木的？同伙还有谁？抢的时候有没有打人？抢了之后作何用途？"

属官一时反应不过来，只能承认王胜只是盗窃。

"既然只是盗窃几根毛竹，那怎么能够充军、没收田产呢？"

"这个……"属官吓得冷汗直流，知道纸里包不住火了，就说自己得回王府复命。

于谦心细如发，办事认真，雷厉风行，让宁王朱权也有些无可奈何——人家可是宣德皇帝钦点的江西巡按，真要追究到底，自己也占不到便宜。再说，朱权也不是朱高煦式的二愣子，也不想搞得大家都下不来台。

于是，朱权"处理"了王府相关人员，对王胜不予追究，还试图拉拢于谦，可这位特派员并不想和他交朋友。

如果没有"尚方宝剑"，树敌太多的于谦，可能真就得"病死"在江西省城了。但幸运的是，两年后他离开南昌时，非但没有掉一根手指头，还为自己赢得了很高声望。当地百姓尊称他为"神明"，在当地郡学名宦祠中为他立碑，让这个年轻人感到很不好意思。

　　于谦与刘伯温、王阳明被晚明才子王世贞称为"三大功文臣"。但相比那两位在鄱阳湖水战中的突出成就，于谦在南昌的贡献显然相当琐碎，甚至是微不足道的。但其对于谦的影响，依然不可低估。

　　九层之台，起于累土；千里之行，始于足下。南昌见证了刘伯温和王阳明挽狂澜于既倒、扶大厦于将倾的高光时段，也承载了于谦承受着宁王的巨大压力，为民请命的坚定决心。

　　一直在外奔波，于谦对父母无法尽孝。操持家务的重担，几乎全落在了妻子身上。两人感情很好，于谦也一直没有纳妾，在那个年代极其罕见。

　　宣德四年（1429），董氏生下了一个女儿，这让于谦非常高兴。作为深受传统文化影响的读书人，他对儿子自然要求十分严格；而对女儿，却极尽慈祥和蔼。夫妻俩给女儿起名橘英，希望她在这个物欲横流的浊世上，能保留更多的善良品性，也能够一生平安幸福，嫁个好人家。

　　时间来到宣德五年（1430）九月。此时的于谦只不过才三十三岁，在大明官场是标准的小年轻，还得好好磨炼。可没想到的是，朝廷却突然给他安排了一项更加艰巨的任务。

码上解锁
☑ 有声诵读　☑ 明史大案
☑ 读书笔记　☑ 追忆交流

第三章

巡抚晋豫十八年

一、贵人赏识，三十出头当巡抚

对明史略知一二的同学，肯定都知道"仁宣盛世"。考虑到仁宗朱高炽只干了十个月，这个盛世的主要业绩，当然还是由宣宗朱瞻基来实现的。

宣德在位的近十年时间里，大明王朝国力强盛，民心安定，四海宾服，万国来朝，各项事业蒸蒸日上，令后世史家不吝溢美之词。

即便有了这样的成就，宣德朝的主要议政地点，依然设在非常简陋的奉天门。宣德五年（1430）九月的某天，当几位官员上奏之后，宣德下令中官宣谕，向多个省份派出钦差。这些官员有个很响亮的名头——巡抚。

巡抚意为"巡行天下，抚军济民"，是京官而不是地方官。明朝第一位巡抚，可以说身份特别高贵。洪武二十四年（1391）八月，朱元璋派太子朱标巡抚陕西，考察西安能否成为新的大明京师。不过朱标在次年四月不幸去世，迁都事宜也从此搁置。永乐十九年（1421）朱棣迁都北京之后，先后派吏部尚书蹇义等二十六人分巡全国各地。

设立巡抚有什么重要意义呢？

明朝立国之后，承袭元制，在各地设立行中书省。到了洪武九年（1376），朱元璋废行省，将民政、司法和军事分别交承宣布政使司、提刑按察使司和都指挥使司掌管。这种分权制衡、彼此钳制，可以有效防止地方官坐大，杜绝安禄山式叛乱分子的出笼。（可惜人算不如天算，朱棣比安禄山走得更远。）

但凡事有利也有弊。三司同城，三个和尚没水吃，难免相互扯皮推诿。遇到天灾和动乱，更是容易耽误事——谁都不想担责嘛。正是看到了这种弊端，永乐才要向各地派遣巡抚。

巡抚作为中央特派员，可以说是提着"尚方宝剑"下基层的，三司就算官阶更高，也只能听其指挥，配合其工作。不然的话，后果可能相当严重。

这一次，朱瞻基派出了六位才华突出、素质过硬的官员，去多个省份担任巡抚。正是在宣德朝，巡抚成为定制。六人兼的都是行在六部的右侍郎（第二副部长），正好一人一部，相当讲究。

吏部郎中赵新升为吏部右侍郎，巡抚江西；

礼部员外郎吴政升为礼部右侍郎，巡抚湖广；

刑部员外郎曹弘升为刑部右侍郎，巡抚北直隶及山东；

越府长史周忱升为工部右侍郎，巡抚南直隶。

下面，只剩下兵部郎中赵伦和监察御史于谦了。按理说，赵伦升任兵部右侍郎是顺理成章的事，但不知道什么原因，也许是想起了于谦骂朱高煦的传奇，也许是不想让于谦去老家浙江，宣德做出批示：

兵部郎中赵伦为户部右侍郎，巡抚浙江；

监察御史于谦升为兵部右侍郎，巡抚河南、山西。

"希望六位爱卿体恤朕意，抚境安民，保我大明百姓长久平安！"宣德特意强调了一番。

"微臣定当肝脑涂地，报答陛下天恩！"六人出班跪下，郑重地接下委任书。他们都很清楚，这是一项荣誉，更是一份责任，一次挑战。做得好了，他们就将从此留名青史；做得不好，也可能惹下麻烦，甚至是飞来横祸。

而宣德对于谦更是另眼相看。要知道，郎中是正五品，员外郎是从五品。而作为正七品的监察御史，于谦的官阶是六人中品级最低的。宣德还慷慨地将山西、河南两省全交给了他，完全类似于后来的总督。

这么一来，在三十三岁的年龄，于谦就成为正三品的朝廷高官，来到了大部分读书人努力一辈子也到不了的高度。而且，于谦的上位堪称直升机式。之前，别说知府，他连个知县都没当过，等于一上来就干省长，而且是两省省长。

以于谦为偶像的心学圣人王阳明，同样在三十三岁进了兵部，不过职务是武选清吏司主事，正六品。你就说气不气人吧。

南直隶巡抚周忱，这一年已经五十岁了，官阶不过和于谦相同。这六人当中，成就和影响最大的，肯定非于、周二人莫属。

于谦能得到破格提拔，当然少不了宣德的慧眼识英雄。

俗话说，要抱大腿，就得抱最粗的一条。放眼全中国，谁的大腿还能比宣德的更粗呢？可于谦从来没有刻意讨好过皇上。他是以自己的能力与操守，成功地吸引到了宣德的注意。

于谦的脱颖而出，还多亏了朝中一位重臣的力荐。他就是都察院右都御史顾佐。

顾佐字礼卿，河南布政司开封府太康县人，建文二年（1400）进士。顾佐为人刚直不阿，为官清廉公正，为事特立独行，在潜规则触目皆是的大明官场完全是个异类，甚至光荣地赢得了一枚"顾独坐"的奖牌。但在永乐至宣德时代，顾佐的仕途走得还是比较顺当的。

明代的官员，每六年才接受一次全面考核，称为"京察"。自打建文时代开始，由于施政宽松，很多时候京察就是走走形式，抬头不见低头见的，太认真、太坚持原则，何必呢？

可顾佐却特立独行，他上任不久，就果断罢免了都察院二十多名官员，又新提拔了四十多人，一时搞得"民怨沸腾"。好事者不断上疏弹劾。但朝中有宣德和内阁"三杨"罩着，谁也不敢把顾佐这位廉吏怎么样。

当然，到了宣德之子英宗在位时期，顾佐就"众望所归"地被打发回家了。

顾佐的言行，深深影响了年轻的于谦。两人后来的事功当然有高下之分，但在品行节操方面，可以说共同点颇多。一定程度上，我们可以把于谦看成是升级版的顾佐。而顾佐当然会在于谦身上，看到些许自己当年的影子。他也由衷地希望，这个年轻人的成就可以超过自己。因此，他在宣德面前举荐了于谦。

于谦曾写过一首七律《闻都御史顾公致政有喜》，充分表达了对这位前辈的景仰：

> 天上归来两鬓苍，故园草木尽辉光。
>
> 功成却喜恩荣厚，身退从知姓字香。
>
> 林下且消闲岁月，台端犹忆旧冰霜。
>
> 春风诗客从容处，重睹群英会洛阳。

带着宣德皇帝和顾佐、"三杨"等重臣的殷切期望，于谦离开了京城。不过，他是"单车赴任"，将妻子董氏、儿子于冕和女儿橘英都留在了京城。

橘英此时只有两岁，于谦当然很舍不得。中国的传统知识分子，基本上都对儿子非常严厉，而对女儿格外宽容。这当然没什么不好。毕竟光大门楣只能靠儿子，女儿早晚要嫁人嘛。

但告别妻儿的时候，于谦还是难免惆怅，并写下了《远别离》：

> 远别离，何时归，出门子女争牵衣。
>
> 借问此行向何处，底事欲留留不住。
>
> 父子恩情深更深，可怜不得恒相聚。
>
> 远别离，无限愁。
>
> 山行骑马水乘舟，行人一去蚤回头。

在当时，巡抚只是临时职务，因此一般都不带家属。于谦可能也觉得，自己很快就可以回京，可以和家人团聚，享受天伦之乐。但之后发生的一切，却是他根本无法预料的。

二、主政山西，深入田间为百姓

自打宣德二年（1427）宣德放弃交趾布政司之后，大明王朝的核心区域，就固定在了两京十三省。明王朝三分之二的领土在南方，北方只有北京一京（北直隶），以及山东、山西、河南和陕西四个布政司，而南方则有一京九省。

在元朝时，山西全境和河南北部作为中书省直辖之地，属于"腹里"的一部分。而河南大部，以及湖北、安徽和江苏的长江以北区域，组成了一个"河南江北行省"，省城为汴梁路（开封），朱元璋的家乡凤阳也在其中。导致元朝灭亡的红巾军起义，正是在这里首先爆发的。

洪武初年，徐达大军北伐占领北方后，先后设立了若干行省，包括山西与河南。这两省与北直隶相邻，是拱卫行在（1441 年之后为京师）的重要区域。宣德将这两处重要地域交给同一个人来管理，足见对于谦的高度信任。

三十三岁，对一个男人是最好的年华，精力、体力最为旺盛。对当时大多数读书人来说，能当上正七品的县令都不算失败了。而于谦却是正三品的"少司马"和两省巡抚，怎能不让人羡慕呢？

可他所承担的责任，背负的压力，耗费的心血，又有多少人真正了解呢？

山西与河南只隔了一座太行山，但地形地貌、水文天气状况却大为不同。河南位于华北平原中心地带，深受黄河影响，洪涝灾害是家常便饭；山西却属于黄土高原，气候干燥，很容易闹旱灾。

于谦只是个凡人，当然没有分身术。如何同时管理这两大省份呢？那得看情况需要了。冬春两季，山西多发旱灾，于谦此时就住在太原；夏秋两季，河南水灾频繁，他就转到开封。两地相距约九百里，相比元朝皇帝优哉游哉的"两都巡幸"，于谦的"两城奔走"，不知道要辛苦多少倍，年年要体验"冰火两重天"。

巍巍太行，分隔开了晋豫两省。在那个交通条件非常落后的年代，即便你是三品大员，出门也得忍受旅程的颠簸，走山路更是非常劳累。可这样的行程，于谦前后坚持了十八年，这需要多么大的忍耐与牺牲？

相比一些七品县令出行的前呼后拥，作为朝廷三品大员，于谦低调得有些不可思议。为了节约时间，也避免折腾民力，他奔走两地时从不坐轿，也很少坐马车，更多是骑马。

《本朝分省人物考》记载了于谦翻越太行山时的一件逸事：

某一年，于谦从开封去太原时，走到太行山麓，却被一伙强盗包围了。这位巡抚的身边只有两个仆人。当年又没法打电话报警，这可怎么办呢？

镜头一切换，土匪们居然连连作揖，口称得罪，作鸟兽散。难道于谦身后还跟着一支火铳队？那倒没有。

于谦只是勒住马头，大声问道："我乃晋豫巡抚于谦，尔等想要做什么？居然敢光天化日之下抢劫，可知国家法度吗？"

这些土匪早就听说过于谦的大名，今天一见巡抚大人，大伙儿面面相觑，真是又惊又怕。其中有些人，可能还是于谦的崇拜者，恨不能当场掏出笔记本请偶像签名，哪好意思再打劫。再说了，都知道于谦为官清廉，哪有多余的银子可抢？

　　山西因处太行山之西而得名。东依直隶，西靠陕西，是周朝最强盛诸侯国晋国的所在地，后来就以"晋"为简称。战国初期，韩、赵和魏三家分晋，山西也从此被称为"三晋大地"。省府太原古称晋阳、并州，在中国历史上长期扮演了重要角色。

　　隋朝末期，李渊父子正是从太原起兵，占领长安，平定天下的。隋炀帝、唐高宗和宋太宗在继位之前，都曾做过晋王。而五代中的后唐、后晋和后汉三个沙陀政权，均以太原为"龙兴之地"，最后统一北方。

　　朱元璋建立明朝之后，将特别喜欢的三子朱棡封为晋王，建藩太原。

　　不过，早在洪武三十一年（1398），即于谦出生那年，朱棡就过世了。宣德二年（1427），朱瞻基将晋王朱济熿废为庶人，晋王从此空缺长达八年，直到宣德十年（1435）朱瞻基驾崩之后，朱济熿世子朱美圭才成为新的晋王。

　　山西有着辉煌历史，但绝非浙江和南直隶那样的发达省份。在于谦所处的时代，丰富的煤炭资源还未开发，晋商也没有形成规模。平民百姓积蓄甚少，普遍都得靠天吃饭，这就给于谦的工作提出了相当严峻的挑战。

　　宣德七年（1432）秋，太原、平阳、汾州和沁州等地遭遇霜灾，眼看秋天就是严重歉收。于谦立即向朝廷上疏，乞求免征一季税粮。要不说中央来的好办事呢，朝廷很快就批准了。当地百姓自然非常感激。

　　蝗虫是山西父老特别熟悉的物种。它们一闹起事来，那真应了《红楼梦》中的一句话：落了片白茫茫大地真干净。在没有生物杀虫剂的明朝初年，想要根除蝗虫根本不可能，防控难度也不是一般的大。

于谦写过一首五言律诗《荒村》，感叹蝗虫给百姓带来的困扰：

村落甚荒凉，年年苦旱蝗。

老翁佣纳债，稚子卖输粮。

壁破风生屋，梁颓月堕床。

那知牧民者，不肯报灾伤。

有好几次，于谦在田间视察时，看到无数农民佝偻着身子在田间捉虫，有些年龄已经相当大了，依然无法安享晚年。这位三品大员的心情久久无法平静，他的眼眶甚至都有些湿润了。

于谦脱去了官服，卷起袖子，和万千百姓一起守在地头，一起蹲在烈日下，奋力捕捉蝗虫。看到巡抚大人如此辛苦，很多百姓感动得流下了热泪，工作劲头也更加高涨了。

由于于谦的示范作用，很多州县的官员也不得不离开舒适的官署，前呼后拥地下田捉虫。当然在一些人心里，不可能对于谦没有抵触情绪，认为他的姿态放得实在太低了。

但我们了解于谦的为人，熟悉他的一贯作风，就应该很清楚地认识到：于谦的行为绝不是作秀，不是沽名钓誉，他是真心希望能为百姓做些实事。

晋祠是太原的地标建筑，于谦巡抚山西时，也经常来这里参观。从《忆晋祠风景且以致望雨之意》不难看出，即便是来游览，他也要考虑为山西百姓求雨，希望神龙和仙女能有所帮助：

悬瓮山前境趣幽，邑人云是小瀛洲。

群峰环耸青螺髻，合涧中分碧玉流。

出洞神龙和雾起，凌波仙女弄珠游。

愿将一掬灵祠水，散作甘霖遍九州。

于谦当然不具备现代科学知识，不知道雨的真正成因，也不能像刘伯温一样能观天象。眼看百姓被旱灾反复折磨，他也只能虔诚地下跪行礼，希望老天能体察黎民之苦，早降甘霖。但很多时候，于谦显然只能做无用功；但真要赶上一场大雨，示范效果还是相当不错的。

有一次，于谦带领衙役在新城龙王庙祈雨。他们神情严肃，毕恭毕敬，顺利地完成了一道道仪式。结果，刚才还是艳阳高照的晴天，转眼之间就乌云密布，狂风骤起。随后，密集的雨点就噼里啪啦落了下来。现场的所有人都没有离开，尽管被淋成了落汤鸡，心里却非常欣慰，认为这是自己的诚意感动了上天。于谦回到衙门，心绪难平，挥毫写下了《新城请水祈雨有应》：

械香百里叩龙祠，乞得灵泉浸柳枝。

酌水献花罗父老，吹箫击鼓走童儿。

神风静默云生石，和气薰蒸雨应时。

顷刻寰区生意足，从知天地本无私。

当然，这种快乐只能偶尔收获。真正想要克服旱灾，要做的工作还非常多。于谦自己也清楚，身为巡抚，一定要出现在百姓最需要的地方，急他们之所急，想他们之所想。在山西期间，于谦想尽一切办法，多次申请减免山西灾区民众的税粮，并为他们提供资助。

山西对于大明王朝的意义，还在于其是防备蒙古的前沿阵地。在明朝初年，朝廷在东起鸭绿江、西到嘉峪关的长城沿线，设立了九个边防重镇，分别是辽东、蓟州、宣府、大同、太原、榆林、宁夏、甘肃和固原。而大同与太原，正好就在山西。

论及地理位置的重要性，大同不输太原。北魏拓拔氏正是以这里为京城统一了北方，进而威胁江南。后晋天福元年（936），大同所在的云州，以及幽州（今北京）等共计十六州，都被石敬瑭割让给了契丹。从此，华夏政权就没有了北方屏障。

辽金时代，大同都是陪都西京，有"三代京华，两朝重镇"的美誉，可见其战略地位的重要。

作为文职巡抚，于谦当然不能直接管理两镇的边军，但他对边防事务极为重视。在给朝廷的上疏中，于谦对加强山西边务提出了多项建议，如充实粮饷、分班守卫、安抚士卒、严惩盗卖等。更难能可贵的是，他还特别提及了瓦剌的潜在威胁，认为不可大意，未来战事在所难免。

可惜，朝廷大员都满足于瓦剌的定期朝贡，重点防备的还是鞑靼和兀良哈，对于谦的建议并没有认真对待。但刑部尚书魏源却对这位巡抚另眼相看。他建议于谦以副都御史镇守宣府、大同，参赞军务。

如果于谦成行的话，后来的"土木之变"还会发生吗？这是个见仁见智的问题。但朝廷却认为，于谦在晋豫巡抚岗位上做得很好，并没有调他离开的打算。这么一来，于谦也就只能继续他的两地奔波。

在河南，于谦的生活又是怎样的呢？

三、扎根河南，开封有个"于青天"

河南的得名，是因大部分地域在黄河之南。河南古称"豫州"，在华夏九州中位于中心地带，后来又有了"中州""中原"之称。

在杭州长大的于谦，对河南省城开封有着特别的亲切感。他的祖籍考城，正是属于开封府。杭州和开封，一个是南宋的行在，事实首都，一个是北宋的京师，天子之居。很多杭州市民是在南宋"建炎南渡"时，从开封及周边地域迁来的。

如果说北京是最具南方气质的北方城市，是因为朱棣迁都；杭州是最有北方韵味的南方都会，则源于建炎年间大量北方人南迁。在社会风尚、节日习俗、饮食服装等方面，杭州都有相当深重的开封烙印，展现出了一定程度的北方特质。

而西湖边长大的于谦，可以说"南人北相"，有着南方人的精致与细腻，更有北方人的直爽和果敢。

作为"八朝古都"，特别是北宋京师，开封曾经创造了最辉煌的盛景，却也见证了最惨痛的屈辱。靖康二年（1127），金军占领开封，将徽、钦二帝与皇室二百多人掳掠到金上京，制造了让后世不忍直视、不愿回忆的"靖康之耻"。之后宋朝在南方重建，开封则成为金朝陪都南京。

不过，真应了一句古话"风水轮流转"。金贞祐二年（1214），当初占领开封，把北宋打成南宋的金朝，在蒙古的不断打压之下，居然也搞了"贞祐南迁",将京师由中都迁到了开封。此次迁都,标志着金朝中原霸主的地位宣告终结。可以说,当初欺负宋朝时有多嚣张,后来被蒙古羞辱得就有多严重。二十年后,金国灭亡。

到了元朝,华夏大统,南北归一,元廷将开封改名为南京路,后来又改为汴梁路,作为河南江北行省省城。洪武元年(1368)六月,明军北伐占领汴梁,改为开封府。当年八月,朱元璋以开封为北京。并一度有迁都的打算,但因开封地形和经济劣势而放弃。洪武十一年(1378),明廷正式罢北京。开封成为河南布政司所在地。

在北宋期间,开封成就了一位刚正不阿的府尹,他甚至成了清官的代名词。说起他的大名,中国人没有不知道的,此人就是包拯。

事实上,包拯在京城只做了两年"权知开封府",也就是代理府尹。在北宋,正式的开封府尹都是由皇位继承人兼任的,真正的负责人只能"权知"。因此,包拯的各种屡破奇案、为民请命和出生入死的光荣事迹,大多是后人杜撰附会出来的。所谓包青天、包龙图的说法,更多的是一种美好诉求,只能存在于评书和戏剧之中。

而主政河南期间,于谦却以自己的功业,实实在在地获得了于青天、于龙图的美誉。即便没有后来的北京保卫战,作为一名出色的地方官,他也有资格与况钟、周忱等人一样,在明代历史上占据小小的一席之地了。

从宣德五年(1430)开始的十七年里,于谦一直都住在开封。当然,差不多有一半时间,他还得待在山西,因此免不了"两地穿梭"。

山西常常为干旱所苦,河南却总是受水患伤害。黄河穿过晋陕大峡谷,越过风陵渡,就到了河南境内。与长江相比,黄河不仅含沙量高,通航能力差，洪涝灾害更是相当频繁。著名的"大禹治水"传说，讲的就是大禹治理黄河并分天下为九州的故事。而元末农民起义的序幕，正是因朝廷征召民工治理黄河而拉开的。

宣德五年（1430）和六年，于谦上任伊始，黄河就给这位新任巡抚送上贺礼：连续两年肆意泛滥，导致开封府祥符、中牟、阳武和通许等八县成了一片泽国，大批百姓无家可归，到处流浪，趁火打劫事件层出不穷，大规模的游民暴动一触即发。

这样的时候，对父母官的政治智慧与执政水平，无疑是个严峻挑战。于谦一边张榜安定人心，一边带着下属走遍灾区，慰问受灾百姓，统计损失，并上报朝廷要求减免税粮，最终结果是，受灾区域的一半秋粮折收布绢。

宣德六年（1431）二月，于谦奏请在卫辉、新德等地设立预备仓，收屯秋粮，以备救济之用。这一做法，随后在晋豫两省多地推广。

宣德七年（1432）六月，于谦上疏朝廷，请求免去祥符、中牟、太康和夏邑等县应纳秋粮五万六千余石，马草七万六千余束。

随后，于谦又下令各地设立"尚义仓"和"平准仓"。尚义仓储备的是各地土绅捐献的谷物，平准仓囤积的是丰年低价买进、灾年再以更低价卖出的粮食。为了鼓励富户积极参与进来，于谦甚至带头捐献自己微薄的俸禄。

民以食为天。传统社会经济发展能力有限，即便在仁宣之治中，每逢水旱灾害，依然会产生数量不少的饥民。于谦身体力行地为百姓谋福利，并将赈济列为两省各府县官吏考核的重要指标，虽说得罪了不少既得利益者，却在民间获得了普遍赞誉，在朝中也赢得了良好口碑。"于青天""于龙图"的美誉，自然就在中州大地流传开来了。

于谦巡抚河南的十八年间，黄河的闹腾一直没有停歇。而位于黄河边上的省城开封，往往就处于水患重灾区之内。从宣德五年（1430）到正统十年（1445），于谦每年都要拿出很大一部分精力，领导河南百姓与洪水做斗争。

当洪涝未发时，于谦和助手们都会迎着大风，顶着烈日，出现在黄河大堤上，考察可能出现的隐患。

当农闲之时，于谦会将众多农夫组织起来，加上当地驻军，一起搬石挑土，加固大堤。还要沿堤广植树木，以保护水土。于谦还规定，黄河大堤上每五里设立岗亭，安排专人值守。如果出现塌损，就要第一时间进行修护。

当灾情发生时，于谦会披上蓑衣，出现在灾情一线，安排灾民及时转移，组织排洪抢险，尽力挽回更多人的生命财产损失。

在开封东北，曾经有一个铁牛村。当年正是在这里，于谦主持铸造了一座巨大的铁犀牛。

民间传说，犀牛可以镇住洪水。古人有云："牛象坤，坤为土，土胜水。"从五行相克来说，铁属金，金为水之母。因此铸铁牛镇水，是古来有之的传统。李冰修建都江堰时，就曾让人打造了五头石犀，用来震慑住"水精"。

于谦未必相信这些说法，但为了给百姓带来希望和念想，他也能够顺应民意，因此组织工匠，精心铸造了这尊铁牛。为了表现自己的虔诚态度，向上天表明心意，希望民众安宁，于谦还亲笔创作了《镇河铁犀铭》和两则《祭河神文》。

在《镇河铁犀铭》中，于谦写道：

百炼玄金，镕为真液。变幻灵犀，雄御赫奕。镇厌堤防，波涛永息。安若泰山，固如磐石。水怪潜行，冯夷敛迹。城府坚完，民无垫溺。雨顺风调，男耕女织。四时循序，百神效职。亿万间阎，措之枕席。惟天之休，惟帝之力。亦尔有庸，传之无极。

拳拳之心溢于言表。于谦离开开封以后，当地百姓在铁犀牛所在地修建了一座回龙庙，又称铁犀庙。每年四月初八举办大型庙会，烟火不绝，大戏不断，非常热闹。在崇祯十五年（1642），李自成攻打开封时引黄河水灌城，回龙庙被淹没。

后来，在杭州三台山于谦祠墓中，当地官员仿铸了一尊铁犀牛，让它永远守护着这位英雄的身后之所。

身为两省巡抚，于谦官位显赫，生活却一点也不舒适。他每天的日程表几乎都被塞满，面对的挑战总是超负荷，纵然两地有太多名山大川、奇珍异宝，他也很难抽出时间去游玩。而两地百姓的生活艰难，也令他印象深刻。

于谦最知名的诗作《石灰吟》，被一些学者视为托名之作。但他确实也创作过一首《咏煤炭》，同样传达出了一股浩然正气，以及燃烧自己为百姓谋福利的献身精神：

凿开混沌得乌金，藏蓄阳和意最深。
爝火燃回春浩浩，洪炉照破夜沉沉。
鼎彝元赖生成力，铁石犹存死后心。
但愿苍生俱饱暖，不辞辛苦出山林。

时光如水，岁月如梭。于谦起初并不认为自己能在晋豫两地待很久——巡抚其实是京官嘛。但他没想到，自己一干就是十八年，从精力充沛的青年，变成了明显衰老的中年。

于谦巡抚晋豫期间，并没有让夫人董氏相陪，他以为自己要不了多长时间就能回去，然而，计划永远赶不上变化。于谦一生也没有纳妾，更不会出没于风月之所，真不清楚那些年，他一个人是怎么熬过来的，更不清楚独守京城的董氏，内心会不会有不满和失落情绪。无论如何，这样的事情总是令人遗憾的。

于谦没有想到，妻子没有什么过失，却遭遇了那样的变故；年轻的宣德皇帝，会得到那样的结局。他更加想象不到，就算自己远离京城，麻烦还是会找到他。

第四章

得罪权监遭厄运

一、宣德早逝，留下严重后患

人生旅程想要走得又快又好，往往离不开高人指点，贵人提携，小人鞭策。

"三杨"和顾佐，就是仁宣时代的高人。他们的言传身教，令年轻的于谦受益匪浅。

鞭策过于谦的小人很多，后面我们都会陆续讲到。

而这位两省巡抚生命中最重要的贵人，自然非一人莫属。如果不是他的慧眼，于谦不知道还要在底层蹉跎多长时间。如果不是他的坚持，于谦就不能由正七品破格提拔为巡抚。如果不是他的信任，于谦的巡抚生涯，当然也不可能那么顺利。

可惜，他明明比于谦还年轻，却早早离开了人间。他就是宣德皇帝。

宣德一直身体健康，精力充沛，兴趣广泛，对军国大事也算不放松。宣德九年（1434）九月，朱瞻基还兴致勃勃地巡幸了洗马林（今属河北省张家口市），这已经是他登基以来的第四次巡边了。但就在十二月，宣德突然不豫，次年正月初就离开了人间，死得可以说相当蹊跷。

宣德十年，正好是朱瞻基的三十六岁本命年。这岁数放到今天完全是个小伙子，可新年伊始，整个大明就陷入了无限悲痛之中，元宵节当然是没法过了。

宣德之死，似乎为明朝皇帝的短命奠定了基调。他之后的十一个皇帝，只有嘉靖、万历和成化三人活过了四十一岁。而按今天的标准，成化还没过四十岁生日就告别人间了。但这些君主的直系祖先朱元璋和朱棣，可是分别活到了七十一岁和六十五岁。

九岁的皇太子朱祁镇继位，是为英宗，改次年年号为正统，并为先皇上庙号宣宗，谥号"宪天崇道英明神圣钦文昭武宽仁纯孝章皇帝"，葬于景陵。

这么一来，朱棣祖孙三代，就在天寿山下团聚了。而对于谦来说，皇帝之死的影响也是相当微妙的。

以宣德一贯对于谦的欣赏，如果不是他的英年早逝，于谦很可能会早早被调到京城，开启京官生涯，甚至当上内阁大学士。不过如此一来，恐怕也就不会出现北京保卫战，不需要于谦以血肉之躯捍卫大明江山了。

宣德皇帝的离世，更是为大明日后的发展留下了巨大隐患和太多变数。说起来也许没人相信，别看宣德有几十位妃子，居然只留下了两个皇子，在明朝十六帝中排名倒数第二。

宣德不光儿子少，得子也太晚。朱棣十九岁有了朱高炽，朱高炽二十二岁有了朱瞻基。可朱瞻基倒好，在老爹驾崩时，他结婚已近十年，眼看就到三字头了，还只有三位千金，害得洪熙抱不上孙子，永乐没法抱重孙子。不过这也证明，不是宣德完全没有造人能力，他只是运气不好而已。

盼星星盼月亮，宣德二年（1427）十一月，孙贵妃终于为宣德生下了长子朱祁镇。[①] 二十九岁才终于有了第一个儿子，皇帝的激动之情无以言表，比灭了汉王全家还开心。次年二月，朱祁镇才三个月大时，就被正式册封为皇太子。如此一来，他也成为大明开国以来，第一个出生在坤宁宫的皇太子，身份自然是更加高贵了。

顺便说一下，朱棣的后世子孙，名字中的第二个字，早就被老爹安排好："高瞻祁见祐，厚载翊常由；慈和怡伯仲，简靖迪先猷。"而第三个字，则必须按金木水火土五行来安排偏旁。朱瞻基这一代是"土"字旁。到了朱祁镇这一代，第三字则是"金"字旁。而他的儿子朱见深，第三字是"水"字旁。

不久之后，失宠的胡皇后主动提出要出家当女道士，并移居长安宫。皇帝假意挽留一番之后，为她赐号"静慈仙师"。随后，宣德顺理成章地将孙氏晋封为皇后，实现了多年夙愿。

宣德三年（1428）八月，吴贤妃又为宣德生下了次子朱祁钰。形势似乎一片大好。

但宣德显然高兴太早了。从这时候起直到驾崩，虽说这位皇帝把大把时间折腾在床笫之间，却再也没有留下任何骨肉——别说皇子，连公主都没有了。一个妃子不怀胎，很可能是她自己的问题；几十个妃子都没有留下龙种，原因显然不难猜测了。

---

① 《明史·后妃一》说孙氏"阴取宫人子为己子，即英宗也"。

后世史家对朱棣评价不高，但对仁宗、宣宗二帝却不吝溢美之词，称这二位皇帝执政的十年为"仁宣之治"，堪比西汉的"文景之治"、唐朝的"贞观之治"。

朱棣执政的二十二年，重大举措接二连三，让国人眼花缭乱。能和他老人家争夺"好大喜功"奖牌的，可能只有把江山玩丢的隋炀帝杨广了。五次北征蒙古，南平安南，修建北京新都，疏通大运河，六下西洋，等等，都使国库消耗得着实不轻，令百姓负担相当沉重。

朱棣一贯看人比较准，他以为亲自选定的皇太孙，可以将自己开创的大业进行到底，彻底解决蒙古问题。但事实上，宣德的施政措施明显更接近洪熙。

今天看来，仁宣统治的十年中，二位皇帝审时度势，果断放弃朱棣的积极进取政策，重用以"三杨"、夏原吉和蹇义为代表的三朝老臣（大多是洪熙嫡系），整顿吏治，虚心纳谏，颇有一些北宋"君主与士大夫共治天下"的风范。他们爷俩坚持轻徭薄役，关怀民生，休养生息方面做得还算不错，民众负担也显然小于永乐时期。

但是，对外政策方面，仁宣二帝可以说是相当保守，甚至缺乏长远眼光，难免给后人一种不思进取的印象。更糟糕的是，宣德突然去世引发的朝堂动荡，令北方的威胁势力趁机野蛮生长，最终酿成了巨大祸患。

宣德二年（1427），朱瞻基宣布撤销交趾布政司，大明核心区域从此固定为两京十三省。安南这片永乐时期付出很大代价和牺牲而收复的领土，之后就永久性地脱离了中国管辖。

宣德五年（1430），朱瞻基又下令内迁开平卫，使得北部防线不得不大大收缩。广为后世诟病的"天子守国门"，正是由此拉开了序幕。朱棣当年从北京起兵造反时，承诺将大宁卫交给朵颜三卫"自治"，换来三卫骑兵加入靖难大军。因此也有人说，明朝的背部边患，始作俑者恰恰是永乐皇帝。

不过，朱棣迁都北京并非出于私利，而是有着彻底征服蒙古草原和东北森林的远大构想，并指望子孙后代能完成自己的未竟大业。可惜，朱瞻基表面上有朱棣之风，骨子里更认同老爹的保守理念。

朱棣生前五次北征，有四次针对鞑靼。朱瞻基的主要精力，也放在了防御鞑靼上，但对于定期朝贡、态度恭顺的瓦剌，这位宣德皇帝过于宽容，甚至默许脱欢统一整个瓦剌，使得后来也先统一整个蒙古成为可能。这方面的内容，笔者将在下一章详细讲述。

宣德九年（1434），明廷又宣布放弃奴儿干都司。如果这个机构一直存在的话，努尔哈赤想崛起的难度，恐怕要增加不少。朱瞻基曾对边将赋诗："慎守只需师李牧，贪功何用学陈汤。"战国末期，李牧为赵国守边，令匈奴不敢进犯；而西汉名将陈汤却矫诏攻击匈奴，尽管大胜，历代皇帝都不欣赏，宣德同样不能免俗。

宣德在位期间，还做了几件跟太监有关的事情，对明朝之后的历史产生了深远影响。

永乐执政时期，完善了朱元璋开启的内阁制。朝中大臣的奏章，首先送到内阁。大学士们审阅之后，将处理意见写在纸上并贴在奏章上面，即为"票拟"，随后交给皇帝。

可见，内阁只有议政权，没有决策权，也无法直接对六部发出指示。而皇帝用红字做批示，称为"批红"。

到了宣德年间，由于时局相当稳定，而皇帝兴趣爱好相当广泛，精力实在有限，他就改变了太祖"内官不得干政"的规定，安排司礼监协助自己处理公务。秉笔太监代替皇帝批阅不太重要的奏章，并行使"批红"之权，而掌印太监则负责最终的审核盖印。

如此一来，六部、内阁与司礼监各司其职，大致相当于唐朝的尚书省、中书省和门下省，倒也其乐融融。拥有议政权的内阁成为最重要的行政部门，他们办公的地方在午门内、宫城东南角的文渊阁，而六部和五军都督府官署都在承天门（天安门）外。

不过，更方便见到皇帝的司礼监太监们，就渐渐在内廷形成了第二"内阁"，权势甚至不输那些阁老。这恐怕是当初宣德没有想到的。我们不妨类比一下：秉笔太监大体相当于"大学士"，位高权重的掌印太监就可以看成是内宫里的"首辅"了。用黄宗羲的话说，就是"无宰相之名，有宰相之实"。

当然，宣德是何等精明的帝王，他能让渡出权力，自然能够随时收回，秉笔太监们如果不嫌自己命长，是断不敢在批红上做手脚的。但宣德一死，后世君主如果没有他的能力，又比他还懒政的话，那后果就别提有多严重了。

为了提高内官的文化素质，培养实际工作能力，宣德四年（1429），朱瞻基下旨在宫内开设内书堂，挑选几百名十岁左右的小太监，让大学士陈山等人传授他们文化知识。这真是太监学文化从娃娃抓起了。

内书堂似乎可以看作内廷的"翰林院"，能有幸进入这里学习的小宦官，可以类比"翰林学士"，出去就有了吹牛的资本。而其中表现优异的，未来就有了进入司礼监和御马监，参与审核奏章、处理朝政的资格。

宣德不但让太监学文化，更是钦点了一位太监，让他指导皇太子朱祁镇读书。平心而论，皇帝的动机和出发点并没有太大问题，不能否定。对此人的能力与素质，宣德肯定是考察过的。可哪里知道，正是由于这个安排，在朱瞻基意外去世之后，这个太监就凭借与小皇帝的特殊关系，掌控了国家大权，甚至开启了中国历史上第三次宦官专权时代。

事态有这么糟糕吗？

二、王振上位，开启宦官专权时代

熟悉明史的同学，肯定对王振、汪直、刘瑾和魏忠贤四大太监耳熟能详。特别是王振，作为明朝建国之后第一个掌握大权的太监，传统史书通常都将他视为"土木之变"的罪魁祸首，甚至是导致大明王朝由盛转衰的千古罪人。

一个太监，真的有那么通天的能量，能担得起这么大的责任吗？

王振是山西布政司大同府蔚县（今属河北省张家口市）人，出生年月不详，但很可能和于谦相差不大。作为小县城里的教书先生，王振虽说能娶妻生子，但连续多次乡试失败，连个举人身份都混不到，令他的自尊心受到了严重打击。如果王振知道于谦的事迹，恐怕也不会想不开了。

永乐末年，朝廷在民间招募读书人去京城教宫中女官读书，只是应聘者需要付出一定代价——净身。显然，大部分男人舍不得自己的命根子，不愿意这么赌明天。

别人都不在意的机会，王振却动心了。抱着换换手气的想法，他毅然挨了这么一刀，得以从小县城来到了大都会。

进入皇宫之后没多久，王振就惊喜地发现，自己的讲课水平居然得到了广泛认可。没过多久，永乐和洪熙先后驾崩，换上了和王振年龄相仿的宣德皇帝。

再过几年，太子就到了可以读书写字的年龄了。按说，朝中有那么多饱学之士，可宣德就是眼光独特，非要安排王振陪太子读书。

得到这份美差之后，王振丝毫不敢大意，不光认真辅导英宗的功课，更是精心传授他治国安邦、胸怀天下的道理，还对其行为多加约束。王振的表现让宣德相当满意，小祁镇更是不敢直呼其名，而以"王先生"称他。

有一次，朱祁镇和几个小宦官踢球取乐，按说这不算什么不健康的娱乐活动，能强健体魄，总比他爹斗蛐蛐强吧。可王振见了之后，立即加以拦阻，甚至正色跪下说："请太子以天下百姓为念，不要沉迷嬉闹。"小太子被说得很不好意思，以后也就收敛了不少。

巧的是，朝中重臣"三杨"正好路过，看到了这一幕，他们对王振的印象分也提高了。三位重臣开心之余却不仔细想想，这太监明明就是在演戏嘛。说他们已经老糊涂，也不算夸张。

干一行爱一行，王振对能在皇宫内做教育工作、发挥自己特长相当开心，对能和太子走这么近，当然更有理由珍惜，更有条件得意。但没过多久，一个更大的礼包，彻底改变了他的命运。

宣德十年（1435）正月，朱瞻基突然驾崩，在张太后的力挺之下，朱祁镇擦干眼泪，就此继位。

九岁孩子当然无法执掌国政，张氏由太后升级为太皇太后，军国大事都得由她拍板。当时，朝中一度也流出由宣德五弟、襄王朱瞻墡接班的传言。

朱瞻墡是张氏的小儿子，当时已满三十，正是年富力强的时候，由他继位也不影响洪熙一脉的皇统。《明史·后妃一》有记载，说是当流言正盛之时，张氏火速召集诸大臣到乾清宫，泪流满面地指着小祁镇说道："这就是新天子。"群臣赶忙跪倒，山呼万岁，争议也就此平息。

但这种说法，未尝没有美化张氏之意。在《菽园杂记》中，作者陆容却写道，张太后认为"国有长君，社稷之福"，要取襄王金符召朱瞻墡进京，但在内阁"三杨"力劝之下，她才打消了念头。

宣德临死前，安排了五位顾命大臣，即大名鼎鼎的"三杨"——"西杨"杨士奇、"东杨"杨荣和"南杨"杨溥，礼部尚书胡濙，以及英国公张辅。看似阵容豪华，但是——

这五人在永乐朝都是重臣了，有四个已经七十多岁，另一个也已经六十多岁，都比宣德年长，甚至都比宣德他爹年长。

即使按今天的标准，这五人都接近或超过退休年龄了，指望他们来管教和约束英宗这熊孩子，算得上明智的选择吗？为什么不挑选四十岁上下，精力充沛、思维敏锐、眼光长远的大臣？偌大的大明帝国，真的找不出来几个吗？显然，于谦应该算一个，可惜，他一直在外地做官。

很可能是为了表彰王振过往的辛苦付出，宣德十年（1435）九月，英宗任命他为司礼监掌印太监，相当于皇宫内的首辅。考虑到小皇帝的年龄，这项任命肯定得到了张太皇太后批准，甚至有可能就是她本人力主的。

相关史书对张氏多是溢美之词。但事实真相，可能远非后世描写的那么感人。

《明史纪事本末·王振用事》中，记载了这么一个故事：

英宗继位不久，太皇太后张氏来到便殿，英宗在旁侍立。张氏并将五位辅政大臣叫到皇上跟前，训导他说："这五位爱卿，都是先皇为陛下挑选的人才。你做决策时，一定要跟他们商量。如果五人中有一个不赞成，你就不能做！"小皇帝站在那里，当然是连声答应——不然怎么出去玩啊？

不一会儿，张氏让人宣王振进来。英宗一看，这么重要的场合，王先生还有机会出席，当然非常开心，以为又要赏赐了。谁知道接下来发生的事情，大大超出了英宗的预料，更是颠覆了他的三观。

王振过来跪倒行礼。刚才还和颜悦色的张氏，此刻突然如朱元璋附体一般威严："你侍奉皇帝起居，多有不律，今天赐你一死！"说话间，女官已把刀架在王振脖子上了。

玩笑不带这么开的吧？平日作威作福的王振，此时早已吓得魂不附体。英宗也不顾及什么天子做派（再说他平时也没有），跪下苦苦哀求，就差没当场抱住奶奶的大腿痛哭流涕了。五位大臣当然巴不得王振玩完，但一看小皇帝这么难过，自己没一点表示也说不过去啊，只好都跪下来求情。

眼看群情汹汹，张氏最终放弃了诛杀王振的想法，但还是严正警告说："皇帝年少，怎能知道此人祸害国家呢。这一次，看在皇上和诸位大臣的分儿上放过你，此后，你不能再干预国事！"

这个故事被后世无数学者引用，当作张太皇太后打压王振的经典案例。可惜的是，此事并未载于《英宗实录》，因此很可能并非事实，而像是后世文人为了美化张氏，特意编出来的故事。

而且，如果真有此事，反而恰恰证明了张氏根本不是打压王振，更像跟后者合演了一出双簧，做给皇帝尤其是给五大臣看的。

张氏明明知道英宗和王振情同父子，她真想让这个太监去死，悄悄杀掉就是了。为什么非要当小皇帝的面杀，这不是给自个儿找不痛快吗？小皇帝能不苦苦求情吗？

再说了，张氏想杀王振，哪里不能杀，为什么非要当着辅政五大臣的面杀？表演属性太强烈。小皇帝都跪下求情了，难道这五位老干部还好意思站着干看热闹？

张氏这么做，不就等于是向辅政大臣们宣示："谁说我老人家宠信王振，那是谣传！看啊，我都要杀他了，我真的要杀他了哟，是你们不让杀的。以后王振再搞什么鬼，可就别再赖我哟。"

至于张氏说什么"不许王振干预国事"，更是此地无银三百两。人家王振当的是司礼监掌印太监，做的大小工作都和朝政息息相关。不准司礼监一把手干政，就跟不许妃嫔与皇帝有肌肤之亲一样荒唐。

真不许王振干政，把他打发到直殿监打扫卫生不行吗？事实上，即便在张氏生前，王振的越界行为已比比皆是了，也没见他受到什么样的处罚。

平心而论，王振可不是只会教书，他还是人情世故高手，人际关系大师，人脉经营天才。就这一点而言，于谦确实和他有一定距离。

凭着和小皇帝的特殊关系及强悍的拉帮结派手段，王振身边很快围拢了一大批渴望出人头地、做事没有底线的官员，他也有本事把这些人管理得服服帖帖，让他们冲在贪污受贿、打压异己、迫害贤良的最前列。而王振自己，则成为大明开国以来第一个"权监"，或者叫"权奸"也没问题。

对英宗来说，王振既是老师和长辈，又是朋友和死党。显然，有了王振在司礼监的操持，小皇上就能多一些时间休闲娱乐、享受人生了。明代史书中对武宗朱厚照的不理朝政、游戏人生有大量生动描写，但对英宗的日常生活却一直遮遮掩掩。显然，我们对这位皇帝的品行操守，也不能估计过高。

大明开国皇帝朱元璋出身草莽，登基之后极为勤奋。他规定，每天早、中、晚三次临朝听政，主要大臣都得过来。这种政策固然搞得朝廷上下相当疲惫，但对这个事务繁多的大帝国来说，却还是有一些必要性的。此后的建文、永乐、洪熙和宣德四朝，也延续了这项制度。

而英宗继位时年仅九岁（按今天的算法是七周岁），当然无法和列祖列宗一样辛苦。张太皇太后于是下令，将每天三朝缩减为早朝一朝，而且奏闻处理国事不超过八件。在正统朝初期，这种做法还是合情合理的。但英宗亲政甚至大婚之后，每天依然只在早朝听政，而朝中大臣们心照不宣，也没有一个敢提出恢复祖制的。

英宗自己懒政，王振又能力突出，小皇帝于是将军国大事更多地推给"王先生"，自己则可以腾出手来，做自己爱做的事情。

正统六年（1441）四月，王振提拔工部郎中王佑为右侍郎。这位王侍郎相貌英俊，谈吐不凡，但奇怪的是，大明官员基本上都留有长须（也是体现与内官的区别），王佑脸上却干干净净，让很多人不明就里。一次，王振接见王佑时，不免也好奇地问了句："王侍郎怎么不留胡子？"

接下来王佑的回答，可谓语不惊人死不休，并得以永载史册。他一本正经地说："老爷您没有胡子，儿子我怎么敢留呢?"完全没有开玩笑的意思——他也不敢啊。我们不清楚当时王振的反应，但他显然并没有处分王佑。此后，这话就被无数人在酒桌上当段子讲。

有这样的标杆在，想巴结王振的官员层出不穷，献媚讨好手段也是妙招频出，让我们感慨大明官员情商的出色。徐晞、马顺、郭敬和陈官等人，都因拍对马屁得到了提升。王振的侄子王山本来没有什么才能，只是因为有个好叔叔就一步登天，当上了从三品的锦衣卫指挥同知。

正统元年（1436）十月，朝廷诏令修葺行在九门城楼，工程负责人是当初营建北京城的阮安。显然，这么重大的事，不是小皇帝英宗能拍得了板的，真正的决策人只能是张太皇太后。而她之所以这么做，很可能也是为完成宣德的遗愿。

到了正统五年（1440）二月，奉天、谨身和华盖三大殿的修复工作全面开始。此举无疑给出了强烈的信号——北京要恢复京师名分了。果然，第二年十月，整修一新的三大殿完工，气势恢宏的朝堂又呈现在了紫禁城中央。

十五岁的英宗正式颁布诏书，宣布从次年起，取消北京诸衙门前的"行在"二字，而南京各级官署的文书，不再称"京师"而称"南京"。

就这样，已经当了十六年"事实首都"的北京城，从此真正恢复了大明京师的地位。联想到八年后发生的事情，我们就不难看出，这样的改名，绝对不是文字游戏和形式主义，而是具有无比重要的战略意义。我们更要感慨，朱棣当年"冒天下之大不韪"迁都北京，是何等的高瞻远瞩和思维超前。而他的重孙子朱祁镇，是何等的玩忽职守和自以为是。而于谦没有得到过朱棣的赏识，却能真正领会他的战略意图。

据说，太祖朱元璋在南京皇宫（奉天殿）前立了一块三尺高的铁牌，上书"内臣不得干预政事"。而王振专权的时候，这块牌子让他看着不顺眼，自然就下令撤掉了。事实真是这样吗？

铁牌的原始出处，是天顺朝大学士李贤的《古穰集》。但这更像是李学士的发明创造，用以打压太监，丑化王振。别说"无图无真相"，就算真有这么一块牌子，朱棣迁都北京时，真的会把牌子也打包带走吗？不够费劲的。他派郑和下西洋，派侯显出使乌斯藏，这些都是"违背祖制"的行为。牌子就算真的有，估计朱棣时代都撤掉了，用不着王振动手。

更何况，即便在洪武年间，朱元璋也曾多次派遣宦官出使藩属国，早就违反这条规定了。

当然，随着英宗的长大、"三杨"的老去，王振的权力不断上升是必然的。三大殿竣工后，在张太皇太后的批准之下，朝廷举办了一场特别隆重的筵宴，为北京重当京师造势。现场气氛相当热烈，群臣纷纷向英宗表示祝贺和恭维，让这位小朋友有些飘飘然，真以为自己能比肩永乐了。

不过，喝着喝着，英宗突然不开心了——王先生不在场！

明朝开国以来就规定"宦者不得预王庭宴"，王振自然就没份儿。但规矩是人定的，也得由人来改。英宗立即派人去请他的先生。这样的恩典，王振能不心花怒放、得意扬扬吗？

但事实是王振很生气，后果很严重。据说他还警告来人："我像周公辅佐成王一样扶助皇帝，连宫宴上一坐的机会都没有吗？"

一个太监自比周公姬旦，搁哪朝哪代，大概率都得被拉出去剁了——这是要谋反啊。可当手下悻悻地返回，添油加醋地向英宗汇报时，这位少年天子会作何反应呢？

他下令打开东华门的中间大门，以最庄重的规格，让王振在所有人的注目之下，堂而皇之地进入宫中。这还不算完，王振刚到宴会现场，所有文武官员全部起身，向他参拜行礼。这哪里是迎接一个太监，简直是在恭迎太上皇。王振的此番撒娇收到了理想的回报，此后当然胆子更大、步子更快了。

正统七年（1442）五月，英宗迎娶中府都督同知钱贵之女钱氏，这是明朝皇帝首次在紫禁城大婚（之前的历任君主都在登基前成亲），也标志着英宗长大成人，可以独立执掌朝政了，意义非同小可。不过，此时的英宗也只有十六岁（按今天的算法只有十四周岁）。大明另一位少年天子，神宗朱翊钧十岁继位，同样是十六岁时在皇宫大婚的。

为英宗立皇后，算是太皇太后张氏做的最后一件大事。这年十月，老太太就平静地去世了，寿命不详。如果洪熙活到这一年，不过才六十五。张氏很可能还更年轻一些。

杨荣已于正统五年（1440）七月去世。此后，正统九年（1444）三月，杨士奇病逝；正统十一年（1446）七月，杨溥告别人间。大明王朝最为显赫的"三杨"，从此全部退出历史舞台。而马愉、曹鼐和陈循等大学士的资历、声望加起来都不如王振，自然也没人敢和他叫板了。

仁宣二朝崇尚节俭，三大殿都舍不得修。可正统十三年（1448），王振却大修庆寿寺，花费数十万，并改名大兴隆寺。京城童谣说："竭民之膏，劳民之骨。不得遮风，不得避雨。"

就在这一年，浙江叶宗留、福建邓茂七和广东黄肖养好像商量好似的，一起举兵造反。虽说他们的势力远离京城，危害不了大明江山，但任由其发展也不是事儿。朝廷只能分兵镇压。

中国历史上，曾经有过东汉后期和晚唐两次宦官专权。而王振的上位，标志着第三次宦官专权时代的开启。但鉴于明朝政治制度的完善，宦官表面上再猖狂，也只能是君主的家奴，他们的权力都来自皇帝授权。而东汉后期和晚唐的宦官，甚至可以废立皇帝，成为朝廷真正的主宰。

尽管后世史家一直努力为英宗洗白，但一个毫无根基的崇祯都能搞死权势滔天的九千岁魏忠贤，王振在正统朝的种种"胡作非为"，显然与英宗的默许和纵容密不可分。而且他们两人的利益是高度绑定的，王振为英宗做了很多事情，两人的关系是非常好的。

对内，王振培植党羽，铲除异己；对外，他对瓦剌坐大不闻不问，却对南边靠近缅甸的麓川情有独钟。在王振力主之下，大明三次对麓川用兵，虽说一定程度上彰显了大国威严，但劳师袭远，浪费严重。

按理说，远在晋豫当巡抚的于谦，还入不了王振法眼，不值得人家浪费时间来收拾。但事情可没这么简单。很快，于谦和王振就有了交集。

三、两袖清风，终于惹祸上身

于谦长期外派，但明朝的巡抚是京官，还必须不定期返回行在（正统六年改为京师）述职。这当然是好事，于谦一直没有将妻儿带在身边，是因为北京的生活条件要好很多，他不希望家人跟着自己太折腾。

但是，父母双亲还在杭州，他们一天天老去，于谦却无暇照顾。为了弥补这个遗憾，正统元年（1436）八月，于谦这位全大明最忙的巡抚回京述职时，安排十三岁的儿子于冕回乡读书。同时，他也可以守在爷爷奶奶跟前，替父亲尽一份孝心。

于谦还特意写了首七律《示冕》，鼓励儿子努力学习，不要浪费光阴，孝敬祖父母，做个有责任、有担当的男子汉：

> 阿冕今年已十三，耳边垂发绿鬖鬖。
>
> 好亲灯光研经史，勤向庭闱奉旨甘。
>
> 衔命年年巡塞北，思亲夜夜梦江南。
>
> 题诗寄汝非无意，莫负青春取自惭。

到了正统六年（1441），于谦已经做了十一年巡抚，由三十三岁的年轻人，变成了四十四岁的大叔。岁月染白了他的鬓发，时光松弛了他的腰身，年轻时的那些远大理想，此时似乎离他越来越遥远了。

难道，真的只能这样过一辈子？

正是在这段时间，于谦写下了一首《自叹》：

> 我生四十余，已作十年客。
>
> 百岁能几何，少壮难再得。
>
> 今朝太行南，明日太行北。
>
> 风雪敝貂裘，尘沙暗金勒。
>
> 寒暑互侵凌，凋我好颜色。
>
> 齿牙渐摇脱，须发日以白。
>
> 位重才不充，况此迟暮迫。

为上乏勋劳，为下无德泽。

揣分宜退休，非惟慕奇特。

蚤赋归去来，庶免清议责。

此时，于谦和妻子董氏成亲已经二十三年，但两人在一起的日子，连三年都不到。妻子带着十三岁的女儿留守京城，十八岁的于冕则一直和爷爷奶奶生活在杭州。

在地方上待得久了，于谦希望能当上真正的京官，将双亲接到北京照顾，尽一些做儿子的孝道。在这一点上，这位巡抚和我们普通人没有什么区别。他也渴望完整的家庭，渴望与父母促膝谈心，与妻子携手赏月，与儿女共享天伦之乐。

因此，在返京述职之前，于谦力荐山西参政王来担任山西巡抚，河南参政孙原贞担任河南巡抚。这么一来，自己就可以回到京城，专心做兵部侍郎了。

因为自幼以文天祥为偶像，于谦对于行军打仗有着莫名的热爱，也特别喜欢阅读兵法战策。但限于条件与机缘，他完全没有相关的经验。这个兵部侍郎，于谦当得有些底气不足，也希望能早日补上短板。

可惜，"心想事成"这种路径，实现起来真的太难了。

此时，张太皇太后明明还在人间，王振已经在朝中一手遮天了。这其实也足以说明，张氏对王振很可能根本就不约束，或者是在下一盘很大的棋：让孙子将来收拾这个大太监立威，作为自己的政绩。

于谦还在山西时，有好心的同僚就劝说他，回京述职时，一定得去司礼监掌印太监王振处排队递名帖，一定得准备特别丰厚的礼物，一定要让王公公感受到对他发自内心的尊敬，这样升迁才有可能。

这是什么道理？堂堂两省巡抚，要这么巴结讨好一个太监？

于谦连连摆手："我可没钱。"

同僚看着这位巡抚的表情，确认他没有开玩笑，于是赶紧继续做思想工作："没钱没关系，心意一定要到。你可以带上咱们山西的土特产，比如香菇、绸缎和香线什么的。抚台大人只要开口，肯定有人愿意给你的。"

这番话可谓用心良苦。如果换成其他大部分官员，肯定就照办了；如果换成海瑞，则会马上翻脸，要跟对方断绝关系，以显示自己的个性与操守。

那么于谦呢？

有道德洁癖的人，显然不适合在大明官场生存。大家都陷在了一个大染缸里，喝的都是污浊的水，呼吸的都是肮脏的空气，都心照不宣地说这个染缸很温馨，水很干净，空气很新鲜。可你偏偏不识抬举，还试图引进空气净化器，大家能不跟你急眼吗？

于谦当然不会像海瑞那样不通人情，四处树敌，但也不可能这么乖乖就范。这位巡抚站起身来，把两只宽大的袍袖抖了抖，说出了可以永载史册的一句名言，还为后世贡献了一个成语，直接把对方听傻了。

于谦说："我不是有这两袖子的清风吗？可以作为礼品啊。况且，我也不能为了这些东西，让邻里百姓在背后对我指指点点啊。"

显然，于谦虽说办事认真，但并不缺少幽默感，不至于把气氛搞得太僵。但在很多同事眼中，他依然是很不上道，不值得交往。

在返京的路上，想起往事，于谦露出了会心的微笑，提笔写下了《入京》一诗：

绢帕蘑菇与线香，本资民用反为殃。

清风两袖朝天去，免得闾阎话短长。

如今，知道这首诗的人不多，但听说过"两袖清风"这个成语的可就太多了。在此隆重强调一下：它的原始出处，正是于谦这首诗。

回到阔别几年的北京，于谦享受着难得的天伦之乐，自然也少不了官场的各种应酬。但让人无法理解的是，他"逆潮流而动"，不去王振府上递名帖等候排期，当然更不打算给这位权监送礼。

这还了得？伤害性不大，污辱性极强。在京城的一亩三分地里，居然有巡抚回来，不知道主动孝敬王公公？而且，据说此人还一贯以清廉闻名，简直太不思进取了，活脱脱一个大明官场的异类嘛。

王振眼里不揉沙子，不容许这样公然挑衅自己权威的行径存在。可找什么合适理由呢？他召集手下亲信开会，头脑风暴了一番，还真想到了一个办法。

三月初三，于谦就被抓进了都察院监狱，还被判了死刑，等候问斩。

真是活久见，行贿的人步步高升，不行贿的不提拔就好了嘛，冷处理就完了嘛，排挤出核心部门就得了嘛，居然还要杀头！

可大家肯定知道，于谦并没有死，否则八年后的北京保卫战，就没有人来统领了。

那么，王振罗织的是什么罪名呢？

于谦不是想调回京城，还"擅自"找了两个人接替自己的工作吗？这就是罪，大罪，死罪！

你姓于的领着朝廷俸禄，不想着为国分忧，整天尽琢磨怎么调回京城，太狂妄了吧？

朝廷让你当了十一年巡抚，那是看得起你，你居然心怀不满想撂挑子，是何居心？

未经朝廷同意，没有王公公批准，你就擅自给自己找接班人，完全没有人臣礼数，目无国法，还不该杀吗？

王振当然不用自己出马。六科十三道言官之中，多的是他的鹰犬，让咬谁就咬谁。很快，通政使李锡弹劾于谦的公文就出现在了司礼监，王振"秉公办理"这么一盖章，于谦就被抓起来了。

朱元璋当政时经常大开杀戒，被后世文人反复批判。自打朱棣上台之后，朝廷就很少公开诛杀大臣了。但一些令皇帝相当不满的官员，往往会莫名其妙地"病故"在大牢里，这也成了有明一朝的潜规则。

当然，这些人大多不是真的病死，而是被领了任务的狱卒干掉的。

此时，杨士奇和杨溥可还在内阁，他们出来解救于谦了吗？

真相令人遗憾。两位老臣并没有任何行动。于谦就这么被杀了吗？显然也没有。

那么，到底是谁解救了于谦？

太原是晋王封地，开封是周王封地，大同是代王封地，于谦巡抚两省，可以说把所有王爷都得罪了个遍。但让人意想不到的是，这些皇亲纷纷上书，要求重审于谦案。他们又不是慈善家，不会以德报怨，之所以肯这么做，当然是有很多人在背后求情。

如果仅有这几封信件，还真不能让王振改变主意。真正让他害怕的，是晋豫两省的汹汹民意。

朝廷即将处死于谦的消息传来，两省无数百姓为之震惊，很多人甚至想上京请愿。当然在大明，没有人给你开路引，你连本县地盘都走不出去。但是，大家可以自发集资，邀请读书人写呼吁信交给官府，要求呈送京城，释放于青天。

过去十一年，你为我们付出太多；现在，我们要为你倾尽所有！

王振已经看出来了，这个姓于的群众基础很扎实，杀了他会得罪很多人。一定程度上，我们可以这么说：

于谦在朝中是没有后台，但山西与河南千千万万的老百姓就是他的靠山。公道自在人心。

五月，朝廷复审死囚。右都御史陈智经过审慎调查，在上报被冤的重囚名录中加入了于谦。十九日，于谦被释放，但被降为正四品的大理寺左少卿。

这么一来，于谦"因祸得福"，反而当上了京官。四品就四品吧，这样就能和妻儿团聚，也可以将父母接到京城照顾了。

但仅仅三个月之后，于谦又卷铺盖离开京城，重新开始晋豫两地间的奔波了。

原来，上天似乎看于谦在京城过得太舒服，诚心想折腾他。这一年山西又发生了严重的旱灾和饥荒，大批难民拖家带口流亡到河南，路上到处有饿得奄奄一息的老人和孩子，出现了太多不安定因素。

户部尚书刘中敷急奏，请派大臣收拾局面。内阁大学士们商讨了半天，终于认清了一个事实，也圈定了一个人选：只有他，才最熟悉灾区的情况；只有他，才会一心扑在抗灾现场；只有他，才能很快让当地百姓安心。不过，这个人可刚从锦衣卫大牢里出来，会不会闹情绪呢？

当然不会。于谦本不想离开京城，但眼前的局势又容不得他待在京城里心安理得。到底是轻车熟路，于谦上任后还真的很快把事态控制住了，让山西父老有序返回家园。不过这么一来，北京城他又回不去了。

看来，工作太出色、太认真不一定总是好事，往往还会成为无法升迁的原因。于谦，你就苦点累点吧。

四、连受打击，痛失三位至亲

时光荏苒。不知不觉之间，已经是正统十一年（1446）。过往十六年的奔波与操劳，让于谦显得比同龄人更加苍老。

但是，人生没有白走的路，每一步都算数。十六年的两省巡抚生涯，充分锻炼了于谦的胆识，让他以后无论遇到多大困难，都不会选择退缩；有效磨砺了他的性格，让他深入了解民生疾苦，更清醒地意识到了肩上的责任。

这一年是于谦的本命年，他已经接近知天命（五十岁）的年龄，依然还做着晋豫巡抚，依然还在两省来回奔波。远在家乡的父母早已过了古稀之年，他却无法尽儿子的职责；妻子带着女儿留守北京，很久才能和他见一面。

按今天的标准，于谦几乎完全没有尽到做丈夫的义务。都是生活在历史中的人，都要打上时代的烙印，都难以摆脱历史的局限性。

都说于谦是个不懂浪漫的直男，但在他留下的四百余首诗中，有不少是写给妻子的，其中对爱人的愧疚和感激之情，充盈纸面。如这首

《寄内》：

结发为夫妻，恩爱两相好。

生男与育女，所期在偕老。

我生叨国恩，显宦亦何早。

班资忝亚卿，巡抚历边徼。

自愧才力薄，无功答穹昊。

勉力效驱驰，庶以赎天讨。

汝居辇毂下，闺门日幽悄。

大儿在故乡，地远音信杳。

二女正娇痴，但索梨与枣。

况复家清贫，生计日草草。

汝惟内助勤，何曾事温饱。

而我非不知，报主事非小。

忠孝世所珍，贤良国之宝。

尺书致殷勤，此意谅能表。

岁寒松柏心，彼此永相保。

于谦怎么也不会想到，自己会在晋豫两地一待就是十八年。

他怎么也不会想到，平常人家的天伦之乐，在他这里都成了奢望。

他怎么也不会想到，仅仅为了想调回京师，他就遭到了小人的陷害。

他更是怎么也不会想到，妻子的结局会是那样，而他却无能为力。

正统十一年（1446），一封来自京城的急件，让忙于公务的于谦，一下子苍老了十岁。

他痛苦，他愤懑，他懊悔，他无奈。

他收到的，居然是妻子董氏去世的噩耗。

董氏得哮喘已经一年多。这在今天不算什么重症，可在医疗水平落后的明朝，却真的能成为致命绝症。上年秋天，她的病情明显加重，曾托人向丈夫去信告知病情。字里行间可以看出，她希望丈夫能尽快回来。

无论是太原还是开封，离京师都不算太远。如果公务不是特别繁忙，于谦早应该请个长假，回京照顾妻子。但作为两省巡抚，又是一个勇于任事之官，他的事务实在太多：救济灾民、治理水患、组织生产、平抑物价……

更可悲的是，很多事情离了他，还真是进行不下去，一拖再拖，或者根本就不实行。很多差役没有他，就像没有了主心骨，非常盲目。唯有在忙完了一天的公务后，他才能抽出时间来为妻子祈祷，希望她早日痊愈。也许他还存在侥幸心理，希望朝廷的一纸公文，就能将自己调到京城。

可惜，没有等到公文，却等来了噩耗。对于两省百姓，于谦付出了太多；而作为丈夫，他显得很不合格。这就是在明朝当好官的代价吧。

董氏病重时，于谦没能陪在身边照顾；她离世时，他没见上最后一面；她即将入土为安时，于谦会怎么做呢？

因为一些事情实在走不开，于谦居然没有回京安葬妻子。他只是安排儿子于冕返京，将董氏的灵柩运回杭州，安葬在三台山于家祖坟。

放在今天，这样的行为势必受到女权主义者漫天的口诛笔伐，会颁发给他一面"渣男"奖牌。但在那个年代，此举却真的算不上特别严重的事情，甚至还有可能让百姓赞许：大丈夫以国事为重，不以私废公。

于谦未能向妻子的遗体告别。此后他的余生，一直活在内疚和悔恨之中。中年丧妻，对任何男人都是沉重打击，何况是他这样一直忙于国事、一直感觉亏欠的直男？

于谦对得起自己的良心和职责，对得起朝廷的信任和俸禄，对得起父母的期望和嘱托，对得起孩子的景仰与尊重，如果世界上只有一个于谦对不起的人，那一定是他的妻子了。为了弥补自己的过失，他采用了一种近乎自虐的方式。

在董氏生前，于谦没有纳妾；在她死后，他也没有续弦，当然更不会有新欢。可以想象，生活在那样一个年代，当着那样级别的高官，他的另类行为，肯定会受到很多嘲笑和讽刺，但于谦根本不在乎。

这一年，于谦的女儿橘英已经十八岁。在今天，这岁数当然还小，但在明朝，十八岁的女性大部分已嫁为人妇，甚至生下孩子。橘英应该也不会免俗。

橘英的丈夫叫朱骥，顺天府大兴人，世袭锦衣卫千户。他俩什么时候结婚的，史书上没有明确记载。在王世贞的《弇州山人四部稿·锦衣记》中，还记载着这么一个故事：

朱骥虽说是北京人，但家境非常一般，做的只是锦衣卫千户，因此居然娶不到媳妇，这确实有些夸张了。有一次，于谦回京述职时，正好遇见了他。于谦见朱骥相貌帅气，举止有礼，就问他："我有个女儿待字闺中，让她为你洒扫庭除，可乎？"朱骥和今天的宅男一样有自知之明，立马大惊失色，连连摆手，说自己根本配不上。

夫人董氏听说后，却对丈夫非常不满："你这个糟老头子，我们家的掌上明珠，不嫁给正经的官人，怎么能嫁给一个穷军人？"于谦笑笑说："你们女人不明白啊。"两个年轻人终究走在了一起，婚姻还相当幸福。

后来，朱骥做到了正四品的锦衣卫指挥佥事。

显然，这个段子不但是道听途说，严重损害了董氏的形象，更是充满着男权主义的偏见，攻击的是所有女性的价值观，顺带连于谦也抹黑了。如果董氏是这么"现实"的女性，当初她根本就不会答应和于谦的婚事。记录这段不靠谱故事的王世贞应该庆幸自己生在十六世纪而不是二十一世纪，否则一定会被喷得退出文坛。

于谦的父母一直生活在杭州，于谦这位孝子也曾试图调到京城，将双亲接来尽孝，一家人共享天伦。可开罪了王振之后，于谦再也不做这样的尝试了。唯有将这份思念埋藏在心里，在《立春日感怀》中，他写出了一个儿子的无奈和心酸：

> 年去年来白发新，匆匆马上又逢春。
>
> 关河底事空留客？岁月无情不贷人。
>
> 一寸丹心图报国，两行清泪为思亲。
>
> 孤怀激烈难消遣，漫把金盘簇五辛。

转眼到了正统十二年（1447）六月，一封来自杭州的信函，又让于谦无比难过。

父亲于仁带着对长子的思念和牵挂，已经在五月初十离开了世界，终年八十岁。

要说当时的人真是可怜，一封家书都得辗转大半个月。妻子刚刚故去，父亲又不在了，于谦实在无心公职，上书申请辞官，回杭州丁忧守制三年。

可惜，这样的愿望居然没法实现。别的官员不想丁忧肯定被弹劾，于谦想守制，内阁却不批准，只给了他回乡奔丧的短暂时间。山西与河南，离了他真的就不行了吗？两地的百姓，真的患上"于谦依赖症"了吗？

在途中，于谦无比惆怅，写下了《奔丧途中感怀》，记录下了自己的无奈与感伤。

　　　　客愁无数满归舟，况复蝉声报早秋。

　　　　天际凉风吹乍急，人间好景去难留。

　　　　百年亲老归黄壤，半夜魂飞梦白头。

　　　　极目春兰何处取？万行清泪不胜流。

于仁的葬礼办得简朴而不失体面，遗体安葬在了三台山于氏祖茔。英宗亲自派官员来杭州谕祭，吏部尚书王直为老人创作墓表，由靖远伯王骥书写，都察院左都御史陈镒篆刻。此三人都是英宗朝重臣。孩子有出息，做父亲的也可以含笑九泉了。

办完丧事，于谦很快就得回到北京复命。不久之后，朝廷的一项决策，却让他哭笑不得——山西、河南巡抚被撤销了。十一月二日，朝廷正式任命于谦为兵部右侍郎，他终于可以专心做京官了，即便这只是他十七年前就担任过的职务。

从三十三岁的意气风发，到五十而知天命，于谦把最好的年华，最宝贵的时光，最有冲劲的岁月，都奉献给了山西与河南这两片土地，以及当地生活的近千万黎民百姓。他曾经急切地希望能调入京城，可真的要离开时，反而很有些舍不得。

隋唐时期，名将担任兵部尚书的事例屡见不鲜。但从北宋开始，为了防止武官做大，兵部尚书只能从文官中选拔。明承宋制，按大明律令，"尚书掌天下武卫官军选授、简练之政令，侍郎佐之"。也就是说，明朝的兵部只负责后勤保障、武官选授事宜，尚书和侍郎都由文官担任。作战指挥权则由五军都督府掌握。

但在正统年间，情况却有了变化。正统六年（1441）正月，为了征讨麓川（今属云南省德宏自治州）思仁发，朝廷让兵部尚书王骥总督军务，开了文官领军的先河。

正统七年（1442），王骥因讨麓川之功，被加封为靖远伯。顺便多说一下，在大明近三百年历史长河中，文官因为军功而封伯爵的只有三人，一是王骥，二是宪宗时期领军收复河套的威宁伯王越，第三个人，容我先卖个关子。

王骥长期在外统兵，英宗不得不任命徐晞为兵部尚书，主持日常事务。这么一来，兵部就成了"一部两尚书"。正统十年（1445），徐晞死于任上。当年九月，兵部右侍郎邝埜被晋升为尚书。

于谦虽说业余时间喜欢研读兵书战策，但他毕竟是书生，从来没上过战场。因此到了兵部之后，他知道自己要学习的事情还非常多，反正独身一人，干脆经常住在官署里，处理部务之余，他将更多的时间用在研读《孙子兵法》《武经七书》《百战奇略》等兵书上，希望自己能像刘伯温和王骥一样，指挥千军万马，为国家建功立业。

这么辛劳的于谦，依然没有感动上天。正统十三年（1448）的六月，他又收到了一个噩耗，再一次遭到了无比沉重的精神打击。刚过五十岁的他，看起来甚至像六十岁一样衰老。

　　五月二十八日，母亲刘氏在杭州去世了。三年间，于谦每年都要失去一位至亲，悲痛之情无以言表。命运为何如此不厚道，为什么要这样折磨一个好人、一位好官？

　　于谦立即请假回乡葬母，并要求丁忧。和上次一样，朝廷坚决不予批准，觉得兵部的事情离不开他。于谦没有办法，只能强忍悲痛，于六月二十三返回京城。

　　难道是冥冥之中有天数？后来发生的一切证明，他没有回乡守制，不光拯救了一座城市，更是改变了大明历史的进程。

　　这是为什么呢？

第五章

土木之变造危局

一、瓦剌崛起，绝非朝夕之功

时光荏苒，春去秋回。不知不觉间，时间来到了正统十四年（1449）七月。

五十二岁的于谦，在兵部任职已近两年。尚书邝埜已经六十一岁，在那个年代绝对算老人了。因此兵部很多具体事务，都交给了年轻一些的于谦来处理。邝埜为人正直，和于谦也脾气相投，两人的合作相当顺畅。

明朝官场并没有明确的退休年限。仁宣时代，官员在同一个岗位上，往往一做就是十余年甚至数十年。于谦自己当了十七年晋豫巡抚，王直连续当了十四年吏部尚书，胡濙更是一气儿做了三十二年礼部尚书。

因此，如果不发生土木之变，于谦在侍郎岗位上很可能还得再多干若干年。不过他并不计较这些，而是全身心地履行自己的职责。

于谦是南方人，却长期在晋豫两地任职，早已经熟悉了北方的气候和生活习惯。回到北京之后，他也愈发适应和喜欢上了这座城市。

终明一代，虽说人口和城市规模依然比不了留都南京，但北京却是全国人才最为集中、文化最为发达的大都会。在这里能遇到世界各地的使者和商人，能结识各行各业顶尖的名流，能买到全国各地的稀缺物品，能享受很多其他城市不会有的便利，也能让人有在很多城市容易丧失的进取心。这样的城市，确实适合读书人建功立业。

遗憾的是，于谦的父母双亲都已不在人间，妻子董氏也在三年前去世了。中年丧妻，绝对是人生一大不幸。儿子于冕已经娶妻邵氏，但他们二人还留在杭州，为祖父母守孝。女儿橘英出嫁之后，家里更是冷清零乱，真的需要个女主人了。

在那个年代，只要出得起钱，纳妾根本不是生活作风问题，往往还是帮助一个家庭改善境遇的善举。可于谦根本没有这方面的打算。

三品的兵部右侍郎职位不低，和顺天府尹是同级的。京城很多体面人家，都愿意把宝贝闺女嫁给他，即便做侧室也没有关系，何况他发妻已经不在了。但于谦果断拒绝了一切缘分，始终孑然一身，孤独到老。也许他觉得，唯有通过这样的方式，才能减轻一些愧疚；董氏的在天之灵，才有可能原谅他。

如果写一部小说，笔者真想设计一位正值青春妙龄的红颜知己，让她用纤纤素手，为自己仰慕的于大人弹上一曲《高山流水》；或者捧上一杯雨后龙井，让他原本一直孤寂的心，重新感受别样温暖；让他一直坚定的信念，瞬间开始摇摇欲坠。

可惜，笔者写的只是一部传记，不能虚构女主角，也不能画蛇添足地炮制情感戏份。还是让于谦回到社稷安危、家国大事上来吧。此时，有一股来自西北草原的势力，正日益露骨地威胁着大明的安全。

作为中国历史上最后一个汉人王朝，明朝将蒙古势力赶出了中原，但并未也不可能将其彻底消灭。

洪武元年（1368）八月，徐达、常遇春率领的北伐大军占领通州，直逼大都。元惠宗妥欢贴睦尔事先得到消息并使出了撒手锏，率领城中精兵打开健德门，勇敢地……向北逃去，一直跑到了上都（今属内蒙古自治区锡林郭勒盟正蓝旗）。

大都这座被异族占领四百余年的城市，从此回到了汉人手中，并有了新的名字——北平。

但大都的丢失，并不等于元朝的灭亡。

元朝皇室退出中原之后，继续以大元为国号，继续拿自己当正朔，继续和南边对着干，企图收复大都。史书称其为北元。洪武年间，朱元璋曾先后组织过十三次北伐，胜多负少，狠狠打击了残元势力。特别是洪武二十一年（1388）四月，大将蓝玉在捕鱼儿海（今属内蒙古自治区呼伦贝尔市新巴尔虎左旗）大败元军。蒙古势力从此更加一蹶不振。

到了建文四年（1402），北元大将鬼力赤诛杀坤帖木儿，自立为可汗。鬼力赤并非成吉思汗后裔，即并非所谓黄金家族成员，他废除了大元国号，改称蒙古，不再与明朝争正统。史书则蔑称其为"鞑靼"。

同年六月，朱棣通过三年靖难之役占领南京，当上了大明第三任皇帝，并改次年年号为永乐。朱元璋为修建南京城费尽心血，却做梦也不会想到，第一个打下京师的，居然是自己的四儿子。而且，朱棣还把南京变成了留都。

作为一位有着超前眼光与超强能力的君主，朱棣在上台之后，一直致力于对蒙古势力进行分化瓦解。而迁都北京，正是为了彻底解决漠北威胁问题。

永乐五年（1407），鞑靼部阿鲁台杀掉鬼力赤，拥立黄金家族的本雅失里为大汗，自任太师，力图恢复大元的辉煌。而在西北地区，瓦剌部逐渐崛起，并与鞑靼屡有摩擦。这显然是朱棣乐于看到的现象。

为了集中力量教训鞑靼，永乐对瓦剌势力采取了怀柔政策。永乐七年（1409）五月，明廷将三位瓦剌首领马哈木、太平、把秃孛罗分别封为顺宁王、贤义王、安乐王。

这个安排很有深意。

首先，永乐明知马哈木实力最强，却不想让他在瓦剌一家独大。至少在王爵方面，只是让他与另外二人平起平坐，互不服气，这就为他们日后可能的火并埋下了伏笔。瓦剌只要不统一，就不会强大到哪里去。

其次，在接受了明廷颁发的王印之后，意味着瓦剌和朝鲜、爪哇等国一样成为大明藩属，必须定期向天朝纳贡，表示忠诚。如果朱棣征讨鞑靼，瓦剌各部也有义务支持与配合。当然，如果鞑靼进攻瓦剌，天朝也不会坐视不管。

朱棣在位时期，先后对蒙古进行了五次远征，其中四次都针对阿鲁台，只有永乐十二年（1414）六月的忽兰忽失温（今蒙古国温都尔汗西北）之战，是针对瓦剌三王的，只因马哈木、太平和把秃孛罗准备另立蒙古可汗，触犯了朱棣的底线。

当时，三王将重甲骑兵集合在一起，以为牺牲些炮灰，顶住明军火器的第一轮射击，就能纵马扑过去大开杀戒，教永乐皇帝怎么做人。谁知道，朱棣的神机营居然可以几乎不间断地开火射击，让瓦剌骑兵无机可乘，只有挨打的份儿。这也太邪门了吧。

朱棣的秘诀在于，他完善了安远伯柳升首创的"三叠阵法"。简单来说，就是将火铳手分为三行，第一行在最前面点火发射，第二行紧跟在后面持枪待命，第三行负责装填铅弹和火药。第一行射击之后，立即退到最后让第二行补上，而第三行则做好射击准备。如此往复，几乎就可以做到不停开火，无限循环，很大程度上解决了火铳不能连发的弊端。

而永乐的三千营骑兵和五军营步兵，与神机营合称三大营。他们彼此呼应，组成了一个牢不可破的攻势网，根本不给对手翻盘的机会。简单地说，明军就是先用火铳火炮轰击，造成大量杀伤；然后用轻甲骑兵冲击，让对手阵形大乱；最后让重装步兵收割，彻底不留活路。在冷兵器时代，这样的阵法几乎没有弱点。当然，也是建立在大明强大国力的基础上的。

眼看形势不妙，马哈木果断丢下两个合伙人，使出了看家本领——逃跑，让明军想活捉他的打算落了空。

马哈木尽管没文化，但有脑子。他知道自己的家底跟永乐差得太远，逞强是不明智的。于是，转过年来，这位仁兄主动向大明上表称臣，积极纳贡。但正所谓"趁你病，要你命"。永乐十四年（1416），阿鲁台对马哈木部落发动了突然袭击，杀死了这个死对头，并俘获了其子脱欢。

脱欢的一生，就这么被毁掉了吗？

并没有。在阿鲁台处当了一段时间家奴之后，脱欢居然被放了回去，实在让人百思不得其解。阿鲁台就算没学过"放虎归山"这个成语，但人家的杀父之仇总不能不报吧。永乐十六年（1418），脱欢承袭了父亲的顺宁王爵位。

永乐十九年（1421）元旦，朱棣正式将京师由南京迁到北京，让北京第一次成为汉人王朝的首都。

把京师放在北京这座汉人王朝传统的边关城市，可以更好地控制与影响北方草原和东北大地，可以更方便地出兵打击敌对势力，将中华文明传播到更远的地方。永乐迁都，绝对不想"天子守国门"就完事，而是有着超前眼光与宏大蓝图。

迁都北京之后，永乐在生命中的最后三年连续征讨阿鲁台，希望为儿孙消灭这个最大威胁。其态度之认真，信念之执着，堪比洪武大杀开国功臣。但由于情报工作的屡次失误，永乐的三次北征，居然都没有找到鞑靼主力，还严重损害了自己的身体健康。

永乐二十二年（1424）七月，在第五次远征返程时，永乐驾崩于榆木川。

永乐没找到的阿鲁台，却让脱欢给找到了。仇人相见分外眼红，两军一交手，脱欢就把对手杀得大败。此后不久，脱欢干脆杀掉了之前的好战友——贤义王太平和安乐王把秃孛罗，统一了瓦剌。

如果永乐还活着，他肯定又得出兵北征，教脱欢怎么做人了。一来，那两人的王位是大明封的，要杀也是大明杀；二来，一个统一的瓦剌，触碰到了永乐的底线。

永乐去世之后，后世子孙根本没有他的魄力，没有他的雄心，更没有他的远见。后来的洪熙和宣德，以及当政的"三杨"和夏元吉等重臣，都时刻把"休养生息"挂在嘴上，把"不启边衅"当成基本国策，甚至默许脱欢统一瓦剌。

脱欢虽是蒙古人，但也深谙中华的帝王之道，他对明廷非常恭顺，定期纳贡，还不断挑拨明朝和鞑靼的关系，好坐收渔翁之利。

宣德三年（1428）九月，宣德巡边时，在宽河（今河北省宽城县）大败兀良哈，迫使这个部落重新归附明朝。但在瓦剌与鞑靼的冲突中，宣德政府毫不掩饰地"拉偏架"，甚至为瓦剌提供武器。这种做法，显然违背了永乐执政时期的"草原锄强扶弱"战略。

宣德八年，脱欢立黄金家族后裔脱脱不花为蒙古可汗，并自任太师①，掌握实权。

宣德九年（1434）七月，脱欢杀死阿鲁台，算是替永乐完成了多年夙愿。鞑靼的阿台汗多次向明廷请降，却得不到回应。

正统三年（1438）二月和四月，右都督蒋贵先后在狼山和亦集乃大败阿台汗和朵儿只伯。九月，两人在巴丹吉林沙漠被脱欢部杀死。

蒙古草原多年来的分裂格局被彻底打破，可是摄政的太皇太后张氏及"三杨"，似乎根本意识不到问题的严重。

就在脱欢有条不紊地推进称霸计划时，正统四年（1439）②，这位枭雄却突然死去。儿子也先接替了蒙古太师一职。

正统十二年（1447），也先的弟弟赛刊王率兵攻打朵颜卫，杀死了指挥使乃尔不花，并抢掠了很多财物。随后，也先亲自出马，猛攻朵颜、泰宁，并迫使两卫投降；扶余卫无力反抗，居民纷纷逃亡。

这么一来，一直作为明朝附庸的朵颜三卫，现在都并入了瓦剌。而北京的明政权，似乎并不愿意约束瓦剌的行为，只是满足于对方的定期朝贡。

冰冻三尺，非一日之寒。长期的纵容，终将酿成苦果。

---

①　明朝的太师属于"三孤"之一，是正一品虚衔，通常授予过世的重臣。而蒙古的太师掌握实权，相当于丞相兼大将军。

②　一说是正统五年。

话说回来，瓦剌为什么不早不晚，非要在正统十四年（1449）和大明撕破脸皮呢？

二、朝贡变敲诈，瓦剌的贪婪惹怒王振

也先表面上是大明听话的好藩属，但心中一直存有报仇雪恨的愿望。

永乐十二年（1414）的也先只有七岁，当然无法参加忽兰忽失温战役。但这场惊心动魄的大战，也先的爷爷和父亲怎么可能不记一辈子，怎么可能不说给他听，怎么可能不一再提醒他报仇雪恨？

君子报仇，十年不晚。三十五年一样不晚。当年，你的祖爷爷打得我爷爷满世界乱跑，现在，我要让你知道蒙古勇士的厉害。

过去多年的隐忍，就是为了一朝的爆发。

正统十四年（1449）七月，多年来一直对大明非常顺从的也先，突然撕掉了恭顺臣服的面纱，露出了凶恶的面目。这个大明王朝多年的好藩属，终于要向宗主国下手了。

上一年冬天，北京城的多家旅店会馆中，突然挤进来了大量蒙古人。他们一个个身材魁梧，举止粗狂，行事张扬，见了美酒就想醉，见了美女就想追，把好端端的京城搞得乌烟瘴气。消息灵通的四九城百姓也是无可奈何：总不能把客人轰走吧。再说了，真打起来，你打得过人家吗？

朝贡当然是好事，既能彰显大明国威，又能安抚蒙古兄弟。可天朝上国一向秉持"薄来厚往"的传统，大致相当于今天你送我几箱山寨手机，我回赠一批苹果电脑。大明固然家底厚，耗得起，但年复一年这么

慷慨地当冤大头，对国力也是不小的伤害。澶渊之盟之后，宋朝每年给辽国的物资（银十万两，绢二十万匹），大约只是一县的赋税，而明朝在朝贡贸易中受到的损失，可比前朝的岁币多多了。

其实，按照朱元璋定下的规矩，外藩来大明朝贡，三年来一次、每次三五个使者就可以了。但瓦剌似乎特别热爱朝贡，热爱中华。在宣德、正统年间，使团规模不断扩大，由几十人逐渐扩充到数百人；朝贡频率也不断提高，就算一年来个三四回，都不算意外。

早在正统四年（1439），瓦剌就派出了超过千人的使团。然而，大明政府非但不采取任何措施惩罚，反而好酒好菜招待，还馈赠礼物。这样的姿态，无疑助长了瓦剌的变本加厉。

到了正统十三年（1448），瓦剌干脆派出了一支两千五百人的庞大使团。这么多人来京城白吃白喝也就算了，使团上报的人数，居然是三千五百九十八人。按明朝的规定，每个使者都会有赏赐。显然，也先这是将大明政权当成提款机和冤大头了。

之前，瓦剌多次用劣等马充好马，而明廷都是用上等马的价格结算的。收到好处的明朝官员，也都能想办法搪塞过去。

可这一次，瓦剌使团却失算了。他们被通知，马价减去五分之四，并按照实到人数进行赏赐，一个子儿也不多给。

敢于这么做的高官，正是王振。他之所以特别生气，还有另一个原因。

瓦剌使臣曾求见这位大太监，说是之前宦官马云出使瓦剌时，承诺正统皇帝愿意将一位公主下嫁给也先太师，因此送一千匹马做聘礼。

王振一听就火了："胡说八道。天朝大国，从来不与藩国通婚！"并下令瓦剌使者三日内全部离开，别在京师白吃白喝了。

王振有这么爱国吗？当然不是。作为大明真正的"首辅"，他这些年来得了瓦剌不少好处，对很多事情当然睁一只眼闭一只眼。

正统八年（1443），翰林侍讲刘球上疏言十事，其中就讲到了瓦剌的威胁，认为贡使日增，包藏祸心，诚为难测。他建议要加紧训练边军，整顿军田，做好战争准备。但刘球的一片赤诚之心，换来的是什么结果呢？说来令人难以置信，刘球被捕下狱，随后就"病死"了。很可能是被王振的亲信、锦衣卫指挥马顺带人杀害的。

作为刘球的同年（同一年考中进士），又同样被王振陷害，于谦愤然写下了《刘侍讲画像赞》，对他的忠义行为大加赞赏：

> 铁石肝肠，冰玉精神，超然物表，不浼一尘。古之君子，今之荩臣。才足以经邦济世，学足以尊主庇民。持正论以直言，遭奸回而弗伸。获乎天而不获乎人，全其道而不全其身。圣明御宇，景命惟新，恤典有加，光生搢绅，遗像斯存，俨然冠巾。望之者如瞻虞廷之凤，仰之者如睹鲁郊之麟。噫！斯人也，正孔、孟所谓取义成仁者欤！

这既是对逝者的缅怀，又是对自己的鞭策。于谦希望自己能像刘球一样取义成仁，不向恶势力低头。

话说回来。对于瓦剌使团不断升级的贪婪做派，王振深感震惊和愤怒，觉得天朝的冤大头一年年当得太不值当了。不敲打他们一下，这以后的业务还怎么开展呢？

后世学者特别喜欢抨击王振，以便为英宗洗白。但这一次，王振的做法并没有错。作为天朝上国，绝不能一味地吃哑巴亏。这样非但不会让对方尊敬，反而让他们变本加厉，得寸进尺。至于之后明蒙战争，以也先的个性，可以说是早晚要爆发的，不能把锅甩给王振。

瓦剌使团满肚子委屈地回到草原，向也先汇报工作。预想的收入没有达到，预想的和亲更没有得逞，习惯了占便宜的人，能甘心吃这样的亏？不行，我要报复！

也先向脱脱不花说出了自己的打算，可把这位大汗吓坏了："使不得！"

听我的还是听你的？也先充满蔑视地盯着脱脱不花，以不容置疑的口气宣布："择日出发，攻打南朝！"

也先的骑兵本来就不多，居然还要兵分四路，向大明帝国发动多点开花式的进攻。

第一路，由知院阿剌率领，攻打宣府；第二路由偏将率领，攻打陕西的甘肃卫；第三路是瓦剌主力，由也先亲自率领，目标是大明重镇大同。

反对出兵的脱脱不花也没闲着，也先"请"他率领鞑靼兵马攻打辽东。

对了，再次强调一下，也先并不是瓦剌太师，而是整个蒙古的太师。脱脱不花也不是瓦剌可汗，而是整个蒙古名义上的最高统治者。

也先把动静搞得这么大，战线拉得这么长，怎么看怎么不专业。但明眼人其实看清楚了，这位仁兄并不是真想打，更多的是示威，甚至说是撒娇，希望通过这样的宣示实力，能在未来的朝贡贸易中捞到更多好处。

但可能也先自己也没有想到，有些人握有一手好牌，却能打得稀烂。

六月初，朝廷派驸马都尉西宁伯宋瑛进驻大同，防备瓦剌。三十日，成国公朱勇及平乡伯陈怀、驸马都尉井源又率京军四万五千人前往大同，协助守城。然而，效果如何呢？

七月十一日，大同右参将吴浩部在猫儿庄（今内蒙古丰镇市东北）与也先遭遇。甫一交锋，明军很快崩溃，四散奔逃，几乎是全军覆没。随后，西宁伯宋瑛、武进伯朱冕和左参将石亨集结了四万兵马，试图在阳和口（山西阳高县长城隘口）挡住也先。

一边远道而来，一边以逸待劳，而且明军装备有大量火铳等火器，而瓦剌只有弯刀和弓箭。但是，根据王振的安排，军队的最高指挥权却属于太监郭敬。

七月十五日，战事打响。宋瑛、朱冕知道责任重大，丝毫不敢怠慢，披挂整齐冲在前面。但面对士气正盛的瓦剌骑兵，军纪不严的明军有心无力，火器优势也难以发挥出来，很快被冲击得七零八落。宋瑛和朱冕战斗到了最后一刻，身为监军的郭敬也"临危不乱"——他躲在草丛里装死，从而"机智"地躲过一劫。身为参加了这场战争的将军，却不光彩地逃了出来，一直逃回北京，从而长期被人耻笑奚落。

在轻松取得了几次大捷之后，也先的野心也一点点膨胀了起来。

另一方面，在接连接到失利战报之后，大明朝廷的紧张情绪也在蔓延。

三、大敌当前，光有血性远远不够

大同前线不断受挫的消息传到北京，兵部和内阁官员当然都非常紧张。在朝会上，大臣们一个个表情凝重，而一个年轻人却相当激动甚至亢奋，就跟宣德听说朱高煦造反一样。

这哥们儿是谁啊，是被瓦剌吓傻了吗？

那倒不会。他就是大明皇帝朱祁镇。别看他平日算不上勤政，将很多事情扔给王振打理，但对于行军打仗，英宗倒有莫名其妙的热爱。

平心而论，作为亲政不久的大明最高统治者，英宗愿意御驾亲征，显然不是什么坏事。他想要以这种方式捍卫国家权益，彰显大明威严，肯定没有问题。单凭这份勇气，就值得点赞。

北宋景德元年（1004），辽国萧太后和辽圣宗率领二十万精兵大举南侵。宋真宗跨过黄河，亲临澶州前线，大大鼓舞了宋军士气。最终，通过签署《澶渊之盟》，两国实现了之后将近一百二十年的和平。宋真宗的亲征，也成为史上佳话。

他宋真宗可以，我朱祁镇为什么不可以？

英宗在深宫长大，二十三岁之前没出过京城，学的都是儒家经典，没有元清皇帝的骑射基本功，作战指挥水平也近乎"路人甲"。但是，对于祖爷爷永乐五征漠北的英武，爷爷朱高炽守卫北平的血性，父亲朱瞻基驱逐兀良哈的从容，英宗肯定能够如数家珍。"虽不能至，心向往之。"

大明多年的藩属瓦剌，居然敢兵分四路侵犯大明，还连打了几场胜仗，一个年轻气盛的皇帝怎么能咽下这口气？

后世史书多把英宗亲征说成是王振怂恿，这显然有替皇帝洗白的嫌疑，事实根本不是这样。

王振如果想要扬名立万出风头，根本无须带上英宗。谁说太监不能领兵？作为王振下属的曹吉祥，已经在麓川之战中出任监军了。曹吉祥可以，王振当然更可以。

况且，王振不带英宗，自己亲自指挥军队，不是更能随心所欲吗？不是更能彰显水准吗？不是更有派头和面子吗？带着英宗出去，自己一下子就从主子变成奴才了。就算有了再辉煌的战绩，无论是官员还是百姓，都要把功劳归于皇帝的圣明，跟他一个太监有几分钱关系呢？王振一贯缺德，但从来不缺心眼，赔本买卖他才不做。

再说了，此时的英宗已经二十三岁，已经亲政，已经结婚生子，按哪个年代的标准都是成年人了，肯定有自己的想法。

因此，亲征瓦剌，只能是英宗自己的决定。

秦始皇二十三岁时，成功赶走了权相吕不韦，全面掌握大权；李世民二十三岁时，率领大军围攻洛阳王世充；康熙二十三岁时，已经在领导平定三藩的大战了。跟这些帝王中的佼佼者相比，英宗当然差了几十条街；但相比才具平平的宋真宗，他能有多大差距呢？

而且澶州之战时，宋朝面对的可是一个国力鼎盛、高度汉化、多年来一直威胁中原领土的辽国；英宗要对付的，不过是已经退回到游牧部落、武器装备严重落后，并向大明朝贡了三十多年的瓦剌。英宗想御驾亲征，其实也不算什么异想天开、不自量力的行为，反而体现出了一个大国君主应有的热血与担当。

当然，英宗非常信任和依赖王振，出征当然得把他带上。

瓦剌本来就兵少，还要分为四路，也先亲自率领的人马肯定不多。就算后世史家声称的两万多一些，能超过十万吗？根本不可能。如果大明能轻松集结二十万、三十万精兵，还不得把也先挂在树上吊打，按在地上摩擦啊。

今天的我们可以这么想，当年的英宗，想法很可能也差不多。他去征求王振的意见，后者好意思说"NO（不）"吗，当然是：

"皇上有这等勇气，令人非常敬佩。老奴愿跟随在您的身边，赴汤蹈火，万死不辞！"

"先生，有你为朕谋划，我大军定能驱逐也先，捍卫疆土，不负列祖列宗在天之灵！"

"皇上圣明！"事情就这么定了。

第二天临朝时，英宗自然要与群臣商量御驾亲征的事宜。不过，大部分文官坚决反对，显然，他们对英宗的作战指挥水平很不放心——你还是老老实实待在皇宫里吃喝玩乐、风花雪月，做个太平天子吧，战场不适合你。

吏部尚书王直是百官之首，号称"天官"。但这位老干部一向以保守闻名。他当然要表态，说什么一国天子不可以身犯险。但王直也不想一想，从朱元璋到朱瞻基，以身犯险的皇帝多了去了。

兵部尚书邝埜和右侍郎于谦，则从自己的专业角度强调，六师不宜轻出，皇上不必亲征，择一良将出塞就行。不过，鉴于明朝兵部的职责安排，他们两人从未上过战场，在这一点上连监军的太监都不如。

人都会有逆反心理，别看英宗表面上随和，不像洪武、永乐那般强势，可骨子里谁不想成就伟业、青史留名呢？"众卿家忠君体国，朕岂能不明白。但胡虏犯我疆土，害我百姓，不能坐视。朕心意已决，此次定要大败也先，扬我大明国威！"

英宗的语气相当坚定，又有王振在后面力挺，群臣只能作罢。当时，兵部尚书、靖远伯王骥正率领十五万兵马，发动对麓川思仁发势力的第三次围剿。作为有明一代用兵最好的文官"三王"之一，王骥显然是这支军队统帅最为合适的人选。但事情紧急，英宗没办法将他从几千里之外召回来。

英宗将京畿三大营精锐全部带上，又加入部分直隶守军，合计二十万，本着天朝一贯的用兵传统，号称五十万。英国公张辅、成国公朱勇、镇远侯顾兴祖、泰宁侯陈瀛、恭顺侯吴克忠等五十余位重要将领从征。初看起来，这似乎是一个相当豪华并专业的领导班子。

按理说，打仗并不需要文官，永乐北征喜欢把杨荣和金幼孜等人带在身边，是为了给自己出谋划策。但英宗和王振不知道出于什么目的——也许是怕他们搞政变——把重要文臣带走了将近一半。内阁大学士曹鼐、张益，户部尚书王佐，兵部尚书邝埜等都要随军出征。

说句题外话，整整一千二百年前，同样是个乙巳年。曹魏大臣司马懿趁齐王曹芳和大将军曹爽去高平陵祭拜魏明帝曹叡的机会，在京师洛阳城发动政变，夺取了魏国军政大权。英宗和王振，似乎可以对应曹芳和曹爽。而网络时代的个别自媒体，居然把于谦比作司马懿，将群臣拥立景泰上位比作"高平陵政变"。不得不说，这脑洞不是一般的大。

永乐生前五次北征，每次都要花费几个月时间来调配物资，筹集给养。英宗倒好，只准备了五天，就带着号称五十万的大军上路了。这到底是年轻气盛，还是无知者无畏呢？

依照祖制，皇帝出巡时，要安排太子在京师监国。可英宗的皇长子朱见浚才三岁（按今天的算法不满2周岁），还没有被立为太子，当然也根本监不了国。

在与母亲孙太后商量之后，英宗安排唯一的皇弟、郕王朱祁钰留守京师。这一决定，也为之后的一系列变故埋下了伏笔。

朱祁钰代理朝政，让我们想到真宗亲征时，安排雍王赵元份留守的往事。不过，明朝和宋朝制度不同。按照开国皇帝朱元璋定下的制度，亲王成年之后必须就藩，不得滞留京师。可朱祁钰偏偏能打破这个规矩。

这哥儿俩的父亲宣德精力充沛，兴趣广泛，对男女之事当然也非常热衷。但让后人有些看不明白的是，拥有后宫佳丽无数的大明皇帝宣德只留下了两个儿子、三个女儿，这成绩相当拉胯了。

朱元璋事业家庭两不误，有二十六个儿子，十六个女儿。大胖子朱高炽要活到今天，肯定不受姑娘待见，可人家也有十个儿子，七个女儿，气不气人？朱棣的表现要差一些，但好歹也有四子五女，都是和徐皇后生的。

但宣德对女性美有着过人的鉴赏能力，又慷慨地把大把宝贵时间耗费在床笫之间，不放过每一次可能的激情与冲动，却只留下了五个后代，这说出来真让人无法相信了。

英宗与朱祁钰不是一母所生，但父皇就他们哥儿俩，不可能不彼此珍惜。由于一些原因，正史上并没有两人关系亲密的细节记载，但在当时，他们的骨肉深情是没有疑问的。

否则，朱祁钰就不可能一直留在京师，甚至成婚生子后都不赶紧就藩；

否则，英宗和王振亲征瓦剌时，就不可能安排朱祁钰留守北京；

否则，在后来朱祁钰有几百次机会能弄死他哥时，他连这样的念头都没产生过。

当英宗将京师事务全盘委托给二弟时，肯定以为自己很快就能回来，压根没意识到可能导致的严重问题。

后来发生的很多事情，肯定是英宗做梦都不敢想象的。

四、仓促出征，英宗埋下祸根

正统十四年（1449）七月十六，正值初秋，艳阳高照，空气宜人。德胜门外彩旗招展，鼓乐喧天。二十万大明王朝最精锐的军兵，迈着齐整的步伐从城内开出，一路向北。他们个个气宇轩昂，精神饱满。道路两旁围观的北京百姓，一个个也是开心不已。

上一次这么大阵势的御驾亲征，还得追溯到永乐十二年（1414）三月。巧合的是，当时的皇帝朱棣，打击目标也是瓦剌，其首领正是也先的爷爷马哈木。

那一年，永乐把瓦剌三王的铁骑打得满地找牙，打得他们再没有非分之想，打得他们称臣纳贡，一场仗打出了三十五年的和平。

而英宗此次率领的三大营精锐，正是永乐执政期间付出极大心血建立起来的。英宗渴望得到祖爷爷在天之灵的护佑，更希望能再现当年的荣光。

另外值得一提的是，整整五十年前，建文元年（1399）七月，当时还是燕王的朱棣，在北平举兵悍然发动靖难之役，后世子孙才有资格坐上本不属于他们的龙椅。当然，明廷不会举办相关庆祝活动的。

来到德胜门送行的于谦，也和兵部尚书邝埜依依惜别，祝愿老领导保重身体凯旋，更为自己不能出征而惭愧。

邝埜此时已经六十五岁，搁今天都过退休年龄了。他根本经不起车马劳顿，本应留守京城，让五十二岁的于谦前往。但朝廷最终的安排，却是邝埜从征，于谦留下。不知道是出于什么目的。

"邝公，让您受累了。本来应该我去的。"

"廷益兄言重了，你留在京师，担子也不轻。"

"多保重，等您凯旋！"

难道说，邝埜预见到了北征的悲惨下场，特意要求于谦留守，让他在未来的北京保卫战中大显身手？

这恐怕不是事实。邝埜既然认为一个大将就能击败也先，皇帝亲征，又怎么可能不胜呢？只是太兴师动众、折腾国库而已。

英宗出征，当然不会学于谦"单车上路"，他的身边，还有一大堆的嫔妃、侍女和太监，娱乐活动一样不落下。可这是打仗，是你死我活的较量，不是旅游度假啊。

明军出城之后，首先到达战略要地龙虎台。随后穿过居庸关，经怀来、宣府前往大同。

此时已经立秋，北国本应是秋高气爽的好天气，是出游的好时节。但奇怪的是，大军一过内长城，偏偏天公不作美，赶上了多场连阴雨，破坏性不大，但让人感觉很不舒服，也很不吉利。文官们更是趁机建言，说这是不祥之兆，赶紧回京得了。

真是笑话，当几十万人出来是旅游呢？英宗年轻气盛，逆反心理也是相当强：越是天气不好，我越要大胆前行；你们越是劝我回去，我越要坚持到底。等我打败了也先，创造了伟业，看你们这帮人的老脸往哪里搁！

有些人的坚持成就了奇迹，另一些人的坚持则导致了噩梦。

邝埜和王佐一再劝说英宗回京。王振忍无可忍，传下皇帝口谕，让这两个老干部跪在路边直到天黑，以示惩戒。

八月初一，大军顺利到达了大同。事先得到消息的也先，已经主动撤军了——他这是怕了吗？

也先原本就不想真打。他知道明军人数远超瓦剌，英宗又带来了装备精良的三大营，真打起来很可能要吃大亏——爷爷马哈木当年就被神机营修理惨了。

也先撤军，这当然是个好事。史官们写实录时，也可以说正统亲征，瓦剌闻风丧胆之类。文臣们一如既往，反复请皇帝早日班师。但英宗和王振根本不满足——都出来了，能这么不打一仗就回去吗？甚至还想再现太宗皇帝当年犁庭漠北的神勇，继续北进，追击也先——也不看看自己是不是那块料。

但第二天，他俩的态度却来了个一百八十度的大拐弯，决定顺应民意了。

为什么？只因一个人的一番话。

这个人就是大同镇守太监郭敬。阳和一战中，明军遭到了毁灭性打击，郭敬没有和士兵们一起血拼，而是从容躲在草丛里指挥，噢不，装死，居然成功逃过一劫。仗着自己是王振的亲信，郭敬居然还有脸回来，回来了居然没受处分。

为了给自己开脱，郭敬当然要把瓦剌骑兵描述得多么神勇，明军再怎么拼命抵抗，自己再怎么冲锋在前，终究还是难免一败。听着听着，英宗和王振的脸色就变了。

也先这样的猛人惹不起，脑袋要紧！于是英宗下令班师。不过，他将一位将军留在了大同，充任参将，协助总兵刘安守城。而这个决策，不光救了此人的命，更为之后的大同防卫提供了保障。

这么一看，英宗对大明江山还是有贡献的。他留下的人叫郭登，是开国元勋、武定侯郭英之孙。

如果明军就这么回到北京，虽说劳而无功，但至少英宗可以继续当他的甩手皇帝，王振可以继续操纵朝政，文官们可以继续发牢骚，大明王朝可以继续保持强盛，十几万将士就可以继续活着，不用白白牺牲。

但这么一来，于谦也就没有表现的机会了。王振和英宗，真是于谦的贵人啊！但笔者相信，于谦宁可在兵部侍郎的职位上循规蹈矩直到退休，也不愿意江山社稷遭受那样的变故。

撤军肯定是要撤的。但到底应该走哪条路进京，是原路返回，还是从紫荆关呢？当然了，如果彪悍的瓦剌在后面猛追，这两条路都不保险。

起初，大军确实是向南奔紫荆关的，但走了四十里之后，却突然掉头回去了。

从紫荆关回京，要路过王振的老家蔚州，对这位一门心思想光宗耀祖的太监来说，岂非天大的恩典？但是，过了关口之后，回京的道路一马平川，沿途的城堡也不安全，瓦剌骑兵得逞的机会要大得多。

英宗带出来的二十万大军中，骑兵不到一半。朝中文臣不能骑马，英宗又带着一大堆嫔妃宫女，速度根本快不起来。这要让瓦剌骑兵追上，岂不是都送了人头？

传统史书以王振担心家乡田地被踩为由要求返回，很可能并非事实。真相应该是，英宗在听了文武大臣的提醒之后，担心被也先攻破紫荆关一路尾随，造成不可控制的后果，才临时改变的主意。

走怀来回京，虽说多是山路，路途难走，但瓦剌的骑兵优势就会受到很大程度的遏制，明军可以比较从容地布置战术，甚至还可以掉头反攻，当然是更好的选择。对一位年轻气盛的皇帝来说，大老远出来不打一仗，内心显然是不甘的。

那么，二十万大军能不能留守大同呢？不能。如果被瓦剌围城，明军的后勤补给就是个可怕的黑洞。坚守不了太长时间，士兵就没有粮食了。而指望援军解围，也是变数多多。

即便选择了相对正确的道路，英宗（和王振）依然是昏招频出。

明朝主力大军一撤，瓦剌就扫荡了大同周边的关口，只剩下一座孤城。郭登率军顽强守御，总算没让这座重镇失守。

八月初十，明军开到了宣府。一路之上，他们并没有遇到伏兵，因此有些大意，行军速度也放慢了。十二日，大军来到雷家站，并休息了一晚。

这绝对是改变历史的十二时辰，为什么就不能跑快一些呢，怕也先追不上吗？

八月十三日，也先亲自率领的骑兵主力，已经悄悄在后面赶上了。显然，瓦剌之前的示弱，就是想看看明军的虚实。经过这段时间，也先已经明白了，明军这支队伍人数虽多，战斗力却真是不怎么样，不狠狠收拾他们一下，也太对不起长生天了。

而明军的弱智表现，活脱脱致敬了柳宗元的名作《黔之驴》。

收到探报之后，不懂用兵的英宗登时乱了方寸，居然派恭顺侯吴克忠、都督吴克勤率两万骑兵断后，与瓦剌骑兵硬碰。

永乐组建的三大营，优势在于骑兵、步兵和火铳兵协同作战，彼此呼应，让冲击力强的蒙古骑兵难以突破。但如果单论骑兵战斗力，明军怎么可能和瓦剌相比？

也先到底有多少兵马？后世普遍认为是两万。这其实最早是明朝中期学者刘定之在《否泰录》中的说法，更像是为了嘲讽王振的无能。

但考虑到后面发生的几场战役之惨烈，瓦剌骑兵绝对不止两万人，至少有五六万，甚至更多。刘老先生似乎忘记了，你这么做讥笑的可不是王振，是大明天子啊。

两万对五万，还有什么好说的？很快，吴氏兄弟就和手下骑兵一起牺牲了。

那么，雷家站离宣府不远，宣府守将杨洪为什么不出城救援呢？是他贪生怕死吗？不全是。杨洪当时手下只有一万三千士卒，以步兵为主，缺少战马，有些还是老弱残兵。带着这些人去救援，不但是赶着送死，还等于是将宣府拱手送人了。杨洪所部的优势在于火器和坚城，闭门不出，无疑是对宣府负责。

消息传来，英宗已经是六神无主了。为了给大队人马争取（逃跑的）时间，这位"大明战神"又出奇招，派成国公朱勇、永顺伯薛绶率领三万骑兵，迎击瓦剌。

那么，这两人能够完成任务，保护皇上突围吗？

五、兵不厌诈，一出悲剧终上演

也先在后面就要追上来了。朱勇和薛绶知道责任重大，也下了必死的决心，希望能挡住瓦剌大军。他们一路赶到鹞儿岭的山沟地带，还没来得及喘息，却收到了也先的一份厚礼。

一声号炮响过，两边漫天的箭雨疯狂射来，明军根本无法躲闪，自相踩踏，死伤惨重。瓦剌精骑趁势杀出，弯刀划过之处，总是伴随着阵阵惨叫声。三万最精锐的明军铁骑就这样全军覆没，朱勇和薛绶没有逃跑，顽强地战斗到了最后一刻，也算对得起英宗了。

收到战败消息的英宗，如同输掉大半赌本的赌徒，心态已经完全崩溃了。到了这时候，他才知道"不自量力"四个字怎么写。现在，只剩下十五六万人了，大部分还是步兵，根本挡不住瓦剌铁骑的冲击。

慌乱之下，明军选择了一处高地扎营。这块高地从此也永载史册，知名度极高——土木堡。

瓦剌大军随即赶到，将土木堡严密包围。可见，如果也先仅有两万兵力，是根本围困不了这么多明军的。

二十六年前，即永乐二十一年（1423）八月，在第四次北征蒙古、讨伐鞑靼阿鲁台之时，永乐率领大军也来到土木堡，但做的事情和他的重孙子有天壤之别。永乐在这里举办了一场声势浩大的军事演习，虽说最后没有找到鞑靼主力，但也充分彰显了大明国威，展现了三大营的英勇无敌。

英国公张辅、阳武侯薛禄两位大将，二十六年前也都随军出征。两人当然也明白：当年祖爷爷有多英武，现在重孙子就有多脑残。自己当初有多轻松，如今就有多狼狈，造孽啊。

土木堡二十里外，就是著名的怀来卫城。正是在这里，又一个历史之谜产生了：

明军为什么要选择高地扎营，而不迅速进城休整？

《明史纪事本末·土木之变》中指出，明军本可进城，但王振为了等他的一千多辆辎重车，非要大军在土木堡等候。

这个说法，显然又是让王振背锅。瓦剌骑兵很快就追上来了，虽说人为财死，但只要能活着回到北京，以他王公公的能量，想搜刮一万车财物也不是很难吧。这么等，就是等死！后世文人如此揣度权倾朝野的王振，倒有点类似今天的"loser（失败者）"意淫富二代的奢华生活。

真相恐怕是，怀来城已经被瓦剌攻占或者围困，明军根本就进不去。因此在高处扎营，让瓦剌骑兵攻不上来，已经是能够做到的最佳选择了。

英宗和王振蜷缩在大帐中，惶惶不安。危难关头，邝埜过来请安，他还说出了自己的想法。但英宗和王振都没有答应。

据说，王振还怒不可遏地叫嚷："腐儒安知兵事，再妄言必死！"

邝埜的点子是，让英宗车驾先行突围，直入居庸关，组织精锐兵力断后。之前信心满满、如今惶惶不安的英宗，已然没有了这份勇气。但平心而论，这主意有点孤注一掷的意味了，英宗能不能冲得出去，完全得看运气。王振虽说一贯脑残，此时的决策也不无道理。继续找水多好，万一找到了呢？

然而，计划确实赶不上变化。到了十四日，明军储备的饮水早已消耗干净，士兵们扛着兵器到处打井，最深的井都打到两丈深了，还是死活找不到一滴水，实在太邪门。土木堡东南十五里倒是有条妫水河，可早已被也先严密控制，明军也没有勇气立即发动攻势，只能原地坚守。

八月十五到了，月到中秋分外明。过往十三年里的这一天，作为皇帝的英宗，每一年都过得很开心惬意。宫城总是被装饰得绚丽精致，嫔妃总是打扮得妩媚优雅，各种美食总能让他大快朵颐，各种活动总是充满仪式感，让他的虚荣心大为满足，让他这个皇帝当得眉飞色舞。

可这个正统十四年的中秋，他却被困在了土木堡，别说吃月饼了，连口水都喝不上。此时的英宗，一定后悔当初的冲动和鲁莽。当然，十五万军兵的处境更惨。就算曹操复活，给他们大讲望梅止渴的故事，都不会有任何作用了。

但是，这些人毕竟是大明王朝最精锐的战士，有不少还曾跟随太宗、宣宗出征过，即便形势再危急，困难再致命，口渴再难耐，他们依然能保持情绪稳定，并很快筑好了防御工事，准备应对瓦剌的进攻。

瓦剌一时半会儿也攻不进来。如果明军能够坚守几天，耐心等待援军到来，依然有成功突围甚至反败为胜的机会。

可就在这时，也先的使者却来到堡前，希望与明军议和。

当然，瓦剌依然是大明藩属，实力与天朝相差巨大。长期对抗他们更消耗不起，不是吗？

英宗喜出望外，也根本没有想太多，就让大学士曹鼐起草敕书，让千户梁贵带着去也先处谈判。

果然，围困堡城的瓦剌骑兵渐渐退去，越走越远。明军长期紧绷的神经也就很快放下了。水，水，水！这是他们最想得到的东西。

明军急不可耐地向南奔去，向着生命之河冲锋。到这时候，他们也不再顾及什么队形了，也不考虑什么危险了，也不怀疑什么圈套了。动作麻利的，已经冲到河边，一头扎进水中。

突然，不远处"咚"的一声炮响，四下尘土飞扬、遮天蔽日，瓦剌骑兵又杀了过来，这也太不讲信用了吧。他们雪亮的弯刀在阳光下闪闪发光，所到之处伴随着一阵接一阵的惨叫。一些懂汉语的骑手，还扯着嗓子大喊："解甲投械者不杀！"

说来也怪，这话就像神秘的咒语，让很多原本不乏血性的明军士兵，乖乖扔掉了兵器，解开了铠甲，甚至脱光上半身以显示诚意：看我多听话。很快，他们就看到了对方的回应。

瓦剌骑兵根本没有收手的意思，反而是刀挥得更快，箭射得更狠了。已经完全精神崩溃的明军，根本没有抵抗的能力，只有四处逃跑的份儿。他们是大明最精锐的三大营，拥有世界上最强大的火器，天底下最先进的骑兵、步兵和神铳兵组合战法。可惜，在平庸主帅的错误指挥下，很多人还来不及展示能力、天赋，就被打发到另一个世界了。

到处都是无情的杀戮，贪婪的掠夺，绝望的呼号，可耻的奔逃。到处都是丢弃的盔甲，扔掉的武器，到处都有死不瞑目的尸体，奄奄一息还想逃命的伤兵。瓦剌骑手的弯刀，砍得很快都卷了刃；明军的鲜血，甚至将河水都染红了。

二十万明军之前已经损失了四五万，而在土木堡，至少有十万人死在了也先铁骑之下。只因瓦剌士兵专注抢夺财物，才令上万明军幸运逃了出去，也算不幸中的大幸了。

和后来的女真一样，瓦剌人对火器根本不感兴趣——这些玩意儿有什么用，还不是被我们屠戮？后来打扫战场时，杨洪部居然还能发现"神铳两万两千余把，神箭四十四万支，大炮八百门"。如果也先能预知自己在北京城下受到的招待，他肯定就不会这么草率了。

显然，也先主动求和、假装撤军，只是为了瓦解明军的斗志。这么简单的战术能起作用，只能说英宗和王振这对"哼哈组合"过于脑残。《孙子兵法》有云："勿迎之于水内，令半济而击之。"也先应该没读过这本经典，他却知道趁明军到处找水时，来个突然袭击。

尸横遍野，血流成河，一派人间地狱的惨状。随后，杀红眼的瓦剌军乘胜攻破了明军大营。一个个在大明朝堂举足轻重的文臣武将，都成了羽箭和弯刀之下的牺牲品。武将有英国公张辅、泰宁侯陈瀛、驸马都尉井源、平张伯陈怀，文官有户部尚书王佐、兵部尚书邝埜、内阁学士曹鼐、张益……仅高官就有五十多人阵亡。

邝埜停止呼吸之前，肯定会想到远在北京的于谦。他唯有期望：廷益兄，京城就靠你了！

英宗和王振仓皇上马，试图突围出去。末日将至，两人身边的数百名侍卫倒是非常忠诚，很有男人血性。他们战斗到了最后一刻，全部壮烈牺牲。

而太监和皇帝这对奇葩师徒，却有着不同的命运。

王振死了，英宗活了下来。

王振的死，算是他为大明江山做出的最大贡献。

但英宗的生却给大明王朝留下了太多祸患。

王振到底是怎么死的，也是历代史家争论的焦点。《明史纪事本·王振用事》中认为，这位权监被护卫樊忠当场锤杀；在《明书》中，傅维鳞认为王振为瓦剌兵所杀；而在《英宗谕王振碑》中，英宗说自己亲眼看到王振先行自刭，以身殉国。

显然，樊忠杀王振一说最不靠谱。"吾为天下诛此贼"的宣泄，更像是后世文人的小说笔法。王振虽说平时专横跋扈，对英宗却是非常忠诚的，樊忠根本没有杀他的动机，更没有杀他的机会。傅维鳞的说法，也许更接近事实，但缺乏史料佐证。英宗的观点，有为其师洗白的嫌疑，但也体现了学生的心虚。土木堡之败，他的责任肯定要比王振的更大。

英宗并不是王振的傀儡，而后者却被塑造成了他的替罪羊。

史书都是文人写的，他们"为尊者讳"，自然不会说英宗的不是，也不想过多检讨文臣自己的过失。于是，尽量给太监抹黑是非常必要的。但历代文人似乎忘记了，明朝的太监就是皇帝最信任的家奴，丑化太监，其实正是在丑化皇帝。

话说回来，英宗的下场，又会是怎样的呢？

六、皇帝被俘，还能打造"土木堡症候群"？

作为正统朝的"首辅"，王振在土木堡很不光彩地死掉了。把二十万大军带上不归路的英宗，也未能逃脱出去，被瓦剌士兵逮住了。

一朝皇帝成为敌方俘虏，是非常丢人现眼的事情。北宋徽、钦二宗在被押送到金国上京之后忍辱偷生，接受了羞辱人格的"牵羊礼"，最终也难逃客死敌国的悲惨命运，相比之下，英宗的经历就幸运得多，当然也更加传奇。有作者甚至认为，英宗朱祁镇用自己巨大的人格魅力，征服了草原上的所有对手，甚至让他们患上了"土木堡症候群"。

事实真的是这样吗？

关于英宗在瓦剌的经历，史家多采用袁彬《北征事迹》和哈铭《正统临戎录》中的记载。这两人都是随军出征的锦衣卫下层官员，后来受也先指派照顾大明皇帝。据说，英宗和他俩在草原上成了生死之交。

那么问题来了，既然这两人是英宗的死党，他们记录下的文字，真实性能有几分呢？用脚指头想一想就会明白，英宗能把事实原原本本地说给两人听吗？能不即兴发挥以掩盖自己的恐惧，能不把自己狠狠包装一番吗？能不给自己立人设吗？

再不妨类比一下。如果万俟卨和张俊也写个回忆录，肯定要把秦桧写成一身正气、两袖清风的好大臣，殚精竭虑，忠义云天，奋力铲除军阀岳飞、赤胆护卫大宋江山。而后世史家如果再将这两人的回忆录当成主要史料，那什么荒唐的结论都能得出来。

很显然，以英宗的一贯表现，他在瓦剌的日子，过得潇洒不到哪里去，更不可能有那么多正能量。在神化英宗这一点上，袁彬和哈铭只是开了个头，还有后世文人的不断加码，让我们联想到顾颉刚先生的"层累历史观"。

很多学者认为，朱祁镇在被瓦剌士兵俘虏时，非但一点不慌乱，反而非常镇定从容，充分展现了一位中原皇帝的人格魅力与精神气度，从而让没文化的蒙古人肃然起敬，不惜一切代价也要将他送回大明。这样的说法，始作俑者正是哈铭的《正统临戎录》。而其中细节，更是哈铭听英宗口述的。

以哈铭的愚忠，估计英宗说自己能把马奶变成黄金，他也会相信。

据英宗回忆，当时眼看瓦剌兵越追越近，身边的亲兵一个个倒下，王振也光荣捐躯了。眼看跑不出去，英宗就下了马，平静地向南而坐，望着故乡，等待即将到来的杀戮。这时，一个士兵看到他的金甲很鲜亮，就想过来抢。九五之尊的英宗岂能成全他，就是不让他解甲。正争执时，小兵的哥哥来了："你这是做什么呢？"

"哥啊，我不杀他，就要他这身盔甲，他都不给。"

他哥显然是见过世面的人，知道这身盔甲不是普通将领能穿的，这人也不能说杀就杀，留着有更大的好处。于是，他俩押着英宗，去见一位大人物。

英宗见了此人，不但完全不害怕，根本不行礼，还云淡风轻地给他出了个选择题。这人一听当时就傻掉了：厉害啊，对英宗的敬意从此如长江之水滔滔不绝。

英宗说的是："你是也先？是伯颜帖木儿？还是赛刊王？"此人正是也先的弟弟赛刊王。而伯颜帖木儿是也先另外一个弟弟。

你说这个英宗对于行军打仗一窍不通，对战略战术一团糨糊，却能凭借形象气质，精准判断出敌方高级将领的身份，而且不卑不亢，沉着冷静。这份气度，这种优雅，估计苏武和文天祥见了都会甘拜下风，高呼做俘虏你比我们更专业，更有风范。

更关键的是，英宗根本不会讲蒙古语，赛刊王也听不懂汉语，这边叽里呱啦说这么一大堆，那边只会好奇地问随从："这南蛮子说的是什么？"根本不可能当时就吃惊。

再联系一下英宗之后在大同和宣府的一系列操作，就知道这样的场景，只能存在于这位皇帝的脑海之中。

因此，说什么英宗靠巨大的人格魅力征服了瓦剌首领，开创了绑匪尊重人质的"土木堡症候群",纯属袁彬和哈铭刻意的涂脂抹粉,根本不是事实真相。而后人为尊者讳,愿意相信他们所说的一切。

当然,也先确实没有杀英宗。其实,英宗身边并不是没有人,至少太监喜宁还在。

当时最有可能的情景是,英宗和喜宁陷入重围,哭爹喊娘都没有用。当有人要杀这位皇帝时,会讲蒙古语的喜宁赶紧大喊:"不能杀,这是大明天子!"

喜宁保下英宗,并不是对他有什么感情。这个太监知道,活着的皇帝更有利用价值。

于是,士兵把这两人领去见了赛刊王。

无论是二十一世纪还是十五世纪,掌握一门外语都是非常重要的。不过喜宁身为女真人,会讲蒙古语也不稀罕。

当也先确认他们俘获的是大明天子时,自然是喜出望外,奇货可居,希望借此敲诈一笔钱。因此,他就将英宗交给了弟弟伯颜帖木儿看管。

瓦剌虽说取得了压倒性胜利,但过去长期是明朝藩属,杀掉皇帝显然是不合适的。也先谈不上有多少政治智慧,但他绝对不是莽夫。

不过,当时京城空虚,人心浮动,如果也先马上鞭指北京,长驱直入,不就能给大明致命一击了吗?为什么他不抓住这个千载难逢的机会?

进攻北京,显然并不在也先的计划之内。他公然和大明撕破脸,无非是显示一下实力,想在朝贡时多捞一点好处,而不是图谋恢复大元。

但喜宁可不这么想。他有着和王振一样的远大抱负。喜宁的逻辑是:

如果瓦剌能在自己的引导下占领大明京师，甚至重建大元帝国，自己怎么着也能在史书上有一席之地了吧。

　　那么接下来，瓦剌又会有什么手段呢？

第六章

另立新皇保大明

一、京师动摇，力主坚守血战到底

镜头切回北京。八月十五是中国传统的中秋节，是仅次于春节的重要节日，是千家万户品月饼、赏明月、诉亲情的欢聚时刻。但谁也不会想到，这一天居然成了大明王朝的国殇日。

在英宗和王振的邪门操作之下，十余万大明最精锐的官兵以及五十多位文臣武将，都成了瓦剌的刀下之鬼。当然，在那个交通、通信都相对落后的年代，京城的太后、皇后和百官们，显然并不能马上收到噩耗。

代理兵部事务的于谦，一直密切关注着英宗的动向，期盼皇上早日凯旋。二十万精兵讨伐装备落后的几万瓦剌军，于谦当然也想象不到，英宗会把局面搞到那种地步。

节该过还得过。但是，毕竟皇上不在北京，节庆活动自然就冷清了不少。孙太后和钱皇后等人，少不了也要为英宗上香祈福，希望他早日凯旋。

正统十四年（1449）八月十六日夜，一个汉官打扮的中年男子，单人独骑出现在了怀来城下，大声叫门。会不会是奸细呢？卫兵用箩筐将他吊上城头，交给守将（没有留下姓名）。

来人心急火燎地从怀中掏出一封信件，递到将官手中。

"我是千户梁贵，这是皇上的亲笔信，一定要火速送到京城，交给太后！"

原来，在也先的威胁之下，英宗让袁彬写信给孙太后，说明了自己被囚胡营，请求火速筹备金帛来给他赎身。为了让太后相信，英宗还亲自签名，并安排梁贵送信。

在确认了信件之后，守将火速安排一队人马，保护梁贵前往京师。

北京城里最先看到这封信的，正是当天在兵部值班的侍郎于谦。

不难想象，这位勇于任事的侍郎，当天的心情是何等悲愤。他恨王振的不负责任、草菅人命，恨也先的阴险狠毒、不择手段，更恨自己没有随军出征，让邝老尚书就这样无法善终，尸首都找不到了。

"扑通"一声，于谦朝北方跪了下来，哭号道："誓不与胡虏同生！"

但是，于谦已经没有时间流泪了，他知道未来的工作更加艰辛，责任更加重大，于是第一时间将信送进了宫城。

大太监金英认得英宗笔迹，火速禀报了孙太后。很快，钱皇后也知道了。这两个对英宗最有感情的女性，都不愿意相信昨天发生的一切，都无法抑制悲痛心情，哭得肝肠寸断，几近晕厥。在太监和宫女的悉心照料和安慰下，两人才慢慢恢复过来。

正统七年（1442），英宗大婚，钱氏成为第一位从大明门坐花轿抬进坤宁宫（皇后寝宫）的正宫娘娘。在此之前，明朝的五位皇帝都是娶了正妃之后才登基的。仅凭这一点，钱皇后就能载入史册了。

事实上，就如同杨贵妃、萧太后和马皇后一样，"钱皇后"成为这位奇女子的专属称呼。她能在史书上占有一席之地，并不是因为美貌或者心机，而是品德。

现在，很多人宫斗剧看多了，觉得后宫的女性，整天不是忙着害人，就是努力争宠，不是在情敌身边安插卧底，就是收买太医伺机下毒。但大多数朝代的后宫，肯定还不至于乱到这种地步。明朝强调以仁孝治天下，自永乐开始，历代国君给皇太子选的正妃，都并非豪门大户千金，只是普通人家小姐，就是希望后宫安宁和睦，同时避免汉唐外戚干政的事件重演。

钱皇后在后宫口碑很好，没有哪个妃子会不自量力想取代她，那样只能搬起石头砸自己的脚。唯一的缺憾，就是她一直未能生育。有一种未经证实的说法，英宗之所以没有效仿父皇，早早立皇长子朱见浚为太子，就是希望钱皇后能够生育，嫡长子当太子才符合传统嘛。

甚至"朱见深"之名，也可能是专门为皇后之子预备的。

确实，自打朱棣篡位成功之后，朱高炽、朱瞻基和英宗都是嫡长子①。而钱皇后又以贤德闻名，如果立她的亲生儿子为皇太子，显然是让各方面都能接受的理想结果。

很多读者一定会疑惑，钱皇后品行端庄，行事稳重，而英宗志大才疏，智商欠费，放任王振胡作非为，不自量力御驾亲征，引发了灾难性后果。为什么钱皇后就不尝试说服呢？当年朱元璋大杀功臣时，马皇后不是屡屡劝谏并保护了不少忠臣吗？

---

① 英宗被立为皇太子时，母亲孙氏还只是贵妃。但不久宣宗就废胡皇后，立孙氏为皇后。

其实，明朝严禁后宫干政，从源头上杜绝了武则天式角色的产生。马皇后那些干涉老公的段子，大多是后世文人想象出来的。恪守妇道的钱皇后，不可能干预丈夫的施政措施。

赎金真的管用吗？这是每个被绑票者家属都会考虑的问题。但在这两位女性眼中，全世界的财富加在一起，肯定都远不如英宗珍贵。那还等什么呢？钱到用时方恨少，这时候的她们才知道自己身份尊贵，但也不是要什么有什么。她俩把所有家当都拿出来，凑了八大车，让人火速秘密出关，送到瓦剌大营。

收到财宝的也先自然相当开心，很多东西是他之前根本就没见过的。这么快把人质释放了，他能舍得吗？这个二愣子皇帝虽说浪费一点食品，但留在身边，什么时候缺钱了就向大明要，不是很爽的事情吗？养他远胜过养一千头羊，又像办了一张不限额度的白金卡。

钱皇后交出了全部家当，却根本换不回来丈夫，她唯有终日向神佛祈祷，希望英宗能早日平安归来。她只能以泪洗面，来发泄内心的痛苦。

时间长了，她的身体终于出现了两种变化：一只眼瞎了，一条腿瘸了。可以说，她是以自己的残疾，为英宗博取了很多同情分，也让人无心计较他的过失。

家丑不可外扬，何况被胡虏俘获。孙太后下令尽力封锁消息。可是，纸里包不住火，很快，英宗蒙难的事情，在北京城几乎是人人皆知。

原来，那些在土木堡侥幸逃脱的明军开始一批批地返回京城了。残兵们衣甲不整，浑身血污，有些甚至缺胳膊少腿，非常狼狈。总不能拦着不让他们进城吧。这些人不敢把责任推给英宗皇帝，只敢谴责太监王振的越俎代庖、草菅人命；吹嘘夸大瓦剌军队的如狼似虎，势不可当——反正落到这步田地，不是自己的责任。

皇上（暂时）回不来了。国不可一日无君，必须有一个主持大局的。

作为英宗的嫡母，孙太后当然不希望朱祁钰登基，那样她的位置就要排在吴贤妃后面了。

因此，八月十七日，孙太后果断册立英宗三岁的长子朱见浚为皇太子，并给他改名为朱见深。这个举措，显然是违反了英宗的初衷——这孩子不是嫡子啊。

朱见深生于正统十二年（1447）十一月，母亲是周贵妃。

朱祁钰则被正式任命为监国，在皇太子亲政之前代理国政：

> 迩因虏寇犯边，毒害生灵，皇帝恐祸连宗社，不得已躬率六师，往正其罪，不意被留虏庭。尚念臣民不可无主，兹于皇庶子三人之中选其贤而长者曰见深，正位东宫，仍命郕王为辅代总国政，抚安天下。呜呼，国必有君，而社稷为之；安君必有储，而臣民有所仰。布告天下，咸使闻知。

这样的安排，显然为英宗回归执政，留下了很大的回旋余地。

可是，形势比人强。在也先大兵压境之时，指望一个刚会走路的小朋友来领导中枢，显然很不明智；孙太后不是武则天，也没有张太皇太后的威望，想搞"垂帘听政"肯定不现实。而接下来发生的事情，更证明了国不可一日无君。

就在这一天，朱祁钰在午门外"御门听政"，希望群臣各抒己见，讨论如何应对危局。

英宗把三大营主力全带去北征了，也把大多数精锐带上了黄泉路，京城现在只剩不到十万老弱残兵，而且疏于训练，缺乏武器。如果也先打过来，指望他们，能守得住北京吗？

敌营距北京不过百里，永乐迁都北京的弊端，这时候就暴露得特别充分了。不过朱棣执政时期，都是明军按着蒙古在地上摩擦，他老人家哪想到会有今天？

一股世界末日般的绝望情绪，弥漫在朝会现场。有些人垂头丧气，有些人眼含泪水，更有人甚至放声痛哭，让没有执政经验的朱祁钰不知所措：总不能把他们都拖出去打棍子吧。

这时候，一位身材不高的官员抢先发言。此人不说则已，一开口就令朝堂一片哗然。

而他的一番话，也永远载入了史册。

按理说，这种重要的会议，肯定得由重臣来首先发表意见，其他人附和，再由监国总结。但抢着发言的人，显然表现欲望很强。

"臣夜观天象，发现北京气数已尽，唯有南迁才能保社稷平安！"

说这番话的，是翰林侍讲徐珵。他是南直隶苏州府吴县人，与著名的"黑衣宰相"姚广孝同乡。无独有偶，徐珵也喜欢阴阳术数、天文历算。但人家老姚可以凭此辅佐朱棣夺取天下，他小徐只能拿这一套测风水骗点小钱改善生活，还经常测不准。

就在一个月前，当英宗决定亲征瓦剌之后，徐珵测完了天象就马上安排妻儿去南京。老婆还不想走——早在北京待习惯了。

徐珵不高兴了：真是头发长见识短！他以不容置疑的语气强调："正统此次远征肯定有去无回，大难临头了，你还不快跑？"

前几天，当得知英宗被俘土木堡、十余万将士断魂边关时，徐珵非但没有表现出任何难过，反而为自己难得准确一回的前瞻沾沾自喜：怎么样，你们都得信我的吧。

虽说古人或多或少都有些迷信，但对一个小官这样的说辞，满朝文武也不敢完全相信。四朝老臣、礼部尚书胡濙更是对永乐一直感恩戴德，他怎么能容忍就这么放弃京城："太宗、仁宗和宣宗的陵寝俱在京师，难道要留给胡虏吗？"

群臣人心惶惶，窃窃私语。很显然，活人都自身难保了，死人的墓哪还顾得上？

就在这时，大殿中突然传来一声怒喝，宛如平地上的惊雷，把在场所有人都吓得一哆嗦。

而正是这一嗓子，决定了北京城的命运；

正是这一嗓子，让人心纷乱的朝堂有了主心骨；

正是这一嗓子，改变了大明之后两百年的进程。真可谓一句顶一万句。

"倡议南迁者，可斩！"

众人顺着声音望去，却有些不相信自己的眼睛——平日他也不这样啊，这是受了什么刺激？

说出狠话的，正是兵部右侍郎于谦。

于谦终于发怒了。他可以容忍英宗的不自量力，容忍王振的自作聪明，但不能容忍他们把二十万精兵带上绝路；他可以容忍徐珵的装神弄鬼，容忍朝中大臣的尸位素餐，但不能容忍他们置国家和民族利益于不顾。

此时的于谦，宛如一台开足了马力的战车，要将瓦剌碾个粉碎。

这是于谦的一小步，却是明朝历史的一大步。

无独有偶。北宋景德元年（1004）九月，当辽军大举入侵，朝臣建议迁都金陵或成都时，同平章事（相当于丞相）寇准却疾呼："谁为陛下画此策者，罪可斩也！"之后，寇准力请真宗北上亲征澶州，挫败了辽军的攻势。两国最终签订了《澶渊之盟》，成为兄弟之邦。

元至正二十年（1360）五月，当陈友谅的庞大水军连克太平、采石，威胁应天（南京）时，朱元璋手下多人建议出逃或退避钟山。刚刚投奔过来的刘基，在大家讨论时不发言，却在没人的场合，厉声告诉老大："请先斩建言投降和出逃之人！"靠着刘基的妙计，朱元璋在龙湾大败陈友谅，彻底扭转了战局，为统一天下奠定了基础。

回到正题。于谦此话一出，很多大臣安静了下来，深为惭愧。

最脸上无光的，当然就是徐珵了。说的不就是他吗？

于谦根本不想搭理徐珵，更无意安慰他受伤的心灵，而是径直走到朱祁钰面前，一字一句地说："京师是天下根本，一动则大势去矣。各位不想想宋南渡事乎？"

朝中文臣都饱读诗书，精通历史，知道于谦说的是什么。宋朝靖康二年（1127），金军占领开封，掳走徽、钦二帝之后，康王赵构在南京应天府称帝，改元建炎。不久，他就在金军追击之下一路南逃，跑到杭州之后才稳定下来，史称"建炎南渡"。赵构满足于守住半壁江山自娱自乐，杀掉抗金英雄岳飞来满足和谈要求，甚至不惜向金称臣来彰显卖国"诚意"。

显然，于谦认为一旦放弃了北京，明朝的命运就和南宋一样了。

"建炎南渡"让明朝君臣无法忘记，但相比之下，金朝的"贞祐南迁"更有可比性。

金大安三年（1211）八月，在野狐岭之战中，由成吉思汗亲自指挥的十万蒙古大军大败四十五万金军，带来的破坏效果与威慑作用胜过了土木之变，让无数金人从此患上了"恐蒙症"。

贞祐二年（1214）四月，金宣宗决定迁都以避蒙古锋芒。他下诏让在中都的文武官员知无不言，以图长策。尽管反对南逃的声音非常强劲，宣宗还是在五月决定南迁南京（河南开封）。次年，中都毫无悬念地陷落。

金宣宗的南迁，当然改变不了金朝被蒙古灭国的宿命，但确实让这个政权多延续了二十年。

具有讽刺意义的是，金人当初对宋人的羞辱有多狠，后来被蒙古糟蹋得就有多惨。"因果报应"之说当然不可靠，但放在金朝君臣身上，还真是特别应验。

但野狐岭之战后的金朝，与土木之变后的明朝，局势还是完全不可同日而语的。

彼时，即便很多大臣强调中都"南控江淮，北连朔漠"，又强调"祖宗山陵，宗庙社稷，皆在燕京"，但金朝已经处于严重衰落期，东北老家被契丹叛乱者占领，想回都回不去了；中原地盘又被蒙古冲击得七零八落，京师物资补给已非常困难。不迁都的话，真的要困死在中都了。

但英宗时期，明朝国力根本没有衰退的迹象，对两京十三省都能实施有效管理，国库丰盈。尽管南方也有邓茂七等人的叛乱，但远远未到伤筋动骨的地步。论军事实力和武器装备，大明更远在落后的瓦剌之上。即便土木之变在前，守护京师还是有很大希望的。

瓦剌虽说暂时统一了蒙古各部，但内部矛盾重重，已经不可能回到元朝鼎盛的时候。也先远没有成吉思汗的政治素养与号召力，他身边也缺少得力干将，更没有实力对明朝长期发动大规模战争。

因此，南迁留都是愚不可及的策略。如果放弃北京，很有可能导致北部半壁江山完全沦陷，让明朝提前二百年变成南明。

当然，以瓦剌当时的客观条件，就算占领了中原，恐怕也很难建立长期稳固的统治，终究还是要把地盘还给明朝。但即使那样，造成的损失也是难以估量的，中国历史的进程会大不相同。

吏部尚书王直、内阁大学士陈循等纷纷发言，认同于谦的观点。金英则指着徐珵大喝一声："一派胡言，给我滚出去！"

众人纷纷对徐珵投以鄙夷的目光和嘲讽的讥笑，令他恨不能找个地缝钻进去。这一天，对于谦来说无比光荣，对徐珵来讲却格外屈辱。

这一天，也让徐珵下定了决心，一定要记住一个人，一定要记一辈子。

别误会，徐珵可不是爱上了谁，而是决意报复：今天你给我的一切，我要连本带利还回去。一定要让你明白，我姓徐的并不好惹！

正统十四年（1449）八月十七日，大明历史上值得大书特书的一天。从这一天起，于谦正式走入了朱祁钰的视线，走进了权力核心，走上了"救时宰相"之路。

接下来，他还要迎接哪些挑战呢？

二、左顺门血案，当机立断救群臣

正统十四年（1449）八月二十日清晨，深秋的北京已经有了阵阵寒意，即将来临的瓦剌入侵更令朝野上下无数人不寒而栗。监国朱祁钰倒是非常勤奋，他很早就来到了午门内的左顺门，准备临朝听政。

朝中大臣们已经差不多到齐了。刚在座椅上坐定，朱祁钰就发现气氛不对，那些平日里文质彬彬的书生，此时个个目露凶光，似乎商量好要搞事情。

果然，都察院右都御史陈镒首先站了出来，拿出了早已经写好的奏本："万岁，王振罪恶滔天，擢发难数；怨声动地，粉骨莫偿。虽三尺之童，恨不能寝其皮，饮其血；六军之父，皆欲刳其心，剖其肝。虽汉之石显、唐之仇士良、宋之童贯，罪恶未有若此之甚也……"

用词这么厉害，语气如此夸张，显得有些做作了。如果王振还在，借陈镒几个胆子，他也不敢这么讲，毕竟脑袋要紧。

陈镒越说越气，越气越说。说到最后，可能是说累了，现场也没人给沏茶喝，他就干脆跪在地上，放声痛哭起来。这声音在空旷的场地上显得相当酸楚，在深秋的清晨里显得特别刺耳。显然，情绪是可以传染的，哭泣是可以接力的，同情心是可以泛滥的。陈镒身边的大臣也纷纷跪下，一个个扯开嗓子痛哭。

这哭声此起彼伏，越来越大，让朱祁钰不知道如何应对。他应该庆幸自己在户外听政，如果朝会放在奉天殿里头，耳朵会不会被吵聋，还真不好说。

朱祁钰正考虑要不要制止，不知道谁喊了句："王振倾危宗社，请灭族以安人心！"很快，群臣就集体响应道："若不下诏，我等誓死不起！"

这俨然是在逼宫，欺负监国业务不熟吗？再说了，王振能够一手遮天胡作非为，还不是英宗长期放纵、你们一直容忍的结果？如今，你们这样没底线地攻击王振，不就是影射英宗有眼无珠，不知道宠信你们吗？

朱祁钰不高兴了，可能也确实是不舒服了，准备回宫："本王今天累了，就到这里吧。"说着，他就往宫内走，并让太监关门——你们爱哭就跪在外面慢慢哭吧！

可朱祁钰还真是想多了。大臣们一拥齐上，几个太监怎么挡得住，只能任由他们闯进来。

真是欺软怕硬啊，竟然这么对待监国！当年王振掌权时，他们中的大多数，还不是乖巧温顺得如同绵羊？

眼看无法收场，朱祁钰又犯了一次错误。他吩咐身边的一个锦衣卫指挥使："马顺，你去抄王振的家！"

朱祁钰这话不说还好，一说就彻底让人炸毛了。马顺是王振的死党，要他去抄王振的家，那不等于通风报信，让王振余党赶紧跑路吗？有人马上抗议："不行，换陈镒！"

马顺是练家子出身，怎么可能把这些书生放在眼里，于是就想着出言教训一番。可之后发生的一切，是他做梦都不曾想到的。

马顺充满蔑视地喊道："王公公为江山社稷殚精竭虑，现在他老人家尸骨还未找到，你们居然就这么诋毁他？"

常言道，病从口入，祸从口出。马顺并不知道自己有多危险，但他知道疼。

　　"啪!"他的脸上就狠狠挨了一下。马顺定神一看,原来是个小个子文官拿着笏板跳起来抽他。这是要造反啊!对付这种人,马顺也用不着客气。他抬起一脚,就把来人踹坐地上了。

　　跟锦衣卫打架,这不是找死吗?马顺轻蔑地看着这个小个子,正想继续修理他,谁知道对方恶狠狠地扑了过来,拼命厮打,边打边喊:"马顺你助纣为虐,今天末日到了,还不知道害怕?"正说着,马顺突然惨叫起来:"啊!"原来,他身上一块肉当场被对方咬下来了。

　　这小个子是给事中王弘,他的好友刘球当年正是被马顺害死的。

　　刚掉了一块肉的马顺,正想对王弘使出杀招,但稍一迟疑,他就感觉眼前一黑。

　　好几个文臣一起冲了过来,雨点般的拳头噼里啪啦地落在了马顺头上。不大工夫,他就被打虚脱了,趴在地上痛苦地直叫唤,似乎是在向朱祁钰申冤。

　　有句老话叫墙倒众人推,这一天变成了人倒众人揍。看到前面的同伙尝到了甜头,后面的就变得更加积极。他们纷纷撸起袖子,卷起袍子,提起靴子,疯狂冲向马顺,好像能多打一拳、多踹一脚,就能领到一百两银子似的。

　　马顺的呻吟声越来越大——疼得受不了,随后又越来越小——出不了声了。就这样,在大明京师,在紫禁城内,在监国眼皮子底下,一个堂堂的锦衣卫指挥使,被一群可能鸡都没杀过的读书人活活打死了。

　　不过,有两个大臣自始至终都没有参与。

　　一个是吏部尚书王直。他并不想让马顺死,可又不能制止大臣们的疯狂行为。

　　另一个就是于谦。他不想打人,但他理解大臣们的反应。

于谦冷静观察着这一切，也思考着解决方式。而就在这时，没有打过瘾的文官们已经冲到监国面前，要求他交出王振余党。

这也太不把监国当回事了吧？从小养尊处优的朱祁钰，早已被吓得浑身哆嗦，甚至担心自己变成下一个马顺。正走投无路之时，金英发话了："快去把毛贵和王长随找来！"

这玩的是哪出？小宦官领命而去。毛贵和王长随也是太监，是王振的得力干将。不一会儿，这两人还真来了。他们还没搞清怎么回事，就被金英"咚咚"两脚给踢倒在地，正好倒在了众文官的面前。

那还等什么呢？刚才不是没打过瘾吗？这次接着来。刚才的动作不够规范？现在专业一些。刚才腿脚没用上？现在就狠踢几下！

无数只拳头，无数只皮靴，雨点一般疯狂落在两人身上。就算两个铁人，也得压成铁饼，何况血肉之躯？不大工夫，他们就下去陪马顺了。

很多文官活了大半辈子，才发现打人是这么刺激。而朱祁钰才干了三天监国，就赶上了很多皇帝一辈子都碰不到的危机。他实在不敢想象，这帮杀红眼的书生，下一个目标会是谁。

好汉不吃眼前亏，跑吧。也许是吓得虚脱了，他一个二十出头的小伙子，还得靠一把年纪的金英挽着，才走得动路、出得了门。

朱祁钰逃出去了吗？没有。有人拦住了他。

"殿下留步。"

朱祁钰一看，差点没笑出声来。这人为了挤到他跟前，官服从上到下都撕裂开了。

曾经的喧嚣渐渐平静下来，文臣们渐渐恢复了理性。而在不远处，一帮披挂整齐的锦衣卫，正严阵以待，随时有可能清理门户，收拾眼前这帮书呆子。

他们中的不少人，显然认识马顺，甚至是他的朋友。如果锦衣卫里也跳出一个王弘，那后果真是不可想象。

但就在这时，太监传下来了朱祁钰的口谕，让参与殴打的一众官员如蒙大赦，死里逃生。

只有等到冷静下来，他们才知道自己之前的行为有多盲目，才懂得"劫后余生"四个字怎么写。

显然，如果没有朱祁钰的"特赦"，就算在场的锦衣卫不为马顺报仇，不大开杀戒，很多文官事后也得被三法司捉拿审判，造成无法估量的恶果。

"马顺等人罪当死，群臣心为社稷，无罪！"

拦住朱祁钰的，正是全程没有参与打人的于谦。

让朱祁钰发出这道命令的，还是于谦。

打人事件没有酿成更大的血案，当然还是多亏于谦。

因此，当文官们陆续离开作案现场时，尽管没有人亲口向于谦表示感谢，但他们都对这位兵部右侍郎投去赞许的目光。

而朱祁钰则命陈镒抄了王振的家，并将其侄王山绑到朝堂。

这一次，群臣不再冲动了，并没有殴打王山，只是围着他怒骂不停。朱祁钰当场历数王山的罪行，命将其推出午门，不是斩首，而是更刺激的死法——凌迟，割了三千多刀。围观的京城百姓纷纷抢购王山的肉下酒，以解心头之恨。不过讽刺的是，就在几天前，很多市民还琢磨着怎么巴结他呢。

从王振家中抄出的金银珠宝达到了令人咋舌的地步。要知道明朝官员的俸禄可是相当有限。而这些财富，正好可以用于京城防卫和抚恤阵亡将士的家属。实话实说，王振为即将到来的北京保卫战，还是做出了一点贡献的。

看到文官们陆续安全离开，于谦自己也准备撤了，可就在这时，有人却拦住了他。

三、天子叩关，书写耻辱一幕

于谦正准备离开，却有人挡在了他面前，甚至还猛地抓住了他的手。于谦一看，居然非常开心。

各位同学别想偏了，此人不是什么红颜佳丽、红粉佳人，而是一位老人家：吏部尚书王直。

王直人如其名，就是这么直。他激动地说："国家社稷都靠你了！京城百姓的安危就靠你了！今天就算有一百个王直，也没有办法啊！"

于谦当然要客气一番："王公谬赞了，朝中危局还需要您的点拨。"有了"天官"王直的支持与肯定，于谦在朝中的影响力也就显著提高了。而他的临危不乱，也让孙太后和朱祁钰印象深刻。

到了这个时刻，由于谦来领导北京的防守重任，已经是众望所归。因此第二天，八月二十一日，孙太后就颁下懿旨，正式任命于谦为兵部尚书，正二品。

于谦立即上疏请辞，认为自己继续当侍郎就好，但没有得到批准。

这是"土木之变"发生后，朝廷任命的第一位尚书，具有标杆性意义。而在于谦看来，这是一项荣耀，更是一种使命，一份责任。他知道自己的担子会有多重，未来的压力会有多大。但大敌当前，无论有什么样的困难，他都不会退缩。

大学士曹鼐、张益在土木堡阵亡，内阁只剩下了陈循、苗衷和高谷。因此，朱祁钰又火线提拔了两位年轻人。

"连中三元"的商辂，此时不过三十六岁，翰林院修撰彭时更是只有三十四岁，是上一年的状元。在国家危难之时，他们都进入了内阁。

陈循因资格最老，排在五位大学士首位，后世也有学者称他为"首辅"。但严格说来，在嘉靖朝以前，内阁各学士之间并没有严格的高下之分。但仅为兵部尚书、没有入阁的于谦，却被尊称为"救时宰相"。

当年，朱元璋利用蓝玉案对武将进行大清洗，以至于朱棣发动靖难之役时，朝廷都找不出合格的统帅。相比之下，土木之变让明朝的武将班底遭到了沉重打击，但还没有达到完全崩溃的程度。而于谦又知人善任，唯才是举，在正值用人之际，将他们的潜能彻底地激发出来。

王阳明曾担任过南京兵部尚书，但那只是个虚衔。而五十二岁的于谦实实在在成为兵部的一把手。

而且，于谦这个大司马①，在整个明朝都是独一无二的。

话说回来，在土木堡，英宗将二十万大明最精锐的军兵带上了不归路。就算白起、韩信再生，也不敢想能全歼三大营，可英宗就是做到了，把祖爷爷几十年的心血几乎败了个精光，"大明军神"的头衔也算是当之无愧。不过，这位皇上还有另一大历史贡献。

---

① 明朝对兵部尚书的尊称。

八月二十一日，宣府城下人喊马嘶，也先的大军杀过来了。

而就在城下，瓦剌营中传来了很不和谐的声音："杨洪何在？速速打开城门，迎接你们的皇帝！"

喊话的人当然不是也先——他又不会讲汉语，而是投降的明军。

城头的卫兵全都吓傻了：不答应吧，这可是欺君大罪，够满门抄斩的；答应吧，又是卖国大罪，还是活不成。

卫兵们做不了主，只能去请示杨洪。不一会儿，满头大汗的士兵回来了，对着城下高喊："天太晚了，不能开门！"

这理由编得真够牵强，明明太阳还没落山呢。不过，说什么并不重要，重要的是怎么说。任你城下喊破喉咙，我就是不搭理你。别看杨洪境界不怎么高，这时候也分得清轻重缓急。这门一开，瓦剌骑兵就能轻而易举地把宣府给踏平了。

天真的快黑了，瓦剌兵真的着急了，赶紧向也先请示。这位太师非常生气，亲自押着英宗来到城下，强迫这位皇帝向城上喊话。

如果英宗答应了，那可真是汉奸行为啊。

如果他还有点血性，干脆咬舌自尽算了，省得给朱家丢人现眼。

可大家都知道，英宗并没有死，那么接下来发生了什么，大家自行脑补吧。

划重点：中国历史上第一个兼最后一个"叫门天子"就这么新鲜出炉、粉墨登场了。这位皇帝短短的一生，跟门可是有不解之缘的。说起叫门，英宗拥有多年的丰富经验，八年之后，他在自己老家又叫了一次，并改变了中国历史的走向。

相比吊死煤山的明思宗朱由检，英宗的骨气差的不是一星半点。当然，两人同样昏庸，同样自以为是，同样恩将仇报杀死了拯救过京城的兵部尚书。

史书并没有记录英宗叫门的细节，当然是想给这位皇帝留面子。笔者斗胆猜测一下，场景可能是这样的。

英宗用尽力气，扯开嗓子大喊："朕就是当今天子。尔等速速打开城门，让杨洪将军带上金银财物来见朕！"

作为大明的皇帝，英宗居然亲自为敌人叫门，这份"忍辱负重"，真不是一般人能承受的。可惜当年没有视频，没法留下这么震撼的历史镜头。朱棣和朱瞻基九泉之下有知，估计得掀开棺材板骂娘了吧。

如果叩关的是王振，肯定要被后世史家视为汉奸行径。可既然当事人是英宗，那就是另外一回事了。

遗憾的是，英宗喊了半天，却没有得到自己想要的结果。城上的卫兵板着脸，装模作样地回答道："杨洪将军公干（出差）去了，不在城里！"

真是睁着眼睛说瞎话，而且还敢当着皇上的面说。英宗这个气啊。得知真相的也先更生气，恨不能马上就攻城，可他转念一想，何必呢，不跟粗人一般见识。换个门继续叫不行吗？撤军！

八月二十二日，瓦剌大军开到了大同。这一次，也先觉得不能对英宗太温柔了，直接让士兵把刀架在他脖子上，让他喊刘安和郭登出来接驾，并索要大批财物：只要交足了，就立马放人。

郭登已经听说英宗被俘的事情了。凭良心说，皇帝对他是有恩的；但他知道，这时候打开城门，丢掉的肯定不仅仅是大同一座城池，很可能会让蒙古人在北方大平原畅通无阻。因此，郭登下了死命令，严禁开门。

英宗急了："朕和郭登有姻亲，怎么能这么对待我？"（郭登的姑婆
是朱元璋的郭宁妃）

郭登不敢面对英宗，只是派人出来答话说："臣奉命守城，不敢擅自
开闭。"看到郭登如此不上道不通人情，英宗非常生气。

袁彬看主子被这么对待，不禁火冒三丈：我不能杀了你，还不能死
给你看吗？他跑到城下，一头撞在城墙上，鲜血直流。眼看就要出人命
了，郭登只好将袁彬用竹筐吊上城来，问个究竟。

听了袁彬添油加醋地描述完英宗的惨状，刘安和郭登能忍心不见吗？
他们带着给事中孙祥和大同知府霍瑄一齐出城，一齐向英宗下拜，放声
痛哭。

自打当了蒙古人的俘虏，英宗还是头一回接见这么多大明臣子，真
是百感交集啊。他突然灵机一动，以丧师辱国为由，下口谕查抄西宁侯
宋瑛、武进伯朱冕和监军太监郭敬的家产，送交瓦剌大军。

刘安等人不觉大惊，面面相觑：这不是资敌吗？就算三人犯法，这
么多钱留给大明不好吗？可皇命难违，他们马上回去照办。士兵们将三
人的家产搜罗一空，又在全城凑出了两万余两黄金，装了几十辆大车，
浩浩荡荡开出城来，一并献给皇上。

站在不远处的也先差点当场流下口水：这回算是奔小康了。英宗将
财物郑重地转给也先，期待他信守承诺。

那么接下来，也先会释放英宗吗？

四、郕王登基，大明开启新一页

英宗天真地以为，也先在大同收了这么多财宝，肯定得放自己回去吧。可是，也先借口说天色已晚，明日再亲自送皇上南返。

当天晚上，瓦剌军在大同城西扎营。郭登知道也先根本不打算履行承诺，就召集了七十名勇士，打算趁夜色劫营救出皇上，可惜并没有成功。第二天一早，也先就带着英宗离开，返回草原休整了。

这场叫门之旅，虽没有占领大明一寸土地，却也成功忽悠来了不少财宝，也先相当满意。

可他却不清楚，自己错过了攻打北京的最佳时机，捡了芝麻丢了西瓜，终究为历史留下了一大笑柄。

镜头切回北京，切回到兵部，切到中年官员于谦身上。

此时的于谦，还在为左顺门的一幕不能释怀。

他算是看明白了，如果朱祁钰只是一个监国，众大臣是不会服他的。

如果朱祁钰没有足够的威信，如果也先来犯，北京的防卫工作就非常麻烦。

中国传统文化鼓励中庸和保守，将进取与冒尖视作不成熟的表现。但眼看皇位空悬，京城危急，于谦坐不住了。他认真地考虑，要不要做一件"大逆不道"的事情。

在公案上，他似乎看到了两个小人，在激烈地争辩：

一个说："君为臣纲，君权神授。无论皇帝做了什么，他还是皇帝！"

另一个则说："民为贵，社稷次之，君为轻。既然皇上无法履行职责，为什么不能换一个呢？"

"你这是大逆不道啊，要掉脑袋的。"

"你这是尸位素餐，没有担当！"

到底谁才是对的，应该听哪一个呢？他想起了过往那些政权亡国灭族的悲剧，想起了生灵涂炭的凄惨，更想到了一个个舍身为民的勇士。

人生自古谁无死，留取丹心照汗青！如果不尽早下决心，那北京城可真的危矣。

为什么一定要朱祁钰登基呢？

首先，国不可一日无君。

英宗"汉奸"式的叫门演出，就算时人怎么宽容、怎么遮掩，怎能不让人焦虑？大同和宣府是没有被他叫开，但谁敢保证说，他的下一次表演不会成功？如果哪个关口的守将意志薄弱一点，就会打开城门欢迎瓦剌送还皇帝吧。

更严重一点，如果英宗站在京城之下，以皇帝的名义下令开门，你应该如何应对？你是答应还是不答应？

其次，如果让孙太后立了小皇帝朱见深，后果很可能是灾难性的。

承平时代，只要朝中没有曹操、司马懿式的权臣，勉强还能支撑下去，但大敌当前，人心不定，各种危局可能会随时出现。北周静帝宇文阐和杨太后、后周恭帝柴宗训和符太后、南宋恭帝赵㬎和全皇后，这三例"孤儿寡母"断送江山的往事，很可能就要在北京城重演。

朱见深才三岁，比英宗当初继位的年龄还小得多。无论是孙太后还是钱皇后"垂帘听政"，都显得名不正言不顺——大明可是严令后妃干政的。再说了，她们根本没有张太皇太后的能力和威望。

而且英宗可是朱见深的亲老子，如果瓦剌绑着他来到北京城下，要求把小皇帝送出来参见老爹，那如何应付？

再次，一个监国身份，显然不利于朱祁钰威望的积累。

左顺门事件已经无情地证明了，没有足够的权威，杀伐决断就会遭遇很多阻力，在京城危急之时，肯定是一件非常危险的事情。作为英宗唯一的弟弟，宣宗皇帝的亲儿子，如果当哥的出了意外，他继承大统，并没有改变世系。

最后，只有立一个新皇帝，才能大大降低英宗在瓦剌侵略者手中的价值，为即将到来的明蒙决战留下回旋余地。

有鉴于此，让朱祁钰上位，不光是于谦个人的大胆想法，可以说是众望所归。王直、胡濙两位重臣都是坚定的祁镇党，但大敌当前，京城危急，他们已经不相信英宗能活着回来了，不立朱祁钰，还能有更好的选择吗？其他大臣眼见敌军势大，太子年幼，也纷纷认同这种想法。

八月二十九日，王直、于谦等六部尚书、内阁学士和其他重臣，结伴来到慈宁宫拜见孙太后，并直言不讳地提出了自己的想法。

"国有长君，社稷之福。请速定大计，以安宗社。"

孙太后当然不想答应，她还指望英宗回来继续当皇帝呢。但奈何群臣的意见一致，她并没有张太皇太后的威望。而且大臣们一致承诺，朱见深的太子之位不会动摇，也就是说，皇位终究还是要回到英宗一系的。

思前想后，权衡利弊，孙太后终于答应颁下懿旨，立朱祁钰为皇帝。

于谦等人当然非常开心。他们随即来到郕王府，转告了请他登基的想法。各位觉得朱祁钰会有什么反应呢？

是欲迎还拒，是非常兴奋，还是不动声色？都不是。

"你们……你们这是要害本王吗？有皇太子在，你们怎能不顾祖宗法度？"

朱祁钰非常惊恐，非常抵触，非常不同意。当然，很多皇帝在登基前，都要搞个三推四让，以表现自己的谦虚，这是不成文的潜规则。但朱祁钰跟他们不一样，他是真的不想当这个皇帝。

首先，自打懂事起，哥哥英宗就是皇帝，他从来没动过取而代之的念头。能当个王爷，他已经非常满足了。而且兄弟俩关系一直不错，现在他哥有难，他却来个"鸠占鹊巢"，显得不太厚道。

其次，北京城内已经没有多少兵了。瓦剌一旦打过来，自己很可能像宋钦宗一样可耻地投降，也可能像宋高宗一样狼狈地逃窜，甚至有可能成为亡国之君。他的所作所为，都得写进实录，跟他哥一样丢人现眼。

再次，他在北京城中根本没什么亲信，没有自己的执政班子，能不能掌控住当前的文武大臣，他根本没有信心。就算当上了皇帝，也很容易被权臣架空，成为傀儡和背锅侠。

最后，左顺门发生的一幕，让他想起来就心有余悸。这帮大臣太生猛了，什么事情都能做出来。他生怕马顺等人的悲惨命运，有一天会落在自己头上。

面对这样的皇帝，于谦只有循循善诱。他认真地说："臣等这么做是为了江山社稷，并非私心。希望殿下以国事为重，早安众人之心。"

朱祁钰资质再差，也是宣德的亲儿子，也是大明贵胄，血管里也有不认命、不服输的血液。

于谦又继续开导他。

"社稷为重，君为轻。眼下国家处于危难之秋，正统北狩，殿下要担起责任，以不辜负太祖太宗在天之灵。"

从于谦的眼神中，朱祁钰看到了期盼，看到了信任，更看到了忠诚。他开始相信，这个在正统年间不怎么受待见的忠臣，会责无旁贷地帮自己渡过难关。

"好吧，那本王就为皇兄暂代皇位！"这位年轻人显然被感动了，他的信心也有了很大提升。

九月初六，在一场相对匆忙简单却又相当庄严的登基典礼中，二十二岁的朱祁钰穿上龙袍祭告天地，成为大明开国以来的第七位国君，遥尊远在大漠的哥哥英宗为太上皇，以明年为景泰元年，大赦天下。

孙太后先立皇太子朱见深，再同意新皇朱祁钰登基，预示着这位大明景泰皇帝，从上任伊始，其统治就埋藏着太多变数和危机。

对于谦的仰慕者来说，带头拥立景泰，是他最重要的事功之一；而对他的诋毁者来讲，英宗明明还活着，不想着先把皇帝救出来，就"急不可耐"地拥立新皇，这不就相当于搞政变吗？

这种观点当然不值一驳。相比毁誉参半的袁崇焕，于谦的口碑是一边倒的正面。但于谦拥立景泰，却为自己最后的悲剧埋下了伏笔。

中国官场的生存哲学，是"出头的椽子先烂"；中国人的生活智慧，是"事不关己，高高挂起"。什么都不做，就永远不犯错。

但是，有些事情，总得有人挑头，才能最终落实。

但是，想成为英雄，必然要为人所不为，能人所不能，才能得人所不得。于谦之所以成为于谦，很大程度上是因为他的担当与魅力。

道之所在，虽千万人，吾往矣。

事实证明，景泰的上台，对之后政局的发展，起到了极其重要的作用。而未来的挑战，无论是对于谦还是景泰，都非常严峻。

第七章

全力备战迎也先

一、运筹帷幄，于谦巧妙部署

在土木之变发生之前，景泰从未想过自己能成为一国之君。可当这副担子落到身上时，他的表现还算不错。

正统十四年（1449）八月，刚成为监国的朱祁钰，就加封胡濙为太子太傅、王直为太子太保，并让他们继续担任礼部和吏部尚书。可这一年，胡濙已经七十五岁，王直七十一岁，搁今天都退休好几年了。终景泰一朝，这两位元老却一直不肯致仕，还在英宗问题上，不断给景泰添堵。

相比那些心术不正的投机分子，这两位大臣的品行还是相当不错的。他们的个性也和于谦有几分相似之处。从一定程度上说，这不是什么坏事。

景泰正式登基之后，北京城的备战工作也更加顺畅。全权负责军事的于谦，肩上的担子更重，他的紧迫感也更强了。

　　显然，在也先随时可能入侵的情况下，景泰认可于谦的才华，钦佩他的胆识，更相信他对朝廷的忠心，所以才放心将大权交给他。

　　如此顺畅的君臣合作关系，在中国几千年皇权专制史上，还真是不太多见。即使是秦始皇与李斯、刘备与诸葛亮、苻坚与王猛，也很难达到这样的程度。朱元璋在称帝之前的几年内，曾与刘基有着密切的合作关系，但刘基只是谋士，真正拍板决断并承担后果的只能是朱元璋，而于谦，却事实上担负起了北京保卫战的统帅之责。

　　最难能可贵的是，景泰与于谦之前几乎没有私交，他们完全不熟悉，却能如此推心置腹，彼此信任，这就太不容易了。

　　于谦成功的背后，是景泰的默默付出。

　　于谦为人坦荡，性情耿直，不愿意做无聊的应酬，很容易得罪同僚。如果没有景泰充当防火墙、保护伞，很多事情很可能就进行不下去。如果没有景泰的放手信任，很多将领根本就提拔不到相应岗位上。如果没有景泰顶住各种压力，平息各种质疑，于谦的备战工作肯定要遇到太多麻烦。

　　遇到景泰，是于谦的幸运。当然有了于谦，更是景泰的福气。

　　整整一百八十年后，当然还是乙巳年，大明京师再度被一支异族铁骑包围。而当朝皇帝崇祯对急行军赶来救援的另一位兵部尚书，却完全是另一种态度，各种猜忌压制，令人不寒而栗。

　　于谦的主要备战工作，包括以下几个方面：

　　1. 征调兵马。

　　三大营和京军中的精锐已经在土木堡被打残，留在京师的都是战斗力不足的"预备役"，就必须从外地征调兵马了。

当时，兵部尚书王骥正率领十三万精兵，进行第五次麓川之战，围攻思机发叛乱武装。于谦和景泰都认为，这支军队不宜调回。

首先，麓川距离京师过于遥远，让士兵紧赶慢赶回来，马上投入战斗，效果显然不会理想。

其次，如果明军撤回，麓川恐怕就和安南一样，不存在于今日中国的版图中了。

不征调麓川军回师勤王，正是体现了一个大国的担当和自信，也从一定程度上安定了京城人心。

于谦下令，急征备操军（两京备操军、河南备操军）、备倭军（南京备倭军、山东备倭军）、运粮军（江北所有运粮军）及浙军（宁阳侯陈懋统领）进驻京城。这些兵力加起来有十多万。

同时，对于在土木堡之战中幸存的将士，朝廷一律免予追责，并鼓励没有残疾的继续服役，并给予银二两、布二匹的奖赏。

最终，于谦可以调动的兵马，达到了二十二万人。单论人数，并不比英宗亲征时所带的那支军队少，但战斗力上的差距就相当明显了。

实话实说，除浙军之外，其他兵员都是些"预备役"，维持治安还马马虎虎，想要和最精锐的瓦剌铁骑对抗，难道不是送人头吗？于谦和这些士兵却用事实告诉后人，规则和成见就是用来打破的。

更重要的是，他们有了得力的将官。

2. 选拔将官。

所谓"兵熊熊一个，将熊熊一窝"。同样的士兵交给不同的将领率领，效果很可能有天壤之别。当大秦帝国在陈胜吴广起义军攻击下摇摇欲坠时，章邯带着由工匠囚徒拼凑起来的军队，在很短时间内绞杀了陈胜政权，并对复辟的关东诸国形成一路碾压之势。如果不是权臣赵高的猜忌，秦朝的历史就要彻底改写。

反面的例子，往近的说当然是"大明战神"英宗，往远的说，还有在永乐七年率数万骑兵出击漠北，被鞑靼全歼并阵亡的永乐朝大将丘福。他的惨败，迫使永乐御驾亲征，成为唯一一个深入北方草原的皇帝。

于谦到兵部的时间不长，但对将官的情况却相当熟悉。在危局之下，他不拘一格，大胆起用人才，而这些人在之后的战争中发挥了重要作用。

多位名将阵亡于土木堡之后，有四十余年从军经验、战功卓著的宣府总兵杨洪，就是大明武将中最值得依赖的一位了。在土木之变中，杨洪未能及时救援皇帝，遭遇了朝中一些文官的弹劾。

真是站着说话不腰疼！当着景泰和众大臣的面，于谦慷慨陈词："宣府是京师门户，不宜轻出，一旦失守，后果不堪设想。杨将军审时度势，没有出兵营救太上皇，却保住了宣府。未来的战事中，还要多倚重他。"

当有人提出调杨洪防御京城时，于谦却没有同意："杨将军熟悉宣府，忠诚体国，拒绝也先要挟，不可轻动，应予嘉奖。"

景泰于是下诏，晋封杨洪为昌平伯。在明朝，能封为"伯"的都算显贵了。刘伯温是诚意伯，王阳明是新建伯。

那么，京城防守重任交给谁呢？于谦说出了一个名字，朝中大部分人表示不能理解："他也配？"

此人就是刚刚从阳和口战场逃回来，被人人喊打的石亨。

石亨，陕西布政司西安府渭南县（今渭南市临渭区）人。他身材魁梧，美髯及腰，可以看作穷人版的永乐。当然，朱棣不光是优秀的统帅，更是杰出的君主。石亨最多和朱高煦一样，是个标准的武夫。

石亨出身军户，过去十四年在北疆屡立战功，当上了都指挥同知，曾被誉为仅次于杨洪的勇将。后来他被调到大同，协助武进伯朱冕守城。

在阳和口一战中，瓦剌大败明军，宋瑛和朱冕战死殉国，石亨却很不光彩地逃回北京，因而被降为普通事官，一度还蹲过大牢。

于谦对石亨的能力相当认可，也知道阳和口惨败的主要责任人在于监军太监郭敬，与石亨关系不大，因此力主重用他。

"请陛下和诸公相信我，石将军是守卫京城的最佳人选。"既然于谦态度如此坚决，景泰也是顶着众多大臣的反对，任命石亨为总兵官，统领京军三大营。

打了败仗还能连升几级，石亨算是被大礼包给砸醒了。他对也先极为痛恨，对于谦的赏识非常感激，更对一雪前耻有着强烈的欲望。于谦又推荐辽东都指挥范广为副总兵官，协助石亨管理京营。石亨又推荐了毛福寿和高礼。景泰通通予以批准。

从此，石亨等人率领由各地援军重新拼凑的京营，加班加点地刻苦训练，更是特别重视对火炮火铳的掌握运用。

于谦熟读经史，当然知道安史之乱时，唐玄宗李隆基在长安沦陷前十天，就弃关中父老于不顾，仓皇逃往四川的故事。于是，他推荐在京城拥有很高声望的陈镒安抚京畿内居民，稳定他们的情绪，让大家认识到，朝廷高度重视百姓安全，不会不负责任的。

正统十四年（1449）八月二十五，于谦又推荐广东东莞河泊所水闸官罗通，镇守非常重要的居庸关。罗通是文官出身，永乐十年（1412）中进士，比于谦还早九年，但仕途一直不顺。作为读书人，罗通却有着极高的军事天赋，但为人狂妄并有贪腐行为。在非常时期，于谦不拘一格起用了他。

九月初，于谦奏请从京军中调两千人前往古北口，五千人前往紫荆关，加强当地的防卫。但于谦也清醒地知道，军兵并不是越多越好，而是人尽其才，要有一个好的将官统领。当镇守密云的指挥佥事王通要求增兵时，于谦不愿继续削弱京城兵力，就安排古北口军兵归王通节制，令后者相当满意。

大同作为京师西部屏障，战略地位独一无二。九月十五，于谦建议撤换总兵刘安，保举名将之后郭登取代他。而正是这个决定，让大同成了防守最稳固的要塞。

兵将到位了，还得有足够的粮草储备。

3. 调配物资。

在北宋东京保卫战中，李纲因为疏忽，使得牟驼冈的两万战马和无数草料被金军抢走，留下了致命祸害。熟读兵书、注重细节的于谦，特别注意对物资的保护。

同隋唐长安一样，明朝的北京需要通过漕运调配大量给养，通州充当了京师"物流中心"的作用。当时就有人建议，一旦也先打过来占领通州，大量的粮草就会被瓦剌所用，不如提早销毁，以绝后患。

要不要马上动手呢，于谦陷入了深思。可这时候，一个人的建议，让他恍然大悟。

当时，与于谦齐名的廉史、南直隶巡抚周忱正好在京城公干，还被景泰委任为工部尚书。十九年前，两人同时被宣德任命为巡抚，但他俩年龄差了十七岁。只不过，于谦去的是相对贫瘠的晋豫，周忱掌管的却是大明最为富庶的南直隶。

听说了通州这事之后，周忱说出了自己的想法："仓米数百万石，可充京军一岁饷，弃之可惜，不如令自取之。"

当时，大量外地军兵正陆续开往北京，让他们从通州进京城，顺便把粮草带上，不就完事了吗？

在请示了朱祁钰之后，于谦鼓励军兵先去通州取粮，并开出了奖励措施："运粮二十石纳京仓者，官给脚银一两。"运得多还有奖金，这事谁不愿意干啊。

于谦意识到火器是明军对付瓦剌的关键所在，要求南北两京兵仗局全力生产。他还命人前往土木堡，掩埋阵亡将士遗体并祭奠，安抚人心，并从宣府运回了大量在战场上收集的火炮和火铳。

士兵加紧训练，武器大量赶制，粮草陆续到位，北京城中的厌战、畏战和避战情绪也逐渐减弱，所有人都拭目以待，想看看新皇帝和新兵部尚书还能为北京城带来什么新的希望。

于谦这边忙得不亦乐乎，也先又在做什么呢？

二、攻克紫荆关，也先兵临北京城

常言道：兵贵神速。在中秋节就取得了土木堡大捷的也先，却迟迟未能向北京进军，给了景泰和于谦更多的准备时间。也让胜利的天平，最终向着明朝这边倾斜。

明北京城并非全部新建，可以说是对元大都城墙的翻修。

元大都城墙呈规则的长方形，周长大约五十七里（面积约 50 平方公里，大致相当于隋唐长安城的 3/5），全都用土夯筑而成，外表覆以苇帘。洪武元年（1368）八月，徐达北伐大军占领大都，元顺帝不战而逃。朱元璋将大都改为北平，设北平府和北平布政司。徐达将城墙南移了近六里，将十一门变成九门，面积大为缩小。

洪武十三年（1380），燕王朱棣就藩北平，府邸由昔日元隆福、兴盛二宫改建。二十二年之后，他占领南京，登基称帝，次年改年号为永乐。

永乐十四年（1416）十一月，永乐决定迁都，并开始修建新的京城和皇宫。为了节约开支，明朝北京城并没有"另起炉灶"，只是将元大都南边城墙又向南移了二里，并将外墙全部包砖加固。最终建成的京城（内城），周长为四十五里（面积仅35.6平方公里）。至于拥有永定门等七门的外城，是嘉靖时期才修建的。

明北京和元大都大部分区域是重合的，它们之间有着明显的传承关系。这其实也说明了：永乐的终极目标是大明能接收大元的庞大遗产，建立一个将蒙古草原和东北森林全部纳入版图的大帝国。

可惜，永乐的后代缺乏气魄与雄心，重新回到了汉人王朝退缩保守的老路上。土木堡的惨败，更给这个政权带来了深重灾难。但是——

对明朝人来说，这是他们的京师，是华夏文明荟萃之处，是三代皇帝埋骨之地，绝不容许侵略者践踏。

在瓦剌人眼中，这是他们的大都，是忽必烈统一华夏，称雄东亚的政治中心。如果打下北京，他们就不会辱没祖先的威名，甚至能和那些赫赫有名的英雄相提并论。

这场决定大明国运的战争，随时有可能打响。

正统十四年（1449）十月初三，也先大军再到大同，又祭出英宗叩关的大杀器。可城上守军的回答，又让他们无可奈何。

士兵是这么说的："赖天地祖宗之灵，国有君矣。"有新皇帝了，你也先手中的老皇帝不值钱了，省省吧。

也先知道大同守备森严，郭登是个狠人，不好下手。在喜宁的建议之下，大军直扑紫荆关。

紫荆关号称"畿内第一雄关"，与居庸关、拒马关合称"内三关"，是北京城的重要屏障。也先一开始依然试图让英宗叩关，但城内守军已经得到新皇帝的指示，对太上皇的叫门根本不予理睬，这让也先相当失望。

看到没有捷径可走，也先下令强攻，并使出了大杀器抛石机，试图直接砸坏关城。

都指挥韩清开城出战，很快就因战斗力差距壮烈牺牲。不得不说，这个选择并不明智。

右副都御史孙祥率余部苦苦支撑，用火铳、弓箭和滚木轮番招待，让也先大军一时没有了脾气。关键时刻，熟悉地形的汉奸喜宁又立下奇功。他亲自担任带路党，为瓦剌勘探出了多条山间小道。侵略者从这些小道绕过紫荆岭来到关城后面，对明军实行前后夹攻。

明军只有一万两千人，却顽强地坚持了四天之久。孙祥和他手下的将士们，都战斗到了最后一刻，为京师争取了更多的准备时间。

孙祥死得相当悲壮。但这位英雄的遗体却被草草火化。因为有人举报他弃关并逃跑，御史们还要追究他的责任。后来，孙祥的弟弟孙祺到京城为哥哥鸣冤。景泰才下诏，为孙祥恢复了名誉，总算让英雄可以安息了。

紫荆关一失，京城所有人都清楚，也先下一站会是哪里。

三、身先士卒，兵部尚书的惊人之举

每当时代巨变的大潮骤然来临，被吞噬的苍生何止千千万万。但因此成就的英雄，往往也能名垂青史，永远被后人铭记与膜拜。

夷陵之战下的东吴险境，成就了陆逊；

安史之乱带来的大唐厄运，成就了郭子仪；

而土木之变引发的北京危局，则给了于谦"挽狂澜于既倒，扶大厦于将倾"的机会。

这一年，于谦已五十二岁。过去四十年间，他都以文天祥为偶像，都渴望能为大明立马扬鞭。但他得到的机会相当有限。

按正常顺序，一个人想要指挥千军万马，先要从领导一个小队、一个卫所做起，循序渐进，稳步提高。而之前从来没上过战场的于谦，一下子就要指挥二十二万大军，一上来就要承担起京师存亡的责任，怎么看都不算理性。

授权给他的景泰，是不是太不谨慎，而慨然领命的于谦，是不是很不明智呢？

答案很快就能见分晓。

北京有三千一百年的建城史，八百年的建都史，在这里发生的大小战争有数百起。可提起"北京保卫战"，历代学者都不会搞错。那就是正统十四年（1449）十月，在北京城下爆发的那场决定大明命运的大决

战。

这也是自元顺帝八十一年前放弃大都之后，蒙古军队离北京最近的一次。这个机会，当然要拜英宗和王振所赐。而这场战争，深深打上了于谦的烙印。

十月初，景泰下诏，让各地藩王率领护卫军入京。这还是大明立国以来的头一遭，可见当时形势确实相当严峻。

到了这月初八，景泰又颁下诏书，令"于谦提督诸营，将士皆受节制。都指挥以下不用命者先斩以徇，然后奏闻"。也就是说，原本属于五军都督府的统兵权，现在也正式归属了于谦。

从此，于谦集统兵权与调兵权于一身，总督军务，事实上拥有了汉魏"大将军"的权力。在也先即将围城的非常时期，新皇帝这样的安排，确实需要很大的魄力。

幸好于谦不是曹操、司马懿那样的野心家，他做一切事情的出发点，都是为了捍卫大明江山，而不是图谋自己的私利。在关键时刻，孙太后、特别是景泰的用人不疑，也保证了北京各项防卫工作的顺利展开。

十月十一日，也先领军开到了北京城下，战争一触即发。

这是大明生死存亡的关键时刻。早已不年轻的于谦，生平第一次穿上了沉重的铠甲，挑起这个帝国最为重要的担子。

他的身边，是这个国家目前能集结的最优秀的将领。

论作战经验，石亨说自己第二，恐怕没人敢说第一。他说："胡虏来者不善，但他们长于野战，拙于攻城。以末将之见，不如将城外兵士全部退入城中，关闭九门，坚壁清野，贼兵不日自会退去。"

这话当然没毛病。既然明朝骑兵的精华——三大营在土木堡已经被彻底打废了，现在的这些兵士，根本不具备与瓦剌骑兵正面对抗的能力。北京城池墙高坚固，易守难攻，士兵守在城上，就可以对来犯之敌放箭开火，瓦剌的骑兵再厉害，难道还能打马跳到城墙上来？

很快，众将纷纷响应。其实，整整五十年前，当时还叫北平的北京城，就经历了一次重大危机。

当时还是燕王的朱棣发动靖难之役。朱允炆派出李景隆率领五十万大军（当然是号称）北伐。朱棣北上大宁借兵，让世子朱高炽率领一万士兵守卫北平。

朱高炽和军师姚广孝商量，干脆将九座城门全部封死，省得有人开门投降。然后就是靠着血战到底的决心，与十万攻城的官军苦苦周旋，硬是挺到了父亲的援兵到来，北平之围立解。

不过，石亨的意见并没有被采纳。于谦有自己的主见，他将想法说出来时，可把一屋子将领吓坏了——当真？你这是要赶着我们送死吗？

"全军开城迎战！"

看着这些目光迟疑的老粗，于谦侃侃而谈："胡虏新胜，气势正旺。我们坚守就是示弱，就会让鞑子更加嚣张。他们以为我们不敢出战，我们就打他个措手不及！"

随后，于谦做了部署：

安定门，都督陶瑾；

东直门，广宁伯刘安；

朝阳门，武进伯朱瑛；

西直门，都督孙镗；

正阳门，都指挥李端；

崇文门，都督刘得新；

宣武门，都指挥汤节；

阜成门，镇远侯顾兴祖。

众将纷纷领命，现场气氛也相当凝重。每个人都知道自己肩上的责任，但都为有这样的机会而感到荣幸。只剩下战略位置最重要的德胜门了。所有人不由自主地将目光投向一个人。在他们的心目中，这份荣誉也好，这种危险也罢，也只能由他来承担。

石亨也露出了自信的微笑，做出当仁不让的架势，等候主将念出自己的名字，准备在一屋子将领羡慕的眼神中，接过分量最重的一块令牌。

但于谦一张口，石亨就呆住了。他一定会想："这不可能吧。"

现场的军官个个面面相觑，怀疑自己听错了。他们不由自主地将目光投向这位略显瘦弱的白面书生。就在这里，就在眼前，他们看到了他冷峻目光中不达目的不罢休的气概，看到了他单薄身躯中隐藏的巨大能量，更看到了他身上一种置敌于死地而后生的可怕力量。

于谦不是在表演，不是为了出风头，而是立下了必死的决心。

此时的他，就像是一柄出鞘的利剑，能将一切障碍劈得粉碎。

"德胜门，兵部尚书于谦！"

堂堂的正二品高官，题诗做对才是他的专长。真的要亲自拿刀上战场砍人，要和武将争功吗？

大家还在愣神之时，于谦又开口了："战事一开，就必须死战。临阵将不顾军者，斩其将；军不顾将后退者，后队斩前队！"

看明白了吗，这就是连坐之法。虽说有些残酷，但战争就是你死我活，不是请客吃饭，特别是在这样决定国家存亡的关键时候。

向前一步是辉煌，向后一步是坟场！

后来的戚继光指挥戚家军，曾国藩训练湘军，都乐呵呵、美滋滋地抄作业，高度模仿了于谦的这种方法。

于谦拿出兵部尚书大印，交给身边的助手、兵部侍郎吴宁。他要和二十二万将士一道出门迎战，御敌于城门之外了。可是，这么玩命真的有必要吗？打仗也不是他的强项。

御驾亲征的英宗，不都把自己成功地活成笑话，并赢得一枚"大明战神"的"奖牌"了吗？

于谦一生以文天祥为偶像，也对岳飞相当崇拜，但就在两个月前，他也没想到会有这么一天，需要自己披挂上阵。

但事实上，过去四十年，他的一切努力，一切投入，一切付出，似乎就是为了这样百年难遇的大场面。

于谦是幸运的，他有能赏识自己能力、能充分授权的景泰皇帝；

众将士是幸运的，他们有了能激发自己狠劲、能站在最前方的统帅于谦；

而大明更是幸运的，它有了这群能创造战争奇迹、能改变历史走向的热血男儿。

那么接下来，于谦和他麾下的勇士们，将会经历哪些挑战呢？

第八章

赢下北京保卫战

一、也先使诈，明军不为所动

于谦这边做好了决战部署，而瓦剌也突破了紫荆关。正统十四年（1449）十月十一，也先大军穿越良乡，跨过卢沟桥，来到了北京西郊的彰义门。

大战一触即发。

彰义门不属于京城九门，而是金中都十二门之一，距阜成门不远。正统十四年（1449）时，当年的土城墙依然还在，附近也有一些民居。

金贞祐三年（1215）五月，蒙古军队占领中都并肆意抢掠，将这座名城变成了人间地狱。

五十年后，当元世祖忽必烈想在此建都时，却发现中都过于残破，不得已在其东北修建了全新的大都城。

这是八十一年前元顺帝逃离大都之后，蒙古骑兵首次来到北京城下。考虑到瓦剌和大明经济发展水平的巨大差异，这帮士兵远眺北京城的羡慕眼神，应该类似第一次站在大观园前的刘姥姥。

距彰义门不远处，副总兵高礼、毛福寿率领军兵扎下营垒。

也先进军北京，当然也不能说自己是侵略。他们打出的旗号，是护送正统皇帝还京。因此一路之上，瓦剌军兵还真欺骗了不少不明真相的大明百姓。他们真以为皇上"打猎"归来了，纷纷带上美酒瓜果前去进献。对于英宗在土木之变前后的种种"失职"行为，所有人似乎一点也不清楚，更不在乎。

百姓善良纯朴，这位战俘皇帝也热爱表演，要给自己立一个亲民的人设，甚至还要表现与瓦剌的友好关系，以继续误导民众。应也先的"邀请"，英宗还写了三封亲笔信，分别写给皇太后、景泰和朝中文武大臣，让袁彬带进京师。

这三封信的具体内容，后世已经无从知道。但以英宗过往叩关叫门的精彩表现来看，很可能是劝说北京城的守军放弃抵抗，迎接皇帝和瓦剌大军进城。当然，后来发生的事情，证明这三封信写了等于白写。

而一心希望能充当"草原诸葛亮"的喜宁，又给也先出了个主意。这位太师一听非常开心："好，好（损）啊！"

也先派偏将纳哈出和岳谦领着几十个士兵，去高礼和毛福寿处喊话，要他们带上礼物，来拜见太上皇。

纳哈出和岳谦两人开开心心地来到明军阵前，扯着嗓子喊了一通。之后发生的情景，一定会让他们终生难忘。

猛然间，暴雨一般密集的羽箭从明军阵营射了出来。猝不及防的瓦剌士兵纷纷倒地。岳谦被一箭穿心，很不体面地告别人间。纳哈出则幸运地逃过一劫，赶紧掉转马头逃窜。

得势不饶人的明军从营中杀了出来，杀向了毫无准备的对手。这一仗不光杀死了三百多瓦剌骑兵，还乘机夺回了被掳的上千名北京城外百姓。

高礼和毛福寿敢于这样"挑起事端"，不怕"扩大事态"，显然是得到了统帅的指令。瓦剌已经打到家门口，随时准备架云梯往城墙上爬了，若还要讲什么温良恭俭让，那就是太迂腐了。

而败了一阵没能取得开门红的也先，自然是不太开心，对喜宁的印象也打了折扣。但靠着英宗这张王牌，这位太师对未来的战事还是充满信心的。城里的二三十万居民中，有英宗的数十位妻妾，还有无数个由他提拔、受他恩惠或者和他关系密切的官员。这些人能眼睁睁看着太上皇被绑在阵前丢人现眼，搁在火炮射程之内充当人肉盾牌？

十月十二，也先也不玩虚的了。他直接把英宗押解到彰义门土城上，并找了些嗓门大、懂汉语的士兵，让他们向明营喊话：你们的太上皇就在这里，懂事的话，赶紧通知他兄弟，派重臣前来迎太上皇回去！

英宗往土城上这么一站，明军当然不敢放箭。

高礼和毛福寿在远处认出了太上皇，自然不敢怠慢，马上派人去城里报信。景泰获悉了事态的发展，立即召集群臣商议。

于谦已经到了城外驻扎，没法参加这么重要的会议。景泰当然也没法快速联络他，因此心里很不踏实。不过，众大臣讨论得相当热烈。有的说不能去，提防也先有什么诡计；有的说不能不去，担心瓦剌伤害太上皇；也有人提出，既然是瓦剌主动提出的，我们派个人过去看望太上皇，也可以趁机刺探瓦剌军情，这不是一举两得吗？

但到底派谁前去，显然是个非常棘手的问题。派个小官吧，显得对太上皇不够重视，让也先有挑衅的理由；派个重臣吧，去了很可能就回不来了，损失更大。

就在大家拿不出主意时，殿外有两人求见，毛遂自荐充当使者。

他俩一个是通政司参议王复，另一个是中书舍人赵荣，都是没有上朝资格的小官，却胆识不俗，特别珍惜这个可能扬名立万的机会。

景泰看着这两位热血臣子，当然非常欣慰。他当下拍板，任命王复为右通政，赵荣为太常少卿，都是正四品。

两人一下子连升数级，自然非常激动，向皇上叩头谢恩："臣就算肝脑涂地，也不辱使命！"大学士高谷也刷了一回存在感。他当场解下自己的二品犀带赠给赵荣，以肯定后者的勇气和担当。

要说这两位文官胆子真是不小，他们什么金银财宝都没带，就敢前往瓦剌大营，还敢向也先提要求："大明右通政王复、太常少卿赵荣见过太师，奉迎太上皇回京。"

也先当然听不懂汉语，但他为人比较单纯，还真以为来了两个高官，还想好好招待一下。可听喜宁一说，也先马上露出愤怒的表情，甚至想把两人拉出去杀了。

喜宁认得王复和赵荣，知道这就是俩充数的。他告诉也先，真正管用的，只有四个人。

也先站起身来，叽里咕噜地说了一大堆。喜宁用流利的汉语翻译道："这次不杀你们，不是你们不该死，而是要你们向大明皇帝复命。想接回太上皇，必须派胡濙、于谦、王直和石亨这样级别的重臣前来，还要备足金银，否则京城不保，生灵涂炭，你们担得起责任吗？"

看着喜宁这么嚣张，王复和赵荣恨不能当场跳起来揍他一顿。可这里又不是左顺门，他们打不死喜宁，反而会白白牺牲。两人想见太上皇，但也先根本不给机会。没有办法，他们只能心急火燎地赶回城里，向景泰复命。

喜宁点名的四位重臣，都是景泰特别倚赖的，他当然不会蠢到送给也先。但景泰觉得，如果多送金银可以和谈，是不是可以认真考虑下呢？毕竟打仗还要死很多人，京城已经伤不起了。看人家宋真宗靠送岁币，不也维持了宋辽一百多年的和平吗？凡是钱能解决的问题，都不算什么问题。

看到皇上流露出了讲和的意愿，王直坐不住了，立即派人去找于谦。

有些人，说得再多等于没说，等于白说，等于瞎说。

而另一些人，说一句顶一万句。于谦只说了一句话，就让景泰打消了和谈的念头，坚定了抵抗的决心。

而喜宁的诡计，也算是彻底落空了。他在也先心中的分量，从此也打了折扣。

于谦说的是："我只知道打仗，其他事情一概不敢问！"

很多事情，终究还得靠实力解决。得知于谦的态度之后，景泰知道和谈不可行，也就坚定了抵抗到底的信念。

但缺少训练的二线明军，真能挡住势头正旺的瓦剌铁骑吗？

二、德胜门外，给瓦剌上了重要一课

1984 年 9 月 20 日，中国第一条城市地铁环线贯通，这就是著名的北京二号线。值得强调的是，它基本上是沿着昔日的北京内城修建的。在十八个站点中，保留了北京九门中八门的名称，只有一个城门没有被命名。

北京城有"地球表面人类最伟大个体工程"的美誉，新中国成立之后却被拆除了。值得庆幸的是，那座没有得到地铁站命名的城门箭楼却幸运地完整保存了下来。如今，它已经成为北京城的著名地标和网红打卡胜地。

五百余年之前，它见证了于谦身披铠甲在城外迎战瓦剌铁骑的英姿；今天，它又见证了北京的迅速发展，万象更新。

如果条件允许，我希望这座城门未来可以改名为"忠肃门"，或者通俗一点，就叫"于谦门"，以纪念我们的主人公——我说的就是京城北城墙靠西的德胜门。

在明清两代，朝廷出兵打仗基本上都由德胜门出城，由安定门班师，分别取"旗开得胜"和"太平安定"之意。而在北京保卫战中，这两座城门更是被赋予了特殊的使命。

镜头切回正统十四年。于谦和石亨在德胜门外扎好大营，商量下一步的行动。

平日在城里待习惯了，只有来到城外，才能深切感受这座城池的宏伟壮观，以及自己将要承担的责任。当时，望远镜还没有制造出来，两人当然也看不清瓦剌军队的调动细节。但他们心里很清楚，未来的战斗一定是危机四伏、变数多多。

"石将军，安定门那边兵力薄弱，你带本部去支援吧。"于谦说这话时相当认真，不像开玩笑的样子。

石亨不觉一惊：没有我，谁来保护你这个尚书呢？"大人，你身边不能没有人啊。"

于谦笑了："放心，有范广和武兴在。"

石亨领命而去。今天的北京二号线全长二十三公里，四十分钟就能转一圈。而正统十四年（1449）的京师内城，周长大约四十五里，瓦剌骑兵一天能转三四圈，其实哪里都不敢大意。

不过，石亨的动向，很快就被瓦剌探子知道了。

也先听说大明兵部尚书亲自跑到城外扎营，不免非常吃惊；听说他又把最得力的大将调到一边去了，更是乐开了花：您老这是要当老年版朱祁镇吗，那本太师一定成全你。

不过，也先是一个极其注重亲情的人，并不想什么好事都留给自己。他的身边站着小弟孛罗。大老远跟自己跑到北京城下，是得让他有立功的机会。抓了于谦，不就能向脱脱不花要个大官当了吗？

也先把最精锐的一万骑兵交给弟弟，让他去立这个唾手可得的战功，并让平章卯那孩跟在身边照应。

孛罗扯开嗓子，对着弟兄们叽里呱啦说了一通，大意是抓住了明军的主帅于谦，他们的皇帝就得吓破胆、开城投降了。打下北京城，城里的好东西，能动的不能动的都随便拿，可比在土木堡时收获要多多了。

孛罗率军直扑目的地。上万名汉子打马一路奔袭，上万把弯刀在阳光下极其耀眼。很快，就有一小队明军骑兵拦了上来，想做试探性进攻。但汉人骑兵怎么可能是瓦剌兵的对手？只能绕过积水潭，向着德胜门城楼方向撤去。

追，还是不追？这对一些将军是艰难的选择。可在年轻的孛罗眼中，根本就没有困难两个字。

很快，高大巍峨的德胜门箭楼就映入眼帘了，瓦剌士兵们都非常开心，似乎看到城门上写着几个大字：钱多，速来。

孛罗历史学得不好，不清楚昔日永乐皇帝五次北征蒙古走的就是这道门。当然，三个月前英宗的土木堡之旅，也是从这里开始的。

不过，德胜门前并不是农田和荒地，而是一排排的民居。这奇怪吗？今天的北京城六区面积都达到 1381 平方公里了，还不是有数百万人住在远郊区和北三县，每天把大好时光浪费在通勤路上？当年的北京内城不过区区 35.6 平方公里，大量人口住在城外也很好理解了——生活成本低，还不是为了省钱嘛。

当然，在得知瓦剌入侵的消息后，城外的居民要么跑到外地，要么躲进城里，留下的只是一栋栋空宅。京城就在前面，数不清的金钱美女就在前面，立功受赏的机会就在眼前，还不跑快点儿？明军的主力已经被消灭在土木堡了，北京城里剩下的都是老弱病残，还有什么可怕的？

这片民居规划得很不合理，道路歪歪扭扭，甚至有点像迷宫，瓦剌骑兵的速度自然就慢了下来。卯那孩也看出不对劲了，他不失时机地提醒小将军孛罗："会不会有诈啊？"

"怕什么，南蛮子几十万精兵都让我们收拾了，他们还能有什么？"到底是年轻人，无所畏惧啊。

突然之间，原来毫无动静的一栋栋民房之中发出了连绵不断的巨响，不消片刻，空气中全是火药的味道。一个个瓦剌勇士，惨叫着从马上摔了下来。

房顶上、窗户边、门缝旁，冒出了大批手持火铳的明军，将黑洞洞的枪口对准了侵略者。

他们，正是大明才有的火器兵种——神机营。孛罗一看不妙，挥动马鞭招呼手下，并喊出了之前无数人喊过，之后也会有无数人继续喊的一句话："不好，有埋伏！"

说时迟那时快，只听"砰砰"两声，孛罗就满脸是血，一头栽到马下，永远爬不起来了。

原来明军还安排了狙击手，专打领军的。

可怜的孛罗，本想成为瓦剌第一个杀进北京城的英雄，没承想却成了第一个死在城外的高级将领。

卯那孩急忙勒住马头，想过来救出小将军。当然，狙击手们肯定要成全他。几声枪响之后，他就在另一个世界跟好伙伴孛罗相会了。

骑兵可以在平原上纵横驰骋，但在密集的民居之中却根本无法施展。明军的火器是不能无限连发，但完成了点火发射的士兵立即退后去装弹，而由身后的队友及时补上，因此密集的火力根本停不下来。

世界上最悲催的事情，是明知自己挨打，却找不到打你的人。相比远道而来的侵略者，明军更熟悉北京城外的地形。他们隐藏得巧妙，现身得及时，射击得专注，进退得合理。而瓦剌骑兵想放箭还击，却总是找不准目标。

大明原本拥有当时世界上最强大的火器部队，以及最先进的三叠战法。可在土木堡，上万神机营精锐还没来得及发挥天赋，就被瓦剌骑兵连锅端，损失那叫一个惨不忍睹。而在德胜门外埋伏的，有些是从土木堡逃回来的残兵，更多的是从外地调来的备操军和备倭军。

说白了，这是一支临时拼凑起来的军队。可是——

为了这一刻，他们已经埋伏了好几个时辰。也就是说，前一天晚上，这些勇士是在房顶上休息的。而当时的气温已经接近零摄氏度了。

为了这一天，他们已经训练了好几十天。土木堡的耻辱，这一天要加倍奉还。他们要为死去的同胞复仇，要让惊魂不定的京城百姓安心，更要为自己争气，为大明神机营正名。

为了这一仗，堂堂的兵部尚书于谦，不惜拿自己当诱饵。他故意放出让石亨去安定门增援的消息，就是要让瓦剌主力攻击德胜门；他将上千名火铳手埋伏在民房中，就是要给装备落后的瓦剌人以"降维打击"。

有些可惜的是，这一次也先没有来。不然就是毕其功于一役，瓦剌太师就和钓鱼城下的蒙古可汗蒙哥一个下场了。

两个主将一死，瓦剌骑兵更像没头的苍蝇一样四处逃窜，但神机营的攻击也显然有些力不从心了。毕竟以那个年代火枪的杀伤力，仅凭放冷枪，还真的没法将一万人全部歼灭。

那凭什么可以呢？于谦早已安排好了一切。

在范广率领之下，明军骑兵从德胜门下杀了过来，挥舞着雪亮的马刀冲向敌人。瓦剌军招架不住、惊魂未定之时，更大的麻烦来了。

号称去了安定门的石亨，又杀了个回马枪，与范广一起对瓦剌形成合围。

两个多月之前，正是在阳和口一战，也先给石亨留下了终生难忘的耻辱，甚至让后者长期生活在朝臣和国人的鄙视、讥讽与嘲笑之中。唯有于谦能慧眼识人，给了石亨再次领兵洗刷耻辱的机会。

冲在明军最前面的，是一个胡子堪比关公的大将，他的兵器并不是马刀，而是一柄大斧。显然，能把这么重的武器像马刀一样随意抡的，肯定是个猛人。敢这么不顾一切冲击的，肯定早把生死置之度外了。

石亨就以长胡子闻名，但他一把年纪了，当然玩不了大斧，能玩动的是他的侄子石彪。石彪一把战斧上下翻飞，所到之处，瓦剌士兵就跟韭菜一般倒下。真是愣的怕横的，横的怕不要命的。

在石彪的示范效应之下，明军个个奋勇争先，无惧危险。他们养足了精神，更铆足了力气，要一雪之前的耻辱；而他们的对手，却早已没有了心劲，更丧失了斗志，只想着赶紧逃命，却发现这实在是天大的奢望。伴随着一道道寒光，瓦剌士兵有被刀劈死的，有被流弹射死的，更有摔下马被活活踩死的，场面惨不忍睹。

厮杀渐渐停了下来，德胜门前堆满了瓦剌骑兵的尸体，鲜血一直流到了护城河，清理现场成为艰巨工作。一万瓦剌精兵就这样几乎被全歼，成功逃脱出去的仅有几百人。几个时辰之前，他们一个个还活蹦乱跳，还理想丰满，还充满了必胜信念；现在，他们中的绝大多数人，已经永远动弹不了了；他们以为能活捉大明兵部尚书，结果连人家的影子都没见到。

盘点一下，自从三十五年前的忽兰忽失温大捷之后，明军在与蒙古的大小战事中，还从来没有赢得这么干脆。而自打五十年前铁炫守住济南、挫败朱棣以来，还没有第二个文官，能展现出这样高超的作战指挥艺术。

刘基在鄱阳湖大战玩死陈友谅之前，已经参与了十多场战役；王阳明在鄱阳湖活捉宁王朱宸濠之前，先是打赢了多场剿匪战事。相比之下，于谦在当上兵部尚书之前，从来没有像样的练手机会，没有指挥过哪怕一场战事。

这简直就像一个年纪一大把却连五分钟广告片都没拍过的导演，一上来就要用十亿预算执导一部顶级商业大片，谁敢让他这么玩？更不可思议的是，这部电影不但成功了，还直接打破票房纪录，你就说气人不气人吧。

怪不得王阳明终身都以于谦为偶像，后者的成就实在是太不可思议了。但我们绝不能说，于谦在北京保卫战的成功，在于他的运气太好。

没有人能随随便便成功。我们普通人只能看到浮在水面上的冰山一角，却看不到水面之下的巨大冰山；我们只能看到成功人士在台前如何光鲜和潇洒，却不清楚他们在幕后付出了多大的心血与牺牲。

瓦剌在德胜门前输得这么惨，他们的主帅会有什么反应呢？

三、西直门下，背城而战缔造佳话

也先一直关注着德胜门的战事，一直关心着小弟的安危。他以为手下兄弟们能带回活的于谦，结果连死的孛罗也带不回来。

亲爱的弟弟啊，是当哥的害了你！我要为你报仇！

当然，也先也不是一味蛮干的主儿，何况已经输掉一阵了。经过侦察，他认为德胜门和安定门都有重兵把守，一时占不到什么便宜，何不找个薄弱环节突破呢。

也先这次的骑兵有近十万，而明军虽说集结了二十二万人，但九门平均一下，每处也只有两万多人。当然各门的重要性不同，分派的士兵也不会一样多。

有九个门就了不起了吗，元大都还有十一个门呢。只要撕开一个缺口，北京城还不得任由我们蒙古勇士蹂躏？

他发现了一个地方防守薄弱，好，就那里！

这个城门在历史上留下了浓墨重彩的一笔，它就是西直门。

守卫西直门的，是都督孙镗。他是军户出身，此时已经五十八岁了，但多年来一直表现平平，没有特别突出的军功。正统十三年（1448），他跟随都察院右佥都御史张楷前往浙江，平定了叶宗留叛乱。土木之变发生后，孙镗被朝廷召入京城。

和大多数军官一样，孙镗对于谦的城外驻扎命令没法理解，对这位从未上过战场的兵部尚书，也本能地表示怀疑：难不成是个老年版赵括？可人家有景泰颁赐的尚方宝剑，所有人当然都得忌惮几分。

都说瓦剌骑兵天下无敌，土木堡一战的神威更是被传得神乎其神。说孙镗一点也不害怕，肯定不是事实。作为久经沙场的老将军，他不得不做好最坏的打算。

瓦剌骑兵主力由也先和伯颜帖木儿亲自指挥，潮水般地向西直门城楼杀了过来。几万匹骏马扬起的灰尘遮蔽了蓝天，几万名士兵的呐喊让城下的明军压力山大。

孙镗披挂整齐，提着马刀冲在最前列，很快就砍倒了对方好几名武士，为手下将士做出了表率。在主将的激励之下，明军将士个个奋不顾身，无所畏惧。但显然，两边不只兵力相差悬殊，战斗力也不在一个层面上。孙镗眼看身边的弟兄纷纷倒下，而瓦剌人的攻势一浪高过一浪。孙镗感觉手中的兵器越来越沉重，视线也越来越模糊，毕竟是快六十岁的人，真的扛不住了！

孙镗带着亲兵且战且退，很快就退到了城墙根儿下，再想退真没地方了。这时候，大家就会发现于谦让军队"背城而战"的高明之处了：如果离城太远交战，机动性特别出色的蒙古骑兵就可以很快绕到明军身后，对他们实行包抄合围。过往元朝的很多经典战役，都是这么打出来的。

城上也有少量卫兵，但他们似乎个个都面无表情，对城下战友的安危根本不关心。孙镗一时着急，就把于谦的指令给忘记了。

他急令手下大喊："赶快打开城门，放我们进去！"得到的回答却差点令孙镗当场吐出一口老血。

一位军官站了出来，一本正经地回答说："孙将军，战事一旦开启，有进无退！只有打跑了鞑子，门才能打开！"

孙镗火了，这么见死不救，你们还是不是人啊？眼看都活不成了，还讲什么大道理。猛然间，他恢复了记忆，想起了于谦杀气腾腾的命令：战事一开，就须死战。临阵将不顾军者，斩其将；军不顾将后退者，后队斩前队！

天哪，怪不得不放你进去，人家留着脑袋还想吃饭，不想就这么被于谦砍了。

好在自己的手下还都算忠心，没有人打算斩他。而城上的军官也相当善良，不想把他的行为记录在案，汇报给于尚书！

要是一打开城门，两边领头的都得处斩，这玩笑当然开不起。

而现在，人家非但没害你，还给你指明了努力方向，真是恩人啊。

这位有水平的军官，其实是一位文官，由于赶上了这种百年难遇的大场面，也就有了载入史册的机会。

他叫程信，时任吏科给事中。

横竖都是一死，孙镗还有选择吗？他唯有重新挥起马刀，再度鼓起勇气，率领还活着的手下再次玩命冲锋，与瓦剌大军战在一起。

你还别说，经过这么一折腾，彻底断绝了后路，明军的战斗力反而提高了。既然抱着必死的信念，多杀一个是一个，多杀两个就是赚到了。

两边居然打得难解难分，有来有往，相当胶着。可见，人的潜力是无穷的，精神作用是有效的。

突然之间，城头之上传来了阵阵巨响，随后，瓦剌阵中就以此起彼伏的惨叫声来应和。原来，程信不光只会动嘴，还会动手。他布置好了数门火炮，对着远处的瓦剌军后队一通轰炸。更多手持火铳的士兵，也时不时向骑在马背上的敌人放冷枪。

而明军守在城墙根儿下，肯定不会为火炮所伤，被流弹击中的概率也不大。更重要的是，他们获得了局部的人数优势，可以以多打少，士气能不高、干劲能不足吗？胜利的天平也就开始慢慢倾斜了。

显然，程信不是普通的文官，他是带着任务来的。站在他身边的，还有都督王通和都御史杨善。

当年的永乐，为什么要组织三大营？他很清楚，蒙古骑兵的单兵作战能力，肯定是天底下最强的，明军骑兵确实挡不住。因此，永乐总结前人经验，天才地创造了三大营协同战术，并在忽兰忽失温战役中，把也先的爷爷马哈木当场打麻木了。

西直门下的背城之战，则采取了以炮护骑、以城护炮、炮骑结合的组合战术，能够最大限度扬长避短，发挥明军的人数和火力优势。阅读大量兵书的于谦，将这一战法成功运用到了实战之中。

于谦并没有出现在西直门箭楼，但作为全军的最高统帅，只有他才能力排众议，让二十二万大军开出城外；也只有他才能独辟蹊径，创造出背城而战、炮骑结合的作战之法，并且收到了非常理想的效果。

文官出身的程信，也表现出了很强的执行力，有力支援了城下明军。

不过，瓦剌的战斗力也实在惊人，即便被城上城下两头打击，他们的阵形也没有被冲乱，依然有反败为胜的机会。孙镗即便再勇猛，也是五十八岁的老人，体力很快就跟不上了，而与源源不断的瓦剌主力相比，明军人数本来就处于劣势，此时更是相当被动，苦苦支撑。

突然，伴随着一阵喊杀声，高礼、毛福寿率领的援军到了，双方又是一场混战。不过，孙镗还没来得及高兴，很快高礼就遭遇厄运，被一支流箭射死了。胜利的天平再次倒向了侵略者一方。而城头上的炮火此时已渐渐稀疏，估计是没炮弹了。

看对手的攻势一浪高过一浪，孙镗心里苦啊，难道明年的今天，就是我老人家的周年？

不过，老天是最好的导演，它一定会在最恰当的时机推出反转戏码。只听一声炮响，瓦剌阵后又是烟尘滚滚，大队明军杀了过来。冲在最前面的不是别人，正是在德胜门外以大斧砍出名气的石彪。

于谦一直密切注意着西直门的动态，并判断出也先的主力已经转到了那里。因此，他安排石亨叔侄再去增援。

对这叔侄俩来讲，德胜门外的战斗只能算个开胃小菜——也先没来嘛。这一次，他们终于和瓦剌主力遇上，可以"吃大餐"了。那还有什么好客气的？谁说汉人的骑兵不如蒙古，今天就让你们长长记性！

瓦剌骑兵已经连续鏖战了几个时辰，又饿又渴。而跟随石家叔侄的明军，却是一个个精力充沛，充满杀气。这真是趁你病要你命。

石彪的大斧依然生猛，砍瓜切菜般地将一个个敌兵斩于马下。石亨和他身边的明军也展现出了可怕的战斗力，让敌人的惨叫一直未曾停歇，令自己的马刀一直没有砍空。刚才还在城下狼狈应付的孙镗也陡然来了精神，率领手下弟兄奋力冲杀，让也先一伙儿腹背受敌，疲于招架，非常被动。

在阳和口，在鹞儿岭，在土木堡，瓦剌击溃明军之容易，简直就像在自家蒙古包喝奶茶。可仅仅过去了不到六十天，瓦剌还是原来那些精兵，明军不过只是二线部队，结果却完全不同了。

也先不相信，大明骑兵还敢和瓦剌硬拼；他更不相信，自己还能成为吃亏的一方。眼看地面上的尸体越来越多，翻盘的可能性越来越小，再这样下去，自己都有变成朱祁镇的危险了。随着也先的一声令下，瓦剌主动退却，向着西南方向逃去。

天色渐渐暗了下来，夕阳下的北京城楼显得格外庄严肃穆。明军阵中发出了雷鸣般的欢呼声。今天的胜利，对他们来说太重要，太不容易了。

石亨叔侄非常开心。之前所有的憋屈、愤懑和不甘，如今一扫而空。从这一天开始，爷儿俩就是无数北京百姓眼中的英雄，众多军人心目中的传奇。尽管未来还有很多变数，但他们已经有了足够的信心。

对孙镗来说，这一天的大起大落、大喜大悲，胜过了之前的五十八年。之前，他只能算个武夫，从这一天开始，他可以称自己为英雄。十二年之后，于谦已经不在人间，他依然可以凭借非凡的勇气，让自己的名字写进历史。

这是也先正式攻打北京的第一天，就损失了近两万士兵，以及一个亲弟弟，可谓代价惨重。不过，他不会轻易认输，以为时间还早，却根本不晓得，有些时候，起点就是终点，开始就是结束。

这一天，于谦并没有出现在战场最前沿。可他的辛苦，并不亚于在前面厮杀的将士。他的调度，更是赢得胜利的关键。不能不说，有些人就是军事天才，就是为大场面而生的。

事实上，于谦已经连续几天没有合眼，衣不解带，他的神经高度紧张，他的精力、体力已经严重透支。而他原本并不怎么健康的身体，自然也就更加糟糕了。但为了京城安危，为了百姓平安，于谦还能顾得上别的吗？

就在当晚，他和石亨等主要助手反复商量，制订出了更加大胆的计划。

而他的对手，势必要交更多的学费。

四、彰义门内，主动出击带来变化

到了十月十四日，明军与瓦剌较量的主战场，又转移到了中都土城的彰义门。这里距瓦剌大营已经不远了。

由此不难看出，在十三日连胜两阵之后，于谦不等也先攻城，就主动将战线前移，甚至将瓦剌前行的路径都给封锁了。

也先也很清楚，如果打不退这支主动上门挑战的明军，他的大营都得后撤，以后还能不能继续攻打北京城，都是个未知数了。

也先的指挥官一声令下，瓦剌先锋军冲了过来。早已准备停当的明军火枪队，端起火铳一齐发射，空气中很快弥漫起了厚重的烟火味，一个个瓦剌骑兵从马上栽了下来。他们纷纷张弓搭箭试图还击，但效果显然不好。

也先大怒，严令后退者斩，希望用不断的冲击突破火枪阵。然而对面的火铳似乎能够无限发射，根本停不下来。对啦，明军早就发明了世界上最早的三叠战法，可以形成密集的火力网，压制蒙古人的落后武器。

北京的冬天天气很冷，白天最高温度也只有几摄氏度。但幸运的是，这个时节很少下雨，否则对火铳发射的影响是致命的。

以今天的眼光看，当年的火铳肯定相当原始，连扳机都没有，必须由士兵自行点火发射。但如果运用得当，还是会让瓦剌士兵感到绝望。

枪声渐渐稀疏下来，瓦剌士兵猛然来了精神，拼命向前。明军的火枪手闪出空当，强弓硬弩又派上了用场，噼里啪啦又是一顿操作猛如虎，让一个个敌人惨叫着从马上摔下。

眼看机会差不多了，副总兵武兴一声怒喝："杀！"早已经休养多时的明军骑兵举着马刀冲向敌阵，杀向被折腾了大半天的敌人。要说武兴这阵法真是讲究，层次感分明，是不是于谦全程策划的不好考证，但武兴事前肯定向主帅请示过，也得到过指点。

数万士兵在废弃的彰义门边杀得不可开交，兵器的碰撞声传出去好远。明军渐渐占了上风，将瓦剌主力逼得且战且退。眼看又是一场胜利，可谁知道，出事了。

武兴军中还有数百名太监。这些人原本是充当后备队，万不得已时才出战的。但现在看明军占了便宜，自己再不出来抢功就没机会了。这不，他们根本不与武兴商量，就打马冲向前去。

事实证明，这些太监不是来帮忙，而是来添乱的。他们与瓦剌骑兵一交手，很快就溃败下来，还连累得明军阵形大乱。

随后，更大的悲剧上演了。武兴居然被流箭射死。没有了主帅的明军只能向土城撤退。瓦剌军在后面紧紧追赶。看来，事不过三，也先也应该找回面子了。

危急之时，都御史王竑与毛福寿率军赶到了，王敬、王勇一看，猛然来了精神，率领残部努力冲锋。但是，他们终究寡不敌众，不得不边打边撤，一直退到了民居很多的土城之内。

人不能两次踏入同一条河流。但愚蠢的瓦剌士兵，却再度遇到了德胜门前的尴尬。重重叠叠的民房，狭窄悠长的街巷，最适合做什么，久经沙场的将领能没点数吗？也先猛然想起昨天弟弟的遭遇，禁不住大喊："快撤！"当然，他说的是蒙古语。

可惜这一嗓子把麻烦喊来了。屋顶上一片骚动，出现了很多壮实汉子。这些人并非明军，而是当地住户。虽说朝廷早就要求所有居民撤进城里，可有些人还是留了下来。

他们没有火铳，没有弓箭，没有长刀，但有自制的原始武器——大石、条砖和滚木。汉子们居高临下，照准瓦剌骑兵一顿猛掷。猝不及防的侵略者，有的当场被砸得脑袋开花，更多的纷纷坠马，拼命躲闪，狼狈不堪。而原本处于劣势的明军猛然间也士气大振，挥动马刀玩命向前冲。

瓦剌军慢慢招架不住了，明军的攻势却更加猛烈。眼见彰义门内又丢下了数百具尸体，也先颇有一种力不从心的感觉，只能长叹一声，下令撤军，向大营方向逃去。明军也见好就收，并没有追赶。

俗话说，一鼓作气，再而衰，三而竭。瓦剌铁骑大老远地跑过来，在北京城下打了三场仗，却把自己打得离北京城越来越远。可悲，可恨，可耻啊！

回到营地的也先愤愤不平之余，突然想到了一个新的战略。

五、半夜开炮，为侵略者送行

也先率主力围攻大明京城时，还派阿剌知院围攻居庸关。

居庸关是长城上最重要的一道关口，号称北国锁钥，"百夫镇守，万夫莫窥"，最早建于秦朝。相传，秦始皇曾派遣囚犯和强制征调来的老百姓筑造此关，"徙居庸徒"，因此名叫居庸关。洪武元年（1368），徐达占领北平之后，曾对居庸关进行了大规模修葺。

于谦执掌兵部之后，安排罗通镇守居庸关。罗通作为文官，却对作战指挥确实颇有心得。他曾在安南大败黎利军，又随兵部尚书王骥在陕西整饬军务，后因贪污一度入狱。正是于谦的大力推荐，罗通才得以出任兵部员外郎，并守卫居庸关。

此时的罗通已经六十岁，多次参与战事，却只是个正五品；而他的顶头上司于谦，不过五十二岁，从来没上过战场，居然成了北京保卫战的总指挥，你说罗通能服气吗？能不搞点事出来吗，能不跳出来刷存在感吗？

不过在自己的岗位上，罗通倒是非常尽职。

也先主力未能开到北京城墙下，没有机会架云梯爬城楼、填平护城河、发射投石机，留下了相当不光彩的记录。但攻打居庸关的瓦剌军，却可以把云梯架到关城往上爬。双方展开了殊死肉搏战，在城下丢弃了数百具尸体。

阿剌知院仗着自己人多，也不是特别着急，就下令收兵回营。就算一比一地兑子，他们也会笑到最后。可等到第二天早上再来时，阿剌却笑不出来了。

当瓦剌士兵站在关前时，很多人不由自主地惊叫起来。冬日的阳光并不灼热，但眼前的白茫茫一片把他们看呆了。不知道怎么回事，城砖升级成了冰砖，关城被装饰成了冰城！这下好了，云梯架上去就"刺溜"一下倒了，这仗还怎么打？

原来，就在前一晚上，罗通安排士兵在城墙上拼命浇水，借助晚上的超低温，很快就炮制出了一道冰城。没办法，阿剌只有向长生天祈祷，希望天气赶紧温暖起来。

可惜，老天也不想成全他。一天比一天寒冷，阿剌也一天比一天闹心。外面下起了雪，他的心简直在流血——太无助了。坚持了七天之后，阿剌不得不撤军。而厚道的罗通也很上道地"开枪，为你送行"，热情地送出去了几十里，令瓦剌又损失了数百兵士。

其实，罗通这招也不新鲜，他不过是在抄作业。整整五十年前的十月，当李景隆率军围攻北平时，朱高炽就曾在城墙上连夜浇水，将偌大的城池变成了一座冰城，让人数占据绝对优势的官军望冰兴叹。

由于也先太不配合，于谦根本没有致敬朱高炽的机会。

十月十三，瓦剌骑兵第一次攻到北京城下，谁也不会想到，这居然也是他们最后一次跑这么远。

十月十四，于谦已经不想一味固守，而是安排一支军马主动上门，把也先从彰义门赶跑了。

十月十五，双方心照不宣地都没有出兵，似乎都想下一盘更大的棋。

就在这一天，景泰晋封于谦为少保，从一品，依然担任兵部尚书，并总督军务。

而几个月前还关在监狱的石亨，也擢升为武清侯。显然，若是没有于谦的慧眼识人，他可能还得继续吃牢饭，真是一个天上一个地下。

按理说，石亨应该对于谦感恩戴德、一路效忠了吧，但后来发生的事情，实在让我们大跌眼镜。

对于景泰的加封，于谦明确表示受之有愧，他郑重上疏请辞少保职衔：

> 臣猥以浅薄致位六卿，任重才疏，已出望外。今虏寇未靖，兵事未宁，当圣主忧勤之时，人臣效死之日。岂以犬马微劳，遽膺保傅重任，所有恩命未敢祗受。如蒙怜悯，仍臣旧职，提督军务，以图补报，庶协舆论。

景泰回绝了于谦的辞请，认为他的少保一职当之无愧。后世尊称于谦为"于少保"，正是源于此。值得强调的是，南宋名将岳飞也曾加封少保。而两个人的命运，也是那样的相似。

也先是个心高气傲的人，但他和陈友谅不同，不会蛮干到底，不断加注，让自己没有退路。

这位太师也太难了。这么多年，不是打仗，就是在打仗的路上。在土木堡，他没想到能赢得这么轻松；在北京城下，他没想到会打得这么艰难。长生天啊，你慷慨地把这伙计捧上了半空，又无情地让他头朝下摔了个正着。

草原上的汉子有三怕：喝不到最烈的美酒，遇不到最强的对手，追不上最美的姑娘。也先之前也一直相信这些，直到他遇到于谦，才明白最强的对手，还是一辈子遇不到最好。

瓦剌没有出营作战，是要憋什么大招吗？

说来也许没多少人相信：他们在打包整理东西，准备半夜开溜，向紫荆关方向撤退。

也先已经收到情报，围攻居庸关的战斗已经失利了，各地的勤王兵马都在陆续向京城会集，士气旺盛，人数远远超过了瓦剌，甚至有将他们一举围歼的可能。

此时不撤，后果将是极其惨重的！

此时，一个千古之谜出现了。有人认为，也先已经提前将英宗转移出去了；也有人认为，他并没有这么做。

也先是一个很注重情报工作的人，他知道如果明军趁自己搬家的时候劫营，那后果是相当惨重的。想当年，鞑靼太师阿鲁台就这么被永乐摆了一道，让瓦剌人笑话了几十年。

也先发布命令，让大家伙儿在营内休整，然后听他安排撤退，不要惊动明军。一切似乎都相当和谐。但喜欢看剧情反转的同学一定能猜到，这时候要不出点事，那故事就太平淡了。

猛然间，刺耳的爆炸声打破了死一样的沉寂，无数发炮弹带着呼啸声，落在了也先大营。一座座被击中的帐篷瞬间燃烧起来，并很快倒塌下去；一个个瓦剌士兵满脸是血地到处乱跑，试图寻找坐骑逃命；一匹匹受伤又受惊的烈马，在大营里撒欢蹦跶。局面完全失控了，再说什么组织反抗已完全不现实——这是瓦剌人根本挡不住的大炮。他们唯一正确的选择，就是迅速逃命。

于谦发动彰义门之战，将营寨前移，就是为了趁夜色把火炮拉过来，摆放到可以轰击瓦剌大营的地方。而也先打输这一阵之后，非但士气低落，还让自己的营地进入了明军火炮的射程之内，后果之严重真是难以估量。

精良的火器，是明军相比瓦剌的最大优势。可惜，英宗在土木堡根本不会用，被装备原始的瓦剌包了饺子。

而于谦，却将火器的威力运用到了极致，这场"非常三加一"，每一次都充分运用了火炮与火铳的威力，并且特别注重各兵种的配合，以期达到1+1>2的效果。

联想到日后于谦的悲剧，一些人当然会说，于谦明明知道太上皇还在敌营，就敢开炮，这不是死罪又是什么？

而于冕在《先肃敏公行状》中写道：

> 对垒凡七日，是为十月既望，谍知虏中移英庙车驾离其垒渐远，乃炮击其垒，虏死炮下者万计，也先大沮，宵逃遁，仍奉驾以北。

于冕认为，于谦是通过谍报知道了英宗已经被转移走，才下令炮轰瓦剌大营的。这种说法是否属实，还需要更多的考证。尽管笔者不认同于冕的很多观点，但这一次，我选择相信他。

也先连夜狼狈逃走。而宣府总兵杨洪率两万军兵赶到京城支援。于谦遂命他和范广、孙镗"欢送"也先，跟在后面一路猛揍。虽说消灭的敌军不多，但夺回的被掳百姓和牲口超过了万余。

也先为了解气，一路跑还一路打劫。他还特意派兵去天寿山，将长陵、献陵和景陵的地面建筑抢掠焚毁，尽显恶棍本色。

十一月初八，瓦剌主力退出了长城，北京之围宣布解除。

取得了北京保卫战这样辉煌的胜利，于谦的人气和影响力也达到了空前高度。按理说他应该多喝几杯，多赋诗几首。在《出塞》中，于谦充满豪情地写道：

> 健儿马上吹胡笳，旌旗五色如云霞。
>
> 紫髯将军挂金印，意气平吞瓦剌家。
>
> 瓦剌穷胡真犬豕，敢向边疆挠赤子。
>
> 狼贪鼠窃去复来，不解偷生求速死。
>
> 将军出塞整戎行，十万戈矛映雪霜。
>
> 左将才看收部落，前军又报缚戎王。
>
> 羽书捷奏上神州，喜动天颜宠数优。
>
> 不愿千金万户侯，凯歌但愿早回头。

而作为这场战争事实上的统帅，于谦做出的突出贡献，付出的巨大牺牲，谁也无法否认和抹杀，永远值得国人怀念与景仰。

六、正统十四年，大明王朝度过最大危局

正统十四年（1449）是农历己巳年，也是大明历史上至关重要甚至

是生死攸关的一年，不少历史学家都将这一年作为明朝由强盛转入衰落的分水岭。

为什么呢？只因这一年发生了让后世无数史学家心痛的"土木之变"，大明最精锐的二十万兵马几乎全军覆没，五十多位文武高官命丧战场。这一年也诞生了一位三千年中国史上极其罕见的"大明军神"兼"叫门天子"！

但同样也是在这一年，就在危如累卵的战局之下，惶惶不安的民意之中，于谦挺身而出，力主抗战，力挽狂澜，让自己的名字，跻身中国历史上最伟大的英雄之列。"北京保卫战"的殊荣，只属于这一场战争，属于这一个英雄。

说于谦以一己之力拯救了大明帝国，也许有些夸大其词；但说他是大明的捍卫者，应该没有任何问题。

正统十四年的于谦已五十二岁，在当时已经接近老年了。在八月之前，他还只是个兵部右侍郎，还远远称不上"股肱之臣"。可就在年底，他成了无数人景仰的"救时宰相"，成为名垂青史的英雄人物。

国家昏乱有忠臣。没有"土木之变"给大明王朝带来的灾难后果，没有朝中重臣损失大半，在京城没有多少根基，也不善于经营人脉的于谦，不可能脱颖而出，成为最受人尊敬的守城英雄。

一直以文天祥为偶像、以封侯拜相为努力方向的于谦，当然不希望以这样的方式登上高位。他宁愿自己平平淡淡度过一生，也不想国家遭遇这样的大难。但当江山社稷出现重大危机，当必须有人挺身而出时，他也就责无旁贷了。

如果没有于谦，经历"土木之变"的大明政权，会出现什么样的结局？我们不妨分析一下。

一、丢失京城，国土面积急剧缩小，政权灭亡，元朝重新开启对整个中国的统治。这个概率无限接近于零。显然，也先完全不具备成吉思汗和忽必烈的政治智慧，瓦剌军队与巅峰时代的蒙古铁骑差了好几条街，也远不如后来的清朝，想灭亡明朝完全没有可能。

二、参照北宋靖康之变，朝廷南迁，京城沦陷，长江以北被蒙古重新占领，南宋与金的对峙场景重现，北方领土从此再也无法收回。这个概率差不多有百分之五十。"土木之变"以后，放眼朝廷，根本找不出第二个能够力挽狂澜的英雄人物了。如果于谦不出头，南明政权很可能会提前两百年诞生。

三、参照盛唐安史之乱，京城丢失，国土沦陷，生灵涂炭，民族危机。明政权通过几年甚至十几年努力，最终收复北京和北方领土。但国家经济蒙受的损失不可估量，无法再回到从前的盛世。这个概率为百分之三十。

四、通过一场艰苦的守城战，明朝保住北京，赶走瓦剌。但京城将会受到极大破坏，这个概率为百分之二十。显然，只有于谦，才敢放弃死守城池的套路，敢将大军开到城外，以"背城而战"的战术打败瓦剌，让他们连城墙的边都没有摸到，就不得不仓皇退兵。

有谁没谁，地球当然是照转不误。英雄史观肯定是不正确的，英雄的所作所为，也必须符合人类历史发展的大趋势。但有没有某些英雄，历史确实会变得大为不同。

没有项羽，秦朝的统治注定还会延续很久；

没有韩信，诸侯分裂的局面就会持续很长时间；

没有谢安，东晋就难逃亡国的命运；

而没有于谦，大明王朝的发展轨迹，就完全是另一种样子了。

正统十四年（1449）时的大明政权，立国仅仅八十一年，刚刚度过了永乐盛世与仁宣之治，显然还处于上升时期，国力强盛，却因英宗及王振的智障式操作，遭遇了国耻级别的"土木之变"，三个月后京师被围，形势堪比潼关之战后的盛唐、野狐岭大战后的金朝。

我们可以类比一下这两次危机。

天宝十四载（755），明明还处在盛世的大唐，却很快面临被彻底颠覆的风险。由于唐玄宗李隆基的长期纵容，掌握重兵的安禄山在范阳（今北京）造反。次年，还是由于李隆基的错误干预，唐军出关迎战，耻辱地丢掉潼关天险。这位皇帝丢下百万长安父老逃往成都。虽说肃宗李亨父子在回鹘帮助下最终平息了安史之乱，但唐朝已经元气大伤，不可逆转地走向了严重衰落。

金卫绍王大安三年（1211），金朝还处在强盛时期，而蒙古则刚告别原始部落。在长城外的野狐岭，金朝以四十万大军迎战成吉思汗的十万铁骑，结果遭遇到了可耻的崩盘，损失过半，并引发了国内政变。宣宗贞祐三年（1215），金廷放弃中都（今北京）逃往南京，从此一蹶不振，二十年后彻底灭亡。

明朝没有重现唐朝和金朝的急剧衰落惨剧，还能维持稳定统治近两百年，只因有了北京保卫战的胜利，多亏有了于谦。这个之前从未上过战场的书生，受命于危难之时，担负起千钧重担，承受着无法想象的压力，却赢得漂亮，赢得彻底。

北京保卫战仅仅进行了五天，较大战役只是两天内的三场，论时间长度和惨烈程度，都远远比不上靖康元年（1126）的北宋东京保卫战。但后者的失败，造成了中国历史上著名的"靖康之耻"，并直接导致了北宋亡国，徽、钦二帝成为俘虏；而前者的成功，却严重打击了瓦剌的扩张势头，为其最终解体埋下了伏笔。

对比一下"东京之围"，就知道这场北京保卫战的伟大意义。

宋徽宗赵佶继位时的北宋，完全看不到亡国之相，反而是人口持续增加，农业与手工业持续发展，以东京为代表的商业城镇持续繁荣，甚至有学者认为，当时中国人口已经突破了一亿大关。但因为徽宗的"神操作"，破坏了同辽国维持了一百二十年的和约，与后起的虎狼政权金国签订"海上之盟"，试图收回燕云十六州，结果导致金军的大举入侵。

当时北宋的综合国力，并不比英宗时代的明朝差多少；建国仅十余年的金国，只是略胜刚刚统一蒙古的瓦剌政权。和也先一样，金太宗完颜晟起初只想劫掠中原财物和人口，并没有灭亡北宋的野心。但徽、钦二帝的软弱无能和狂秀下限，让金国看到了可乘之机；宋朝用兵战略的连连失误，终于酿成了"靖康之耻"的灾难性局面，中原疆土全部丧失。

开封是一座和金国完全不搭边的古都，金国的进攻属于长途奔袭，甚至有被断后路的危险；但明朝的北京城，正是元大都的继承与延续，距离关外不足百里。更何况，瓦剌入侵北京，还可以打出光复大都、重建大元的旗号，忽悠一些意志薄弱的变节者。

北宋有李纲，有宗泽，有种师道，依然不能改变京城被攻破，徽、钦二帝被俘虏，数万百姓被凌辱的悲惨命运。"靖康耻，犹未雪；臣子恨，何时灭"，给中原百姓留下了难以磨灭的巨大创伤。

而瓦剌数万铁骑浩浩荡荡开到北京城下，指望能恢复大元荣光，却连驾云梯向上爬的机会都没有，在人类攻城史上留下了一个可笑纪录，只因他们遇到了一个克星，他的名字叫于谦。

人的潜力是无穷的，意志的力量难以估量。当大多数人乱了阵脚，当悲观情绪弥漫整个京城之时，于谦挺身而出，以自己的坚持、睿智和血性，冷静指挥、沉着部署，知人善任，书写了中国战争史上的伟大奇迹。

他让二十二万人出城防御敌人，不是头脑发热，更不是拿国家命运来做赌注，而是他相信，唯有这样，才能既最大限度激发士兵潜能，又能最大限度利用明军的装备优势。

于谦相信精神的力量，相信意志的奇迹，相信血性的可贵，但他也知道，最终决定战争胜败的，还是战术的高下、武器的优劣、阵形的好坏。

于谦倡导的"背城面战，炮骑结合"战术，无疑最能发挥明军的火器优势，给对手以有效的杀伤。德胜门、西直门和彰义门三场战役，他并没有冲杀在最前面。但谁也无法否认，他就是明军的决策灵魂，是赢得胜利的最大功臣。

百余年后的戚继光和袁崇焕，也都不断致敬于谦这种战术。

正是依靠于谦的运筹帷幄，明军将自身优势充分发挥，将瓦剌铁骑全面压制，自始至终占据着主动权，不给对手翻盘的机会。

有人甚至说，仅凭一场北京保卫战的丰功伟绩，于谦一介书生，就能跻身中国古代名将之列了。

而在他的背后，景泰的充分信任、充分放手，也对战局起到了重要作用。具体的作战指挥，还要多亏石亨、孙镗和罗通等将官的精彩发挥。

每一位参战的大明普通士兵，都为这场战争倾尽了全力。

他们要坚守的，不单单是一座北京城，不仅仅是这三十五平方公里，更是整个中原大地，万里江山；他们要捍卫的，不单单是北京城的皇族与官员，不仅仅是高高在上的精英权贵，更是千千万万的普通百姓；他们要维护的，不单单是大明的道统，不单单是这个存在了八十一年的政权，更是华夏民族的礼乐制度、天理人伦。

而于谦，正是他们中最杰出的代表。接下来，朝廷是要给于谦庆功了吗？

第九章

迎回英宗引争议

一、有功被谤，感受人心难测

在北京保卫战中，作为核心指挥官的于谦立下了不世之功，声望急剧提高，被誉为"宋李纲所不能及"。但他绝对没有忘乎所以，一直保持着清醒的头脑，知道未来的危机和变数依然还有很多。阻力与挑战可能来自外部，也可能出于朝中。因此，于谦不能不以退为进，表现出淡泊名利的立场。

正统十四年（1449）十月二十八日，于谦特意向景泰上了一篇《辞恩命疏》，恳请辞去少保和总督军务头衔，只做兵部尚书。由一名文官全盘负责军务，确实打破了洪武立国以来的祖制，是非常时期的特殊举措。如今北京之危已解，各方面秩序已恢复正常，于谦如果再将统兵权与调兵权抓在手里，无疑给了言官弹劾的口实，也让更多人对新皇帝心生不满。于谦的请辞动机，无疑是相当真诚的：

臣闻赏罚以示公论，爵禄以待有功，此古今之通义也。比者，也先入寇，逼我京畿，钦命臣总督军务，同武清侯石亨剿贼。赖宗社有灵，皇上洪福，军士同心，奋勇杀退。臣本书生，素不知兵，既无骑射之能，又乏运筹之略，因人成事，岂曰有功。叨蒙圣恩，升臣少保，臣自揆浅薄，上章恳辞，恩命下临，未俞所请，臣以此时兵事未曾宁息，臣身犹在营垒，勉受职命，未敢再辞。

今贼已远遁，人心向安，虽有残孽流劫为非，见行发兵追剿，指日殄灭，臣既乏功能，难居重任，况师保之职，上以辅佐天子，下以表仪庶官，必才德兼优、声望素著者，然后足以当之，岂臣后生晚辈、肤陋鄙薄之人所能负荷。臣冒昧荣宠，不自揣度，其如士大夫清议何？其如天下后世公论何？

臣又以为国家之治乱，系乎用人之当否，用人之不当则众心不服，众心不服则治功无由而成，祸乱无由而弭矣。伏望圣恩怜悯，准臣所请，乞回少保总督之命，仍臣尚书旧职，管理部事，誓竭庸驽以图补报，若有违慢，罪甘万死，庶几上无负于国恩，下以惬乎舆论。臣不胜战栗，俟命之至。

但景泰也是相当有主见的人，他坚决不予批准。于谦也只好作罢，他唯有以更饱满的热情，来回报皇帝的信任和军民的期待。

赶跑瓦剌之后，北京城内处处弥漫着欢庆的气氛，似乎忘记了也先依然有条件再度入侵。宣府总兵杨洪及其子杨俊，居庸关守将罗通，都被召回了京师。而原本应该驻外守边的都督顾兴祖等人，也待在北京迟迟不肯出发。显然，还是京城生活条件更优越、应酬活动更多嘛。于谦看在眼里，急在心头。

十月十五日，于谦向景泰上疏呼吁："宣府者，京师之藩篱；居庸者，京师之门户。未有藩篱门户不固，而能免盗贼之侵损也。"

景泰遂召集五军都督府、六部、六科和十三道大臣一起商议。兵科给事中叶盛力挺于谦的观点，慷慨陈词："就往事而言，如果独石、马营不弃，上皇怎可能有土木之变；如果紫荆、白羊两关不破，胡骑怎么可能杀到京师城下？"

景泰从善如流，随即安排左都督朱谦、都督同知纪广和杨俊前往宣府，右佥都御史王竑、都指挥同知夏忠镇守居庸关。河间、保定和真定三府，也都派出文武官员值守，不给也先可乘之机。

为了保证京营士兵的训练时间，于谦奏请免去京师各营总兵、把总的早朝，让他们可以一早就去校场指导手下。鉴于三大营已经有了二十余万官兵，京城校场仅有两个，训练难以展开，于谦和石亨还挑选了"游兵""哨马""敢勇"各一万人，让他们前往东直门、西直门和阜成门外的空地整理出场地，并安排经验丰富的武官指导操练。

更让后人觉得不可思议的是，身为从一品高官的于谦，每天还要穿梭于各个校场，亲自监督各营军官的操练，让他们不敢懈怠。

按说，于谦有这样的功勋，依然如此谦虚谨慎，不辞辛苦，够低调了吧？很多人偏要鸡蛋里挑骨头。真是"人红是非多"。

侍讲学士刘定之，只是个从五品，居然敢弹劾从一品的于谦。这算"不畏权贵"或者"仗义执言"吗？当然不是！说他"胡搅蛮缠"还差不多。

刘定之引经据典，说季汉靠诸葛亮光复中原，南宋靠张俊抗金北伐，但诸葛亮因马谡失了街亭，就辞了丞相一职；张俊在符离未胜，就自解都督职。赏罚分明，将士才会奋勇。然后，他笔锋一转，开始攻击于谦：

> 昨德胜门下之战，未闻摧毁强寇，但迭为胜负，互杀伤而已。虽不足罚，亦不足赏，乃石亨则自伯进侯，于谦则自二品进一品。天下未闻其功，但见其赏，岂不怠忠臣义士之心乎？

这位刘学士真是站着说话不腰疼，把德胜门外的大胜，说成是互相杀伤，不足为赏。他如此大胆，背后也许有高官撑腰，或者是在为真正的勋贵充当枪手。景泰看了，当然是一笑了之。"不招人妒是庸才"，于谦当然犯不着和这类角色计较。

但有一个人的上疏，还是让于谦非常失望，甚至不得不为自己抗辩。

此人不是别人，就是不久前他刚刚提携过的"老干部"罗通。

罗通在居庸关一战表现出色，可以说很好地配合了北京保卫战。之后，他也被擢升为右副都御史，兼更都察院务。

罗通并不感激于谦的知遇之恩，觉得这一切都是自己应得的。而且他比于谦大八岁，中进士早九年，如今却远远落在于谦后面，羡慕妒忌恨是在所难免的：

> 诸边报警，率由守将畏征调，饰诈以惑朝廷，遇贼数十辄称杀败数千。向者德胜等门外不知斩馘几何，而获官者至六万六千余人。辇下且然，何况塞外。且韩信起自行伍，穰苴拔于寒微，宜博搜将士中如信、苴者，与议军事。若今腰玉珥貂，皆苟全性命保爵禄之人，憎贤忌才，能言而不能行，未足与议也。

这真是急红眼了，捏造事实也要诽谤自己的恩人。于谦有些伤感，他上疏辩解道：

> 概责边报不实，果有警，不奏必致误事。德胜门外官军升级，惟武清侯石亨功次册当先者万九千八百余人，及阵亡三千余人而已，安所得六万之多？通以为滥，宜将臣及亨等升爵削夺。有如韩信、穰苴者，乞即命指荐，并罢臣营务，俾专治部事。

景泰将奏表交给大臣讨论。群臣都认为于谦、石亨和杨洪应受封赏，却说什么罗通也是一片好心。这和稀泥的姿态实在有些不太好看。皇帝于是特意叮嘱于谦，录功时不能像之前那样随性，却没有对罗通做出惩罚，只是解除了他所兼的都察院事。

有功被谤，人性之恶可见一斑。于谦当然不会被治罪，但诽谤之人却安然无恙，这就显得不太合理了。景泰新登基，政策开明，但对于有些行为，确实过于宽容，没有及时立威。也许这不是好的开端。

不过，此时的于谦尽管遭受了一些非议，工作热情还是非常高的。作为兵部尚书，他的眼睛不会单单只盯着瓦剌。托英宗和王振的"福"，当时浙江、福建和广东等地，都有流民暴动，可以说此消彼长，让朝廷疲于应付。邓伯孙（邓茂七之侄）、黄萧养等匪首，都是朝廷的大患。于谦人距叛乱之处数千里，但指挥若定，根据各个区域的具体特点，分派兵力围剿。到了景泰元年，东南叛乱基本就被平定了。

可正所谓"按下葫芦浮起瓢"，东南太平，西南又出事了。贵州苗民的暴动声势浩大，到底是剿是抚，又成了内阁和兵部头疼的问题。这时候，吏部左侍郎何文渊却"一语惊人"。

当年，宣德皇帝不是放弃了安南和奴儿干都司，赢得了后世很多赞誉吗？何侍郎认为，贵州是个不毛之地，山高岭深，林森茂盛，朝廷的军兵再能打，去了也很难成功。还不如恢复祖制，设立宣慰司管理土人，再设立都司，派少量军兵驻守。（哈密卫不就是这样吗？）被苗民毁坏的官署衙门不必重修，布政司官员都调回南京。

当初，永乐皇帝辛辛苦苦在贵州改土归流，何文渊这是要开历史倒车，再来一个"改流归土"，把大明变成两京十二省啊。

于谦是怎么回答的呢？

"贵州自我朝先祖开创经营到今天已经八十多年了，法制已定，地方无虞。过去，兵疲于戍太久，民困于物资要长途运输，以致各种贼寇乘机作乱。贵州土地是祖宗之土地，贵州人民是祖宗之人民，怎能轻易放弃？"

景泰一听颇受感动，这事就不再讨论了。如果听了何文渊的，后果恐怕相当严重。

而蒙古高原那边，也先还会有什么动作吗？

二、接连受挫，也先有意放回英宗

瓦剌在北京城下损失惨重。睚眦必报的也先，当然不可能没有报仇雪恨的想法，甚至还想着连本带利一起算呢。但他也得好好掂量一下，自己的机会还能有多大。

脱脱不花和阿剌知院也没闲着，他俩都背着也先悄悄向明朝送去马匹礼物，希望能单独媾和。两人的小动作当然没有瞒过精明的太师，但他暂时也不想清理门户，这两支力量还是用得着的。

正统十四年（1449）十一月十六日，也先挟持英宗来到了小黄河苏武庙。据说在当天，太上皇向袁彬和哈铭介绍了苏武、李陵和杨令公的事迹，狠狠秀了一番自己丰富的历史知识。英宗甚至表示，要以这位汉朝名士为榜样，不向也先屈服；却忘记了前些天他老人家是怎样为瓦剌叩关要钱的。

自打退回草原，也先对英宗的态度是越来越好了。真是这位太上皇的人格魅力强大、气质逼人吗？当然不是。也先是在北京城下见识到了明军的厉害，看清了继续对抗的窘迫，才有了与南边和谈的意愿，才不敢像当初那样对英宗无礼了。

显然，没有于谦领导北京保卫战的成功，英宗还得天天受人欺负。如果景泰听徐珵的话撤到南京，那他哥英宗的下场，很可能和徽、钦二帝有一拼了。

于谦才是英宗的恩人，可这道理不是所有人都明白，或者愿意承认的。

当晚，也先置办了丰盛的宴席招待太上皇。当然相比明朝皇宫的御宴，蒙古人做的只能算农家菜。席间，这位太师貌似真诚地表示："中朝如果派使臣来接，我们就送您回去。"

好不容易抓到的提款机，为什么又要放回去？

是也先觉悟提高了，想做一些善事？当然不是。他的字典里，恐怕只有"利益"两个字。

是他想放英宗回国，搞乱大明朝政，从而坐享渔翁之利吗？以也先的政治手腕，恐怕也想不了这么长远。

是他和英宗已经达成了某项交易，准备里应外合吗？这恐怕也不是事实。

也先愿意放回英宗，是明白景泰坐稳皇位之后，英宗这张肉票，确实已经没有太多利用价值了。长期养在自己这里，开销实在太大：一个太上皇的花费，绝对能顶得上几百个奴隶。

在一定程度上，送回太上皇，确实也可以缓和与大明的关系。不然的话，朝贡贸易都不好开展。

不久，大明朝廷上下就知道了也先的意思。朝中绝大部分文武官员，虽说都在给景泰打工，却都是在仁宣时代入仕的。对于英宗，他们有着特殊的感情。尽管这孩子在土木堡铸成了大错，但大家多少都受过他爷爷和他父亲的提携，都心照不宣地把责任全推给了死太监王振，愿意相信英宗是无辜的，待在草原受苦是完全不应该的。因此，要求早日接回太上皇回京的呼声，始终相当强劲。

以今天的观点，英宗一手促成了给大明国运带来致命打击的土木之变，不光葬送了最精锐的三大营，更使得数万瓦剌铁骑兵临城下，让江山社稷蒙受了开国以来最大的危机，差点令"建炎南渡""安史之乱"式的危机在大明盛世重演，这完全是严重的渎职。

但平心而论，在那个"皇帝不受法制约束"的传统社会里，君主无论做了什么伤天害理的事情，都不用担责，无须下台。因此，即便英宗为瓦剌叫门、索要财物，但没有一位大臣愿意提及。于谦当然也一样。

那么，作为在位君主，景泰应不应该迎回这位史上最年轻的太上皇呢？

今天的史书，大多认为朱祁钰一直阻挠接回英宗，这恐怕并不是事实。

于私，英宗是景泰唯一的哥哥，手足之情血浓于水。过去二十年里，英宗对弟弟还算照顾——否则早把他赶到外地就藩了，否则亲征也不会让他留守。就算英宗是消灭了二十万天朝精锐的"大明军神"，就算他成了令后人不齿的"叫门天子"，就算全世界都嘲笑他嫌弃他，景泰也没有资格看不起他。当哥的也许对不起所有大明子民，但当弟弟的显然要除外。

于公，只有接回英宗，才标志着北京保卫战的最终胜利，才能彻底洗刷土木之变的耻辱，杜绝瓦剌利用太上皇搞分裂破坏的图谋，才能令君臣一心，推进大明中兴的步伐，才能真正提升现任皇帝的威信，保证他的江山稳固。

这些道理，景泰岂能看不明白？

由这对兄弟皇帝的尴尬，很多人自然会联想到宋高宗赵构和宋钦宗赵桓。高宗不就没有接他哥回来吗？也没见朝中有多少人闹情绪。其实，高宗也想让钦宗回来，只是人家金人不想放。

靖康之变以后，北宋事实上已经被金国灭亡，南宋相当于另起炉灶，一张白纸艰难创业。朝中大臣都是赵构的亲信，几乎就没有向着赵桓的。赵构就算把他接回来，他也根本没有能力且没有意愿夺权。

奈何金国不肯成全。金皇统八年（1148），岳飞的死敌完颜宗弼（金兀术）临终前，在呈给金熙宗完颜亶的遗嘱中建言，千万不能放钦宗回国，一旦南宋违反《绍兴和议》，就在东京立钦宗为傀儡，让他与赵构自相残杀，金人坐收渔翁之利。

钦宗一直活到了南宋绍兴三十一年（1161），即赵构退位的前一年。金世宗还算大度，他将钦宗葬在巩义历代北宋皇陵不远处，定名为永献陵。

迎接太上皇回京的典范，当数唐肃宗李亨。

唐玄宗过度宠信安禄山，疏于防备，导致了安史之乱的惨剧；在战事开始时的不当干预，又导致了潼关失守。有一说一，他犯下的过错，已经甚于明英宗了。当然，后者是年少轻狂，前者是人老糊涂。如果李隆基早两年去世，或者提前将皇位让给太子李亨，安史之乱说不定就可以避免，唐朝的强盛会持续更长时间，唐玄宗本人的口碑也会有明显改善。

天宝十五载（756）六月，安禄山叛军占领潼关，威胁京师。在长安即将失陷前十天，李隆基与太子李亨等皇室成员果断放弃守土之责任，可耻地丢下百万京师百姓，仓皇逃往成都。

行至马嵬驿，禁军在李亨的幕后操纵下发动兵变，杀死了玄宗宠妃杨玉环及其堂兄宰相杨国忠。在当地父老恳求太子留下抗敌的呼吁下，李亨没有随父去四川，反而于七月在灵武称帝，改当年为至德元年，并遥尊人在四川的父亲李隆基为太上皇。

相比朱祁钰的继位得到皇太后首肯，李亨的上台完全是自发行为，称得上是标准的政变。但时年七十二岁又失去至爱杨玉环的李隆基，已经根本没有能力、精力和魄力来领导平叛战争，也就不适合继续执政了。虽说李亨急于抢班夺权的吃相比较难看，但他表现出的对大唐江山的责任感以及抗击叛乱、拯救生民的勇气，一定程度上还是令人钦佩的。

更重要的是，李亨在皇位上做得还算合格。在他的领导下，唐军第二年就先后从叛军手中收复了洛阳和长安。两京光复让全国形势明显好转，令朝野群情振奋。李亨不会忘记躲在成都的父亲，第一时间恭请他择日重返长安。

父子二人在咸阳的见面，场面非常感人。李亨特意穿上了皇子的绿袍，真诚地表示要归位于父皇；而李隆基则亲手为李亨披上皇帝的黄袍，鼓励儿子当好皇帝，气氛特别温馨。老皇帝的演技依旧在线，新皇帝的表现更是滴水不漏。

李隆基一回长安，一住进兴庆宫，事实上就被软禁了起来。但至少在表面上，李亨对父亲礼数极为周到，嘘寒问暖从没落下，让好事者挑不出毛病。其实，皇帝的所作所为并不完全是表演，而是父子真情的流露。

宝应元年（762）四月五日，李隆基病逝于长安神龙殿，终年七十八岁。李亨非常难过。就在当月，他也去世了，只比父亲多活了十三天。

有这么好的榜样在前，景泰照着抄作业就好了。但不得不说，他根本没有人家的实力，也没有人家的魄力。

李亨当了十八年太子，不光在开（元）天（宝）盛世的政治斗争中得到了很好历练，更是培养了一套绝对忠于自己的庞大班底，奠定了他发动政变的扎实基础。在接李隆基回朝时，李亨的皇位已经非常稳固，他本人也极其自信了。

相比之下，登基时仅有二十二岁，之前几乎没想过君临天下、没有心理准备的景泰，无论是个人素质、人脉关系还是政治手腕，都和李亨差得太远。

景泰在京城原本就根基不稳，又是临危受命，没有条件把重要部门全都换成自己的心腹。再说了，他也没几个死党。此外，一个不容忽视的因素是，孙太后的影响力依然很大。

李亨可以放心大胆地接回李隆基，还能表演当场脱下皇袍意欲还政的经典段子。但朱祁钰肯定不敢这么演，他真害怕大哥来个"借坡下驴"，穿上黄袍就不脱下来，那就真的鸡飞蛋打了。

景泰肯定不是不想迎回英宗，只是没有众大臣期望的那么积极。

而在也先那边，狡猾的喜宁曾经脑洞大开，给主子献上了这样一个缺德的计策：

瓦剌大军先进军宁夏（属陕西布政司），抢掠马匹资源，然后进军江南，在南京扶植英宗当傀儡皇帝，与在北京的景泰朝争夺正朔，造成大明国家分裂、南北战争。瓦剌坐收渔翁之利。

不能不说，这个"超级大迂回"战略虽说可操作性不是很强，但破坏性却不容低估。幸运的是，也先在北京城下失败之后，恢复大元的理想也渐渐收了起来，并没有听从喜宁的建议。

但是，从正统十四年（1449）十二月到次年五月，瓦剌骑兵还是对明朝边境发动了六次入侵。当然，这些战事的规模和影响力，加起来也比不上一次北京保卫战。令也先很不开心的是，明军的战斗力已今非昔比，他根本没占到什么便宜，甚至还要一次次损兵折将。

表现最为出色的，是镇守大同的郭登。

景泰元年（1450）闰正月，也先集结了上万兵马，准备趁寒冷的恶劣天气偷袭大同。

正月二十，瓦剌先头部队三千人到达了大同北面的沙窝镇。就在这里，他们遇到了郭登亲自率领的一队骑兵。

在女真努尔哈赤崛起之前，瓦剌骑兵的战斗力在东亚首屈一指。特别是经过土木堡一战，明军更是畏敌如虎。即便北京保卫战打赢了，靠的主要也是火器。这一次，明军骑兵居然主动找上门了，那还客气什么？

瓦剌一心通过此战洗刷之前的耻辱，他们拼得特别凶。可哪里知道，这队明军打起仗来更是不要命，他们挥舞马刀，义无反顾向前冲锋。伴随着一声声惨叫，曾经不可一世的瓦剌士兵纷纷落马，阵形被冲得大乱，只能向北逃窜。

明军其实只有八百人，而且没带火器，却在野战中压制了数量更多的瓦剌军，还一路追出去了四百里，斩下的头颅超过两百。瓦剌的死伤超过了一千余。得到战报的也先很明智地宣布撤军了。

"沙窝大捷"打破了瓦剌野战不败的神话，大大提升了边关明军的信心，意义特别重大。消息传来，景泰大喜，加封郭登为定襄伯。

俗话说，两国交兵，不斩来使。二月十七日，明廷却将一名瓦剌使者凌迟于西市，引来围观群众的阵阵欢呼。这不是激化矛盾嘛，也先怎能答应。但此人不是别人，正是一直给也先出主意，让英宗和景泰都极其痛恨的喜宁。

也先安排他出使，只能用两个字来形容——找死。而明廷除掉喜宁，也是在宣示自己的实力——我并不害怕开罪你。《明史纪事本末·景帝登极守御》中讲到，是英宗向也先建议由喜宁出使，太上皇还写下密信，要求宣府明军处决喜宁。杨俊等人拿住喜宁，押解至京，景泰遂令凌迟。但笔者认为，此说法并不可靠：英宗这么做，难道不怕也先报复，甚至一怒之下杀了他？

得到喜宁被杀的消息，也先极其愤怒，与弟弟赛刊王分兵入侵明朝边境，但在早有准备的明军面前却占不到什么便宜。

四月，也许是被乐观情绪冲昏头脑，宣府守将杨俊建议大举征发京营和诸镇精兵出边塞，犁庭漠北，一雪前耻。这个大胆计划在朝中不乏支持者。但有一个人明确反对，提议就被景泰否决了。

反对的人正是于谦。他明白此时根本不是主动进攻的好时机，搞不好还会重蹈土木之变的覆辙："报仇雪耻，是做臣子的职责。但兴兵举事，涉及社稷安危。如果听杨俊所言，万一我军出塞，瓦剌用偏师拖住我大军，而派遣别部乘机入寇，后果难以估计。这是自撤藩篱，非万全之策。"杨俊的风头没能出成，不久反而因罪被斩。

而在将官之中，有畏战惧战情绪的也不在少数。大同参将许贵建议遣使向也先送去重金安抚，麻痹他们，然后逐步开展北伐大计。于谦对此相当不满。之前在北京保卫战时，就曾派王复、赵荣去瓦剌营中探视，结果连英宗的面都没见到。

在给景泰的奏疏中，于谦激愤地指出："也先，跟我们可是有不共戴天之仇的，按理绝对不能讲和。万一真的讲和了，他们贪得无厌地要这要那，我们该怎么办？听他们的就损失惨重，不听他们的又留下口实，怎么做都是麻烦。为今之计，不如选将练兵，养精蓄锐。万一他们有大举入侵的图谋，我军操习有度，加上将帅思奋，臣等一定尽死效力，以图剿灭瓦剌，以雪前耻！"

同时，于谦建议：

（许）贵介甲胄之臣，而萎靡退怯，法当诛。

景泰看了之后，拒绝讲和的立场更加坚定了。许贵虽说保住了脑袋，却丢掉了前程，也成了其他人的反面教材。此后边将再不敢劝和，而是人人高呼力战坚守，与也先死战到底。

所谓一鼓作气，再而衰，三而竭。也先已经无力组织起大规模的入侵了，只能仗着自己有金牌人质英宗，能勒索一次是一次，能赚一把是一把。但他已经明显感觉到，太上皇的招牌越来越不好使，而明朝军队也越来越难对付。

更糟糕的是，脱脱不花和阿剌知院的不安分倾向愈发明显，小动作越来越多。这样的情形，用内外交困来形容都不算夸张了。审时度势之下，也先意识到必须要缓和与明朝的关系，而送回英宗就是关系正常化的前提条件。

之前，他只是说说而已，现在，他真的要行动了。

那么，景泰是怎么接招的呢？

三、景泰顾虑，于谦一锤定音

景泰元年（1450）六月三十，五个瓦剌使臣的到来，又把大明朝廷搅得不得安宁。

也先的特使完者脱欢等人表达了和好通商的强烈意愿，并希望天朝尽快安排特使，去漠北接太上皇回京。

听到这番话，已经七十五岁的礼部尚书胡濙深感惭愧。他不顾年老体衰，想立即亲身前往草原迎接太上皇。显然，这把年纪根本经不起折腾，他的一番表态只是向皇帝示威。景泰只能婉言回绝了胡濙的"好意"，并表示第二天召集群臣商议。

朱祁钰从来不反对把哥哥接回来，只是担心瓦剌趁机搞破坏活动，引发内乱。于是，他找了个听起来高大上的理由："以前朝廷就是一味与瓦剌通好，才惹出了大麻烦（疑似讽刺他哥）。我不想跟这些强盗有任何交往，各位却一再纠结此事，这是何必呢？"

此话一出，群臣暂时不知道如何接话。但有个人的一番话，却让景泰很不高兴。

此人哪里是建言，明明是在数落，甚至是教训："太上皇在塞外蒙尘，按理说早应该接回来了。请皇上马上派遣使者，否则以后后悔也来不及了！"

官场最讲究语言艺术，但这番话实在太直了。对，说话的人也直，他就是王直。真不明白，这么直肠子的老实人，是怎么当上吏部尚书的，而且一直当到七十二岁还不告老还乡。

景泰火了："不是我贪恋这个位置，你们这些人非让我当。现在又来威胁我！"

这番话一出，现场气氛一片死寂。显然，一把年纪的王直可以直，但做皇帝的还是得学着委婉一点。眼看局面要无法收场，确实需要一个人来打破这个尴尬时，此人还真就站出来了。

而且，他还来了个"一锤定音"，一下就把事情摆平了。厉害吧？

"天位已定，宁复有他。按理，应速遣使迎接太上皇。万一瓦剌使诈，我们也有说法了。"

谁有这么大的本事呢？

当年，群臣纠结要不要迁都时，是他止住了争辩；

群臣在左顺门打死马顺时，是他收拾了残局；

今天，在大家都下不了台时，还得靠他搞定。

他当然就是我们的男主角于谦。

于谦这么说，表达了两个意思：

第一，英宗回来之后还当他的太上皇，不能再做皇帝。

第二，瓦剌很可能根本不想送回英宗，我们不回应，就显得理亏了。

于谦这样的立场，无疑给景泰吃了定心丸。相比很多重臣与英宗交情深厚，于谦和这位太上皇几无私交，但还是同意迎回他。

这算是书生意气吗？要知道，拥立朱祁钰时，可是于谦带的头。

是，也不全是。接回英宗，无论对大明还是对景泰本人，都是有好处的。

或许于谦也相信，面对同样的对手，当哥的把大明最精锐的二十万军兵送了人头，当弟弟的靠着一群"预备役"却能赢得北京保卫战的辉煌胜利；当哥的重用王振等奸佞，搞得民怨沸腾，当弟弟的铲除奸佞势力，励精图治，深得民心。即便朱祁镇回来，也根本动摇不了朱祁钰的帝位，就像李隆基完全威胁不了李亨一样。

群臣听于谦一说，纷纷表示很有道理。景泰也算是吃了定心丸，于是爽快地说："依你，都依你！"

有学者认为，于谦只看到表面上的"天位已定"，而恰恰在"宁复有他"中"有他"这一点上，犯了战略性的错误。确实，于谦有过于乐观的地方，未必想到英宗的复辟意愿如此强烈，但从明蒙对抗的大局出发，接回英宗肯定是利大于弊的。

这时候，司礼监太监兴安却不甘寂寞地跳出来，大声说道："谁能代表皇帝去瓦剌，朝中还有富弼、文天祥这样的忠臣吗？"

群臣不免面面相觑，不知道如何接话。景泰喝止了兴安，并安排礼部给事中李实、大理寺丞罗绮为正副使，出使瓦剌。为了显示天朝的诚意，李实被升为礼部右侍郎，正三品。这个路数，和当年北京城下如出一辙。

李实是个实诚人，见景泰的诏书上只写了议和，没有接太上皇回京的内容，怀疑是不是内阁给写漏了，就想过去打听。半路上遇到了兴安，提及此事，这位太监居然训斥道："不应该你管的事，你就别自作聪明！"

七月十一日，李实一行到达了也先的驻地失八儿秃。当也先看到大明派了这两位级别如此低的官员当特使，自然相当失望——这不是坑我吗？

李实献上礼物，向也先表达了接回太上皇的意愿。但也先肯这么轻易就放了人质吗？他还想最后再收点回扣呢。

也先批评这批使者档次太低——不尊重我老人家没关系，你们不能不尊重太上皇嘛。他要求明廷再派太监一二人、老臣三五人前来，才愿意谈放人的事。

不过这一次，李实和罗绮也算是不辱使命了，他们成功见到了太上皇，并献上了从京城带来的大米、水酒和其他生活用品。回想起当年在京城的锦衣玉食，英宗不免心酸，为自己的一时冲动后悔不已。他真诚表示，只要能回到京师，哪怕做一个普通百姓，或者去天寿山守陵，他都心甘情愿。英宗的表演才华当然堪称一流，李实能不被感动吗？

李实见无法接回太上皇，只能向也先辞行。这位杀人如麻的瓦剌太师，突然化身慈眉善目的邻家老大爷，耐心开导对方，让大明再派重臣

（潜台词：要带上厚礼），接太上皇回去。

养了这"废物"这么长时间，看来也先也心累了。他安排皮儿马黑麻去北京"朝贡"，继续忽悠大明接回英宗朱祁镇。

那么，景泰是如何应对的呢？

四、杨善请缨，完成大功一件

多数正史的口径一致，都说景泰对接回太上皇一事相当敷衍，一心希望老哥像苏武一样常驻草原，千万别回来给自己添乱。但他这个小心思在朝中几乎就找不到一个真心拥护的，大家都心急火燎地想把太上皇接回来。

但这种描述似乎低估了景泰的智商。想要巩固政权，最有利的方案当然是迎回太上皇，然后看管起来，绝对不是让他继续留在瓦剌，那才是不定时炸弹啊。

作为旗帜鲜明的太上皇党，胡濙不失时机地向景泰建议，尽快派遣重臣北上议和。为了怕皇上不高兴，他干脆连接太上皇的事儿提都不提。但景泰也有自己的借口："李实已经白跑一趟了，朝中还有谁能担此重任？"

"陛下，老朽不才，愿意为您分忧。"

景泰顺着话音看去，又是一个白胡子老头。原来是左都御史杨善。当初他也跟随英宗亲征，那么多年轻力壮的都死在土木堡，他老人家居然能逃跑归来，实在是不可思议。

真是一位福星啊，也许别人完不成的事情，这老干部能完成。于是，景泰以杨善为正使，工部侍郎赵荣为副使，于二十七日启程前往草原。景泰还颁下了敕书：

把秃（皮儿马黑麻）等至，具悉议和之意。但前已派遣杨善、赵荣齐书币至可汗及太师处，专为迎朕史太上皇帝。朕念朝廷自祖宗以来，待瓦剌甚厚。一旦因嫌捐隙，以至连兵。太师既能复修旧好，朕亦当勉从所请。继今益宜上顺天意，下顺民心，休兵息民，以实前言。把秃等回，特颁赏给，至可领也。所言欲送回大驾，实朕所愿。果出诚心，就令杨善等复迎还京。朕当永保和好，太师其深省之。[①]

景泰并没有按也先的期望，让杨善带上大量金银珠宝。他是不想再浪费国家财产，但好事者却可以认定，皇上这就是诚意不足，就是想把也先惹毛了从而不放他哥。

真是欲加之罪何患无辞啊。

机遇总是垂青有准备的头脑。这一年的杨善都六十七岁了，在明朝属于抱重孙子的年龄，依然如此敢于担当，肯定是有着一颗永不服输、永往上爬的恒心。而且杨善的口才那不是吹的，真的是能把黑的说成白的。

而且，有个更重要的理由，是杨善不方便向外人讲的，也正是他这

---

① 赵其昌主编. 明实录北京史料［G］. 北京：北京古籍出版社 2018 年版第二册，第 243 页。

么积极的主要原因。

他是个不折不扣的太上皇党，而且并不喜欢新皇帝。七年之后他的行径更加有力地证明了这一点。

七月底，杨善到达了瓦剌营地。也先派人为他接风。在酒宴上，杨善从容施展吹牛神功，说大明主力从南方回来，配备了各种要命的火炮神枪，还招募了很多能飞檐走壁的武林高手，准备在草原玩一票大的。但杨善又表示，现在咱们两家是兄弟了，还打什么打，随后，又拿出厚礼分发给在场的人。这些人回去之后，当然要替杨善说好话。

第二天，也先让人通知杨善进见。这老头儿不光呈上了朝廷的敕书和礼物，还送上了不少丝绸彩缎和工艺品，让也先相当满意。要知道，这可都是杨善自费买下的，真是下了血本。

两人交谈甚欢，现场气氛相当融洽。杨善趁机要求带太上皇回京。但也先还真是有点舍不得——以后可就没法靠他赚钱了，但又有些不好意思拒绝。

这时候，平章昂克突然说："你们接太上皇，为什么不带上足够的金银珠宝，也太没诚意了吧？"

真是贪得无厌啊。杨善早就想到这个可能了，他并没有生气，反而云淡风轻地回答："如果带太多钱来，不就让人觉得太师贪财吗？我们不带钱，才能显出太师的仁义，一定会被万世颂扬！"

也先一听非常开心，于是再不管手下人的反对，坚持要让杨善把太上皇领走。相比坚决不愿送钦宗回南宋的金兀术，也先确实底气不足。

景泰元年（1450）八月初二，英宗起驾南归。据《明英宗实录》记载，这位太上皇又以自己巨大的人格魅力，令无数瓦剌人热泪盈眶，舍不得让他离开。之前一直看守他的伯颜帖木儿，更是一气送到了明蒙边界的野狐岭，还一路流泪不止。

这样的说法，当然是英宗团队的"品牌营销"，听听可以，不必当真。

对于也先，于谦从来是信不过的。这次奉还太上皇，会不会有什么阴谋呢？作为兵部尚书，他不能不防。因此在八月十日，于谦向大同、宣府守将发去文书，提醒储备粮草，做好战备。

不过，瓦剌并没有行动，他们这次的动机是真诚的。

得知太上皇回京的消息，亲英宗的大臣们自然喜不自胜，比连升三级还开心。礼部尚书胡濙更是无比激动，精心设计出了一套相当烦琐的礼仪，喜滋滋地呈给皇上，以为对方会表扬他几句。结果景泰没看完，脸色都变了。

这仪式比我当初登基都隆重得多，你们安的是什么心？

平心而论，一个给国家带来了深重灾难的太上皇，一个率领敌国军队叩关叫门的前皇上，让他悄悄回来已经算很仁义了，有必要搞得尽人皆知、劳师动众、耗费巨资吗？

景泰打算只用一轿二马在居庸关迎接，到了安定门再换天子车驾。消息传来，马上就有一些大臣联名上疏抗议，好像他们才是英宗的亲弟弟一样。

景泰火了："太上皇来信说要礼仪从简，你们非要忤逆他？"

于谦力主接回英宗，却并没有参与迎接方案的设计。他自己觉得兵部尚书不应该对礼部的事情过多干预，但在别有用心的人看来，这又成了他不尊重太上皇的证据。当别人都劝不动景泰时，他这个"红人"本来应该帮腔，可于谦却默认了景泰的"失礼之举"。

英宗还没回来，景泰就感觉到了泰山一般的压力。但他依然头脑清楚，派太常寺少卿许彬赶到宣府谒见太上皇。

许彬是带着任务来的。他经英宗同意，以太上皇名义草拟了两道诏书。一份是罪己诏，声明自己因权奸蒙蔽而北狩，回京后不再干预朝政。另一份则劝谕群臣以国事为重，不要在迎接礼仪上耗费精力。

有了老哥这份罪己诏，景泰的皇位就有了合法性。接下来的戏怎么演，他还得下一番功夫。

五、中秋回国，英宗南宫逍遥

英宗这一生跟中秋节算是较上劲了。

正统十四年（1449）的八月十五，在万家团圆的好日子，他亲手缔造了土木堡惨案，把二十万最精锐的大明将士带上了不归路。

二十天之后，他升级成了史上最年轻的太上皇，皇帝还是自己的弟弟。翻遍二十四史，这样的例子堪称空前绝后。

而英宗回到北京城的日子，不早不晚，偏偏是景泰元年（1450）的八月十五。这究竟是巧合，还是刻意为之？

在两个骑兵的引领下，英宗乘坐的小轿被抬进了安定门。得到消息的文武官员早已赶到城外跪拜迎接，有的忍不住当场老泪纵横。英宗应该感到欣慰，感到温暖，感到幸福。即便一年过去了，人走茶未凉，朝中大臣的心，大多还是向着他的。

但感动归感动，英宗并没有同他们寒暄，而是很快上了龙辇，直接去了东安门。不能不说，太上皇这个选择是明智的。如果他一下来，想走就不太容易了。而他的任何举动，都可以被无限放大解读，给自己带来麻烦。

景泰身着盛装，在东安门外迎候他的哥哥。兄弟二人已经一年多没见面了。不到四百天里，一切都不同了。如果英宗不是一时大脑短路，非要御驾亲征，他现在还可以做个快乐逍遥的皇帝，还可以把大小事务交给王振处理，还可以过个舒适体面、要啥有啥的中秋节。

如果朱祁钰不是皇帝唯一的弟弟，肯定也早就离开京城就藩了，根本没有做监国的机会，也就根本不可能取英宗而代之。

命运无常，人生真是有太多偶然。但此时英宗已然明白，以他们兄弟俩最近一段时间的各自表现，他的皇位肯定是（暂时）要不回来了。

英宗从龙辇中走了出来。回到曾无比熟悉现在又相当陌生的地方，阳光依旧灿烂，他的内心却倍感寒冷。景泰忙跪下行礼："参见皇兄！"

呵呵，这是坚决不肯让位啊。

"皇上请起。"英宗赶忙扶起弟弟，两人拉着手寒暄起来，据说甚至都当场落泪了，场面还是相当温馨的。只是景泰并没有像唐肃宗一样穿绿袍，英宗也并没有拿出黄袍给他披上——用不着嘛。

从安定门赶过来的文武大臣，再一次对英宗行了三拜九叩大礼，山呼万岁。作为兵部尚书，于谦当然也出现在了人群之中。

专制社会讲究"刑不上大夫"，皇帝更是不会犯错的！而且实话实说，没有英宗的骚操作，于谦就没法这么快当上兵部尚书，就没法以文官身份总督军务，就没法在北京城下大显身手，更不会有这样的口碑与声望。

　　吃完节庆应景的月饼，喝过接风洗尘的美酒，说罢彼此关怀的套话，皇上再次起身行礼，锦衣卫护送太上皇去了下榻之处。

　　而这个地方，也因英宗的入住，在明史中留下了浓墨重彩的一笔。它就是南宫。

　　这一年，英宗仅有二十四岁，却已经当了十四年的皇帝、一年蒙古人的囚犯，现在，他还得被弟弟软禁起来。如果不出意外，他就得在这里住一辈子。

　　南宫的生活条件如何呢？一些学者认为英宗"被困南宫，形若囚犯"，恐怕是个大玩笑。朱祁镇被弟弟变相软禁，也许符合事实。但说什么南宫极其简陋，是"东华门外一处十分荒凉的破房子"，就是不懂装懂，或者信口开河了。

　　其实，英宗的住所，有个正式名称叫延安宫，其主殿为崇质殿。南宫所在地属于东苑，与由北海、中南海组成的西苑相呼应，是皇家园林级别的，能差吗？延安宫内绿树环绕，亭台遍布，小桥流水，曲径通幽，风景比树木花草不多的宫城显然要好。

　　给太上皇挑个景色宜人的地方严格保护起来，让他别乱跑乱动，这是过往很多君主的常规操作。李世民软禁李渊，李亨软禁李隆基，都花了一番心思。一定程度上说，景泰也是迫不得已。

　　说起东苑，这可是当年永乐皇帝为皇太孙朱瞻基特意修建的。朱棣最疼这个孙子，各位觉得人家住的地方能差到哪里去？

　　何止不差，我们再往后看。顺治元年（1644）五月，在击败李自成农民军之后，清军进驻北京。摄政王多尔衮给自己选定的王府不在别处，恰恰就在东苑。鉴于这位王爷当时的特殊身份，延安宫更是取代了紫禁城，成为清朝西征大顺、南平大明的指挥中心。大家不会真以为多尔衮热爱表演，专挑贫民区作秀吧。

顺治八年（1651），刚亲政不久的顺治在延安宫敕建了一座喇嘛庙，赐寺名为普胜寺，作为清初高僧恼木汗在北京的驻锡处。

说了这么多，不妨总结一下：

南宫，绝对不会是几所破房子，而是至少有几十间屋舍和庞大花园的豪华殿宇；住在里面的绝对不只有英宗和钱皇后这对苦命鸳鸯，还有多位嫔妃。这些美人轮流侍寝，让他继续享受君王之乐；而他们身边，也不可能没有丫鬟和太监伺候。这里生活的男女老少，保守估计也得有一百人左右。

至于"从窗口递饭，形同监牢"的说法，完全是不良文人在抹黑景泰。上百号人的饭怎么递得过来？南宫有几千平方米，怎么可能没有厨房，很可能还不止一个。

所谓钱皇后靠做针线活养活老公，更是春秋笔法了，她只剩一只眼了，一天就算做十二个时辰，换来的钱也养活不了几个人。

反正，历史都是由胜利者书写的。怪只怪，景泰的脸皮不够厚，心不够黑，手段不够残忍吧。

《明史纪事本末·南宫之变》中，有这样一个细节：

> 冬十月，命靖远伯王骥守备南宫。

事实上，王骥此时还在南京。再说了，王骥还是亲太上皇的，让他看管太上皇，相当于让马顺看管王振。七年之后，王骥还玩了一票大的，后面我们会讲到。

宣德一生只有两个皇子，二十九岁才有了老大，肯定会被好事者嘲笑。他的二儿子景泰，造人的步伐却是相当迅速。正统十三年（1448）七月，郕王嫔杭氏就为二十一岁的朱祁钰生下了长子朱见济。此时的郕王肯定非常得意，以为自己还能生一大堆呢。但两年过去了，虽说一不小心当上了皇帝，却依然只有一个儿子。

他的哥哥英宗，前后有过九个儿子，展现出了强大的生育能力。特别值得强调的是，其中有三个是由三位不同的妃子在南宫时生下的。

景泰三年（1452）二月，高淑妃生下了秀怀王朱见澍。

景泰六年（1455）四月，周贵妃生下了崇简王朱见泽。

景泰七年（1456）六月，万宸妃生下了吉简王朱见浚。

此外，英宗的七个女儿有五个都是在南宫出生的，即崇德公主、淳安公主、广德公主、宜兴公主和隆庆公主。

也就是说，"被囚禁"在南宫的不长时间里，英宗就为大明制造了八位皇子和公主，留下了八个后代，喜提"大三元"和"五朵金花"。这能力不可谓不强大，这成果不可谓不显著，这妃子不可谓不配合，这小日子过得不可谓不滋润。考虑到古代婴儿的死亡率之高，如果南宫真的条件艰苦，不用景泰下黑手，八位小祖宗就得死上一大半吧。事实上，他们可都活到成年了。

而这段时间里，住在更加气派的乾清宫，"鸠占鹊巢"的景泰，生了几个孩子呢？我们后面会讲到。

不过在南宫里，英宗表面上过得逍遥快活，但内心的失落感一定很强烈。俗话说，由俭入奢易，由奢入俭难。他已经当了十四年皇帝，此时还十分年轻，要求他像七十二岁的李隆基那样过退休生活，真的是强人所难嘛。

曾经的一言九鼎、群臣膜拜，现在都属于了自己的弟弟。影片《英雄本色》中，落魄的小马哥有句经典台词："我失去的东西，我一定要亲手拿回来！"英宗的想法，其实也差不了多少。相信正是这种信念，支撑他顽强地活下来，顽强地造人，顽强地与命运做斗争。

为了能回京城，英宗已经发布了退位诏书，明确表示再不染指皇位了。刚住进南宫时，他确实也相当低调，似乎对现状相当满意。

但事实上，这不过是表面现象。很快，他与景泰的矛盾就激化了。

第十章

易储之争留祸端

一、景泰易储，不坚决反对也是过错？

我们大家看电视剧时，都不喜欢剧情走向平铺直叙，街坊邻里一片和谐，男女主角白头到老，渣男小三没法得手。碰到这样的剧集，相信大多数人的第一反应就是立马换台：剧中人过得太舒服了，我们就不舒服。

为了提高收视率，编剧和导演一定要绞尽脑汁安排危机与变故、伏笔和悬念：给如胶似漆的小两口分配个第三者，给温馨和睦的家庭设置个飞来横祸，给经营良好的企业设定个财务危机，给一身正气的主人公设计个灭顶之灾，不一而足。

而老天爷也是一位极具想象力的编剧，他给于谦及英宗哥儿俩安排的归宿，比任何一部悬疑小说都跌宕起伏，让人感慨万千。

景泰原本只想做一个安享太平的王爷，满足于"几万亩地百头牛、老婆孩子热炕头"的幸福生活。

可就因为他和英宗关系好，结婚生子之后也未能及时就藩。

可就因为土木之变的发生，让哥哥英宗做了俘虏，给了他上位的机会。

可就因为皇权的巨大魅力，让他越陷越深，无法自拔。

登基之时，景泰仅有二十二岁，搁今天大学可能还没毕业。理论上说，他还有大把的时间励精图治，大展宏图。

可景泰又是大明以至中国历史上特别特殊的一个皇帝，在他君临天下的岁月里，要把自己的哥哥供为太上皇。

在于谦的出色领导下，瓦剌被打跑了，北京解围了，政权稳固了，皇上的威望也大大提高了。随着在位时间越来越长，政务处理越发得心应手，景泰也日益感受到了皇权的无上魅力、皇位的莫大荣耀。怪不得古往今来，多少人为了当皇帝不计后果，不择手段，六亲不认！而他，可以说白捡了一个帝国。

自己才二十来岁，未来还能执政很多年，孙太后却早早立了朱见深当太子，摆明了就是把自己当成代理皇帝，是给这小子栽树让他乘凉的。不能把皇位传给亲生骨肉，怎么说也是个遗憾，离开人世时，会不会死不瞑目？

我风里来，雨里去，带着一身的尘埃，为大明基业殚精竭虑，日夜操劳。我既不像老爹一样热衷斗蛐蛐，也不像大哥一样率领瓦剌骑兵叫门，我全部身心都扑在了工作上。可一想到蹬腿的那天，只能把皇位传给大侄子，那心情别提有多灰暗了。到那时，自己为这个国家所做的一切，还能有多少被肯定呢？自己的施政政策，还能有多少被留下呢？自己的遗诏，还能保留多少真实意愿呢？

不行，我要易储，要保持施政的连续性，要为江山社稷负责，不能让小兔崽子像他爸一样祸害国家！

但是，景泰的理想在朝中几乎就没有人支持。人世间最大的悲剧莫过于此。

群臣当初愿意拥立景泰，很大程度上并不是有多欣赏他，只是认为英宗回来的希望已微乎其微；孙太后愿意让景泰登基的前提，正是朱见深必须当皇太子，他叔叔充其量只是个"备胎"。

如今，既然太上皇已经保证不复位了，那一定要让他的长子将来登基。这就是景泰朝大部分文武官员的真实想法。是不是太迂腐了呢？即使是于谦这样抱持"民为贵，社稷次之，君为轻"的英雄，如果公开提议易储，六科言官恐怕也能把他喷得体无完肤。

后世史家对景泰的小心思不断口诛笔伐，算不算双标呢？放眼两千年皇权专制史，这样的事情其实真不算什么。

东汉建安五年（200），二十六岁的吴侯孙策遇袭身亡，死前将爵位传给了弟弟孙权，而不是亲儿子孙绍。

二十九年之后，孙权登上皇位，却立自己的长子孙登为太子，只追尊孙策为长沙桓王，封孙绍为吴侯，后来又改封为上虞侯。即便这样，坊间都觉得孙权特别厚道：居然让侄子一直活着，真是仁君圣主的典范。

北宋开宝九年（976），五十岁的太祖赵匡胤突然去世，虽说其次子赵德昭已经二十六岁（长子早夭），但继承皇位的却是三弟赵光义，是为宋太宗。

赵光义继位之后，原本更有资格成为皇位继承人的四弟赵廷美及赵匡胤的两个儿子赵德昭、赵德芳都死得不明不白。最终成为太子的，是太宗的三子赵元侃（赵恒）。宋太宗得位不正，手段卑劣，但无论当朝还是后世，都没有太多批评的声音。

历史已经给出了很多案例，景泰完全可以照猫画虎。但他也许是过于注重自身形象，不愿意痛下杀手。群臣却可能觉得他软弱可欺，一再得寸进尺。因此终景泰一朝，太子的废立问题牵扯了这位皇帝太多精力，更为之后的政变埋下了隐患。

景泰二年（1451）的一天，朱祁钰在和大太监金英聊天时，突然不痛不痒地说了句："七月初二，就是东宫生日了。"

金英一听，猛地跪倒在地，连连叩头。这是怎么了？

这位大太监哭丧着老脸说："皇上，十一月初二才是东宫生日。"对嘛，这一天正是朱见深的生日。而七月初二只是朱见济的生日，人家分得门清。朱祁钰讨了个没趣，知道自己想换太子，必然是阻力重重。

不久之后，金英因受都察院弹劾而被禁锢，兴安取代了他的地位。不过，如果说这是景泰蓄意报复，恐怕也不是事实，只是时间巧合而已。

当然，景泰也很清楚，以自己在朝中的根基，易储肯定不会有多少人拥护。而且这种事情绝对不能由自己首先提出来，得有大臣主动表态，主动背锅，自己再玩个"借坡下驴"——我爹当年换皇后不就是这样吗？

可事实证明，景泰还真是想多了。没有一位重臣愿意这么表现。谁都知道，这就叫"冒天下之大不韪"嘛。

不久之后，就发生了所谓的"贿赂大臣案"。

景泰三年（1452）四月初，景泰召集内阁六大学士议事。据说一屋子人聊得正开心时，皇上突然一挥手，让太监们端来了几个盘子。

这是要给大家伙儿发工作餐吗？真贴心。诸位想多了。盘子里装的不是饺子，是银子！内阁领袖陈循、高谷每人一百两，其他成员江渊、王一宁、萧镃和商辂各五十两，以表彰他们这两年为朝廷做出的贡献。

景泰并没有露骨地提出更换太子的要求。后世的一些史学家，怎么好意思一口咬定这是"行贿"呢？古往今来，皇帝用自己内库的钱赏赐大臣，太正常不过了。只是这个时间点过于敏感，给好事者增添了口实。

景泰眼巴巴等内阁学士们主动上疏请易立太子，可是从初一等到十五，又从十五等到三十，等得花儿也谢了，头发也长了，也等不来一道奏折。这不能不说是当皇帝的悲哀。

内阁是景泰重组过的，可还是没有一个他的死党，英宗老臣执掌的六部就别提了，所有尚书都是在前朝已担任高官的，几乎都对孙太后和英宗比对景泰更忠心。

唯一将景泰看得比英宗更重要的，估计也只有于谦了。遗憾的是，于谦既没能进入内阁，也未能取代王直的吏部尚书，依然只能当个兵部尚书。因此，指望他在所有事情上都帮到皇上，显然很不现实。

这怪谁呢？怪刻板的传统吗？不全是。

景泰既然敢打破祖制，让于谦总督京军，领导北京保卫战，为什么就不能再打破祖制，让于谦以兵部尚书身份入阁呢？真是觉得内阁配不上于谦吗？

当然，正统、景泰时期的内阁，相比嘉靖、万历时代还不是特别重要，甚至没有明确的"首辅"。但早在宣德年间，内阁就获得了票拟权，又在宫城内的文渊阁办公，能更方便地见到皇帝。而兵部的办公地点已经在皇城之外了。

如果于谦能以兵部尚书兼大学士，和景泰见面的机会能增加不少，他们之间的沟通会更顺畅，他们的合作会更默契，景泰朝的统治也势必将更加稳固。

按照传统，内阁大学士确实只是五品官，而六部尚书是正二品。但没有一个尚书会觉得入阁是丢人的事情，反而为自己能成为阁老而开心。

于谦没有庶吉士经历，但"非翰林不入内阁"只是惯例，并不是铁律。大名鼎鼎的杨士奇，别说点翰林了，连个进士都不是，还不照样进了内阁，参与票拟？

于谦是正经八百的永乐十九年（1421）进士，又在北京保卫战中立下了不世之功，怎么就不配进入内阁？两年之后，一个和于谦同年中进士，同样没有庶吉士经历的二品大员，还不是"屈尊"进了内阁？

此人是谁呢，我们后面会讲到。

于谦的偶像是南宋右丞相文天祥，自己当然有入阁拜相的意愿。如果于谦入阁，那以他的威望，很可能就是大明第一个真正意义上的首辅，也能将更多才华出众、品行端正的读书人团结在自己周围，为大明江山贡献力量，为景泰皇帝分忧解难。可惜啊！

作为极重视品行的文官，于谦过于珍视节操，甚至到了让人无法理解的地步。由于北京保卫战中积累的超强声望和皇帝的信任，在很多人眼中，于谦就是"救时宰相"，是景泰年间第一重臣。但于谦自己却认为兵部尚书就应该主抓戎事，内政方面他不好干涉。因此朝中有很多重大决策，特别是易立太子时，于谦并不能冲在最前面为皇帝"挡枪"。

景泰正失望间，事情却发生了转机。

早在景泰二年（1451）八月，广西思明州土官黄刚退休，儿子黄均接班。但黄刚庶兄黄闳为了让儿子黄灏上位，居然将黄刚一家老小全部杀害，斩草除根。不久，黄闳父子三人均以灭门大罪被抓进省府大牢，其家人派出袁洪上京打点活动。

到了景泰三年（1452）四月，在听说了易储风波之后，袁洪立即重金请来枪手，以黄闳的名义写了一篇声情并茂的奏疏，恳请皇上早立亲子。

这封奏表居然能传到景泰本人手中，肯定是下了不少功夫。而奏折内容条理清楚，逻辑严密，似乎出自朝中重臣的手笔。有人甚至怀疑，这是内阁学士江渊的杰作——文官待遇低，得靠当枪手改善生活了。

看过黄闳的奏章之后，景泰不觉大喜，感慨万里之外还有这样的忠臣。于是，他将疏本交给大臣廷议，并下令立即释放了黄闳父子。

第二天，景泰准时出现在了奉天门。群臣知道事大，都不想主动表态，不愿给自己惹麻烦。关键时刻，居然是一位太监打破了沉默，也打破了僵局。

有这么大能耐的，只能是司礼监大太监兴安了。他拿着早已准备好的易储奏疏，走到大臣们中间，厉声说道："今天这事非办不可了。你们哪位如果认为不可，就不要署名，可别首鼠两端！"一句话把众人说得无言以对。

于是，由大学士陈循、礼部尚书胡濙和都御史王文牵头，九十一位文武大臣联名上疏，请求景泰易立太子。其中写道：

> 父有天下必传于子，此三代所以享国长久也。唯陛下膺天明命，中举邦家，统绪之传，宜归圣子。今黄闳所奏宜允所言。

这九十一人几乎包括了在北京的所有重臣，于谦当然也在其中。工直虽说在压力之下签了名，却拍着桌子高呼："这算什么事啊，我们都要惭愧死了！"当然对于这样的重臣，景泰是不会惩罚的。但任由这样的情绪蔓延，对巩固统治肯定不利。

为了表彰一些重臣在易储中的表现，景泰宣布，给王直、胡濙、于谦和陈循兼支双俸。王直和于谦立即上疏请辞，不希望给好事者继续制造口实，但景泰不予批准。

过了两天，于谦又单独上疏，请辞双俸，其中说道：

> 臣阖门良贵贱，仅逾数口，原俸资给有余饶。即今边境、京师粮用浩大，人民之转输未息，军士养赡未优，国赋经营晶不足给。而臣以一介之微，念叨冒千人之食，扪心知惧，揣分奚堪？乞止支一俸，以省浮费，以惬舆情。

于谦的态度极为恳切，景泰的回绝也相当坚定。

作为景泰朝最有影响力的大臣之一，于谦没有明确反对易储，令后世一些文人相当不满。但于谦只是兵部尚书，景泰易储之时，要反对也应该是内阁学士和礼部尚书先反对才合适，不能什么事都赖于谦吧？在《于谦论》中，侯方域写道：

> 谦虽位为大司马，而其权过于相，盖景皇帝帷幄腹心之臣也。黄闳之议一萌，使谦造膝密陈其不可，则景帝必徘徊而不最快出，而况其率群臣面折廷诤在乎？然谦亦唯唯署名，故非社稷臣也。

侯方域指责于谦没有据理力争，更没有率领群臣在朝堂上直谏，不算社稷之臣。但于谦为什么一定要这么做？为什么一定要保一个昏君的儿子做太子？

而且在景泰三年（1452），谁会想到朱祁钰后来会有那样的结局？侯方域只是有了"上帝视角"，才下了这样的结论。他咋不批判陈循和王直？

后世一些学者总喜欢说于谦情商低，头脑僵化，缺少政治家的智慧，因此进不了内阁。但于谦不坚决反对景泰易储，不恰恰表现了他并不如王直一般迂腐，更为了大明江山的长久懂得变通吗？

值得注意的是，按照大明传统，作为皇帝，景泰拿到大臣联名上疏之后，还得上报孙太后，征求她的同意。当然，此时的孙太后权力已经近乎当代的英国女王，怎么可能不同意？

五月初二，景泰正式下诏，废朱见深为沂王，立自己的长子朱见济为皇太子。诏书写道：

> 天佑下世作之君，实遗安于四海；父有天下传之子，斯固本于万年。

这是吏部尚书何文渊的手笔。

不过，事情还不算完。景泰又做了另一件事，继续败自己的人品。

他废掉了结发妻子汪氏的皇后身份，立朱见济生母杭氏为皇后。这是向孙太后致敬吗？

大明皇室讲究夫妻人伦，朱元璋、朱棣与皇后的一生情深被世代传为佳话，朱瞻基废后则成为他的永久黑点。即使英宗昏招频出，可钱皇后的不离不弃，也能为他挽回不少面子，赢得很多同情。

而景泰废后，其恶果可能不亚于换太子。

据说汪皇后本人未能生下嫡子，却谏言不能易立太子，从而惹怒了景泰。看来在皇权年代，母以子贵真的不是传说，而是血淋淋的现实，生儿子绝对是关乎前程与命运的大事。

当然也有人认为，欲加之罪何患无辞，就算汪皇后不劝谏，景泰肯定还是要废皇后的。这样朱见济是嫡长子，身份比朱见深高贵，从而能坐稳太子之位。

五月十五，朱祁钰正式册封朱见深为沂王。值得强调的是，景泰安排安远伯柳溥为正使，显得非常重视。而副使更了不得，居然是于谦。随后，景泰又封了英宗剩下的两个儿子为亲王：二子朱见清为荣王，四子朱见淳为许王（三子夭折）。

这么看来，皇帝对几位侄子都相当照顾，并不像传说中那样冷血。当然批评者也可以认为，这些不过是表面文章欲盖弥彰罢了。

历尽波折，亲生骨肉终于成了皇太子，景泰比自己当年登基时还要开心。别看朱见济只有五岁，父皇就迫不及待地为他安排东宫属官了。显然，景泰这是借机安抚朝中重臣，花式提高他们的待遇——能说皇上一根筋、情商低吗？

王直和胡濙这两位文臣中的老前辈，多年如一日地给景泰找麻烦，不但没受处罚，反而都加封为太子太师，陈循、高谷和于谦加封为太子太傅，仪铭、俞士悦、王翱及何文渊加封为太子太保，萧镃、王一宁加封为太子少师。上述这些官员，均可以领到双俸。

值得强调的是，仪铭长期担任郕王府长史，显然是景泰的亲信。仪铭之前担任的是南京礼部尚书，景泰将他召回重用无可厚非，但给他安排的职务，却是兵部尚书。

六部尚书之中，除了于谦，基本都是偏向太上皇的，景泰没有撤换其中任何一个，没有把仪铭安排到那五个部，偏偏放到兵部，自然让时人浮想联翩，让后人不禁怀疑：皇上这是对于谦产生怀疑了？

这恐怕还谈不上。仪铭的主要职务还是詹事府詹事。他的兵部尚书不过是名誉头衔，对于谦的影响并不大。

明朝官员的薪水相当低，而且他们要养活的可不光是自己的一张嘴，往往是一大家子。因此，景泰以为这样的安排，会让重臣们死心塌地地效忠自己。然而后面的事情证明，他还是想得简单了。

二、离奇金刀案，真相可能并不复杂

有些人的快乐，注定要建立在另一些人的痛苦之上。

景泰成功地易立太子，更换皇后，有了一种走上人生巅峰的满足感。可他却不去想想，南宫里住的哥哥会有什么样的感受。

英宗已经当了十四年皇帝，似乎乐得落个清闲，反正南宫的日子过得还是挺舒服的，一家人在一起还是挺温馨的。反正自己的儿子还是太子，早晚还是要当皇帝的。

但突然有一天，太监哭丧着脸告诉他，皇太子换人了，您儿子只能当沂王了，早晚要离开皇宫。

听到这样的消息，英宗无疑有五雷轰顶之感。但是，他能乖乖就范吗？英宗一定很后悔，早就应该把老二赶去就藩，绝对不应该把他留在京里，更不应该在出征瓦剌时让他代为处理朝政。

是可忍，孰不可忍！没有一个皇帝甘愿这么放弃权力。如果说刚住进南宫的英宗可能会看破红尘，等到儿子被废以后，他绝对不甘心命运的安排了。

之后"夺门之变"能够成功，绝不是偶然现象。下面我们来说两件和英宗有关的事情。

一是夏天砍树事件。

传说英宗夏天喜欢在大树底下乘凉，这是他为数不多的休闲活动了。给事中徐正却向景泰进言，说现在臣民中有人希望太上皇复位，有人希望废太子沂王嗣位，皇上不能不防。应该让沂王去沂州就藩，把南宫宫墙增高数尺，把墙边树木伐去，宫门的锁要灌铅，以备不测。

景泰听了之后，很快做出了自己的决策：将徐正流放到了铁岭卫，让他当兵改造，为搬弄是非买单。也让全天下看看，自己是多么维护哥哥。

人监高平则认为，南宫树木太多，容易隐藏奸细。这一次景泰却"从谏如流"，很快就派人将南宫的树木全砍伐光。等到英宗过去乘凉时，发现树都没了，吓了个半死，从此就只能躲在蒸笼一般的小屋里过夏。

"砍树事件"经后世文人反复解读之后，让更多人了解到了景泰的"恶行"，更加同情英宗后来的反抗行为。但这事怎么看都不靠谱。砍树这么大的动静，英宗当时居然会不知道，事后等到乘凉时才发现树没了。他到底是瞎子还是聋子啊。

只能说，编段子的人没能理顺逻辑。再说南宫的树木那么多，怎么可能砍得光？

另一件就是著名的金刀案。

阮浪是在南宫照顾英宗的老太监，和修建北京城的阮安还是远亲，祖籍都在安南。据说一次阮浪过生日时，太上皇为了表彰其忠诚奉献，就解下了身上的镶金绣袋，拿出一把非常精致的绣金刀相送。这位太监收到礼物之后欣喜若狂，叩头如捣蒜。

那么，阮浪会把绣金刀像祖宗一样供起来吗？还是天天佩带在身上，发朋友圈向人炫耀？

都没有。没过多久，他居然将这把刀送给了另一个太监——皇城使王瑶。

而王瑶有个朋友是锦衣卫指挥使卢忠。景泰三年（1452）七月的一天，两人喝酒喝得正嗨，王瑶就拿出金刀显摆。他们到底说了些什么，史书上并无细节记录。

注意这个时间点，此时景泰已经完成了易储大业，英宗想拼儿子也拼不成了。

不过，王瑶一不小心喝醉了，趴在酒桌上打起了呼噜。卢忠却平静地拿起金刀，第一时间向监视南宫的总管、尚衣监太监高平告密。

高平很快将金刀送到皇上那里。景泰让人抓了阮浪和王瑶严刑拷打，似乎想让他俩说出点太上皇试图谋反的供词。可惜，这两个太监根子软嘴倒很硬，都被打得血肉模糊了，依然不肯招供，一直挺到被处斩，都没有说出英宗半句坏话。

而金刀案，却成了景泰捕风捉影、陷害他哥哥的经典案例，被后世指责了五百多年。

但如果我们不被带节奏者影响，略加思考一下，就发现此案疑点太多。

阮浪能得到太上皇赠刀，那是他家祖坟冒青烟，是用几十辈子修来的恩典，他一定会把刀看得比自己的老命还重要，给多少金子都不能换的。

这样神圣的东西，阮浪居然很快就转手送给了王瑶。如果不是得到太上皇的授意，就算借阮浪十个胆子，他也不敢这么做——下次英宗问起来，你怎么回答？我们这样的普通人，送个普通礼物给朋友，看到他很快转手送人也不会开心，觉得对方不重视自己，何况是至高无上的太上皇，何况是这么珍贵的宝贝！

因此，真相恐怕只有一种。英宗送刀给阮浪，正是让他送给信得过的人，然后在宫城里拉拢忠于太上皇的势力。说直白一点，这就是在为复辟做准备。

这种金刀，显然不是普通人能够拥有的。阮浪送给王瑶时，后者当然知道事体重大。因此，他才会联络自认为的铁哥们儿卢忠，期望将他发展成组织中的内应。但在当时，景泰的皇位相当稳固，王遥肯定不会像后来的石亨一样，把话说得那样直白。

但卢忠已经看出破绽了，这才果断去揭发，反正两人只是塑料花友谊。阮浪和王瑶至死没有供出英宗，当然不是太上皇无辜。一来，很可能二人事先得到了英宗的某些承诺，已经做好了牺牲自己的一切准备。二来，宫中有不少孙太后和英宗的死党，他们设法控制住了局势，并很快将两个不成气候的炮灰送上西天，杀人灭口。

由此也可以看出，既然南宫内的太监都可以随便出去与朋友聚会，对太上皇的监控措施，能严到哪里去呢？

阮、王两人一死，压力可都到卢忠身上了。据说这时候的他，悄悄找了一个叫全宣的人占卜。后者一本正经地告诉他："这是大凶兆，死不足赎。"卢忠得到了暗示，就果断装疯大吃猪食，还跑到大街上调戏过路女人。这么一来，案件就没法追查到底了：能把疯子的话当证据吗？

景泰身边的两个近臣劝皇上就此罢手："卢忠的疯话不能信，坏大体，伤至性，所关不小。"景泰听了他们的话，就永远丧失了查出真相的机会。如果压着卢忠暴打几顿，不信榨不出更多干货。

他们难道是英宗安排的卧底？并不是。两人分别是大学士商辂和司礼监太监王诚。

显然，作为一国之君，景泰有很多事要操心，不能整天盯着南宫，盯着他哥那点破事儿。但是，应该替皇上好好盯住南宫的人，却压根没能盯好。

常言道，英雄所见略同。同理可证，傻瓜也会犯同样的错误。

当初，建文放过了装疯的永乐，结果把自己的江山给丢了。如今，景泰放过了装疯的卢忠，后果也是相当严重。此后，英宗的行为无疑更为谨慎，而景泰自己的苦日子，很快就开始了。

三、太子身亡，政权交替留下阴影

成功换掉太子和皇后，让景泰过上了最舒坦的一段时光。可惜没多久，又出大事了。

景泰四年（1453）十一月，六岁的皇太子朱见济突然病死。真是个苦命的孩子，不幸生在帝王家。

明代的接生水平相当落后，婴儿死亡率很高，喜事往往能办成丧事。但孩子长到四五岁之后就相对安全了，不可能说死就死。何况是集万千宠爱于一身的东宫太子，未来皇帝。

各种正史都是语焉不详，遮遮掩掩，但事实真相恐怕不会这么简单。

朱见深是被废了，但他的奶奶孙太后依然住在宫城里，依然经营着自己的朋友圈，依然对百官有着很大影响力。

朱祁钰废了朱见深的太子之位，对孙太后肯定是个重大打击，她能认命吗？

没有孙太后的懿旨，朱祁钰连皇帝都当不成，之后的一切事情，当然就无从谈起。

在英宗北狩、京城危急之时，孙太后能够审时度势，放手让景泰和于谦领导北京保卫战，可以说做得不错。那么，朱见济之死，会不会是孙太后谋害的呢？此事当然证据不足。但朱见济死了，朱见深是最大受益者，孙太后当然也乐见其成。

收到噩耗之后，景泰非常悲痛，说一下子老了十岁根本就不夸张。他为太子加怀献谥号，丧礼办得极为隆重。

这时候更可怜的，无疑是刚当上皇后的杭氏了，原本就处在风口浪尖的她，不但要承受丧子之痛，更成为无数人幸灾乐祸的对象。

可惜，在她最需要皇上安慰的时候，景泰似乎顾不上她了。他把自己的工作重心全转到另一件大事上。

我一定要有自己的儿子，一定不能让他们的阴谋得逞！

对于一国之君来说，什么时候有儿子，能有几个儿子，肯定不是自己的私事，而是关系到国家前途与命运的大事。宣德二十九岁"高龄"才有了长子英宗，不光让爷爷永乐没能抱上重孙子，更是直接造成了英宗九岁登基、内政外交一团糟的局面，为土木之变埋下了伏笔。

而英宗虽说处理朝政如同白痴，在繁殖后代方面倒很见功力，没有输给过谁。

眼看宫中的嫔妃都不争气，病急乱投医的景泰，居然想在教坊司（国家妓院）中挑选条件突出，看起来能生儿子的佳丽。当然，他还不至于像宋徽宗赵佶一样去青楼私会，而是让太监晋荣和陈义等人前去挑选，然后秘密带到自己的寝宫。

宋徽宗当年和李师师留下了不少佳话。景泰最中意的佳丽，同样也姓李，叫李惜儿。可惜的是，景泰把全部的激情都给了她，连续折腾了好几个月，她的小腹还是一如既往的平坦。

这个李惜儿毕竟是个风尘女子，对宫中规矩完全不懂，又有几分个性，很快就得罪了杭皇后，被痛打了一顿。在没有收获龙种之后，景泰对李惜儿也相当失望，最终还是将她赶了出去。

景泰一直得不到儿子，却又承受了另一次打击。景泰七年（1456）二月，一直沉浸在丧子之痛中的杭皇后突然一病不起，就此离开了人间。看着住在南宫的老大一个接一个地生，自己最爱的人一个接一个地死，景泰的愤懑之情可想而知。

景泰举办了隆重的葬礼，并为杭氏上谥号"肃孝皇后"。

他多么希望能和她再生一个皇子，能够名正言顺地立为太子，可老天就是不成全。她的离开，更让景泰有了生无可恋的感觉，身体状况更是大不如前了。

不过，难过了一段时间之后，景泰又精神抖擞地满世界蹦跶了。朝政还得处理，而且更重要的是，造人计划还得继续啊。儿子，就是向朝中大臣反击的最有力武器！很快，就有十位绝色少女从江南被带到了京城，带到了他的面前。

这十位花季年华的漂亮姑娘，是太监郝义的侄子郝安不辞辛苦，千里迢迢去苏州和扬州挑选的。当然，她们都不是风尘女子，而是正经人家的千金小姐。因此选秀工作也无须遮遮掩掩，而是正大光明，当地官府也给予了有力配合。最后，应征的数百位少女，只留下了这十人。可见选拔之严格，竞争之激烈。

在这十个姑娘中，说不清是什么原因，景泰对一位唐姓女子特别钟情，也许她有几分像杭皇后吧。一开始，景泰册封她为唐妃，半年之后，又晋封她为贵妃，自然在宫中引起了轩然大波。要知道这个位置仅次于皇后，而杭皇后已经没了，初来乍到的唐氏就成了后宫之主，凭什么啊？

可惜，别看唐妃让景泰魂不守舍，在有一点上，她和别的嫔妃也没有区别，都令景泰失望。

她还是未能有喜。不过，都到这个份儿上了，谜底终于揭开，责任恐怕不在嫔妃，而在景泰自己了。

过度纵欲，心情压抑，服食丹药……二十出头的景泰，身体素质如雪崩一样迅速下滑。

眼看景泰造人不成，最擅长给皇帝添堵的文臣们，又哪壶不开提哪壶了。

这么多年过去了，他们依然希望立朱见深为太子，依然不肯让景泰把皇位传给自己的亲生骨肉！

在他们的潜意识中，朱祁钰永远就是个代理皇帝！

景泰真的非常痛心：我哪点做得比我哥差了，为什么你们就变着法来恶心我？

他明明控制了强大的东厂和锦衣卫，明明只要说一句"朱见深怎么还活着"，懂事的手下就能替他把事情做了。

可惜，当皇帝这些年来，景泰从来没想过害他哥，也没想过收拾孙太后和大侄子，而他自己的儿子却死得相当蹊跷。

明史专家孟森指责景泰"贪位薄兄，自造夺门之祸"，这也许是多数人的立场。但这位皇帝受命于危难之时，励精图治的贡献，显然无人愿意过多提及。而且景泰迎回了太上皇，相比赵构无疑有了明显进步。他对待哥哥的态度，其实已经相当不错了，要不然，英宗能在七年里有九个孩子吗？

这七年间，景泰有大把的机会可以杀掉英宗，可他始终没有动这个念头，却把自己搞得心神不宁，甚至坐立不安。这是何必呢？

做善人不甘心，做恶人又不忍心，既然让哥哥当了太上皇，却还是让他留在皇城，废了朱见深的太子之位，封为沂王，却不忍心打发他去就藩。

我们再看看三百年前，同样死了太子的一位皇帝。

宋高宗赵构只有一个亲儿子赵旉，建炎三年（1129）三岁时就去世了。而赵构因个人问题，基本上没有了再生儿子的可能。他收养了两个养子赵伯琮（后改名为赵瑗、赵玮）和赵伯玖。绍兴三十年（1160），赵玮被立为太子，改名为赵昚。两年后，赵昚登基，是为宋孝宗，而高宗退位做起了太上皇。

这些事情景泰当然不会不清楚。但他不过才二十七岁，绝不会认为自己生不出孩子，也根本不打算立养子。然而就在这时，又有官员出来挑事了。

景泰五年（1454）五月，御史钟同突然上疏，请求复立朱见深为太子。这个小官胆子不小，他不玩拐弯抹角、遮遮掩掩那一套，就是怕皇帝误会。其中居然有这样的语句：

父有天下，固当传之于子。乃者太子薨逝，足知天命有在。臣窃以为上皇之子，即陛下之子。

钟同可真是不拿自己当外人。他简直等于是说，你的儿子死了，是没有天命，是活该，赶紧立沂王就没事了。这不是往人家伤口上撒盐吗？不过一开始，景泰还没有反应，也许是不想和这样的小官计较。

几天之后，礼部郎中章纶也上了奏章，还是之前的那些理论，还是夹枪带棒的讽刺挖苦，还是一副老师教训学生的做派。景泰终于忍无可忍了。当时天色已晚，宫城的大门已经关闭了。皇帝写好诏书，从门缝里传递出，立马将钟、章二人抓到诏狱。

锦衣卫对两人好生拳脚招待，要他们供出幕后主谋，可这俩书呆子嘴倒是很硬，即便面对不说就打死的下场，也坚持打死都不说。不过，他俩也没死。

其实，章纶的座师①是王直，钟同的座师是商辂。只要景泰有一查到底的决心，"幕后主谋"根本不难找出来。不过，景泰似乎想给那两位重臣留面子，不愿意扩大打击面。

不过这样一来，朝中大臣一时也不敢上疏了，景泰也过了一段时间

---

①　科举时的主考官。

安生日子。但到了景泰六年（1455）八月，南京大理寺卿廖庄因母亲去世，要回乡守孝。他回到北京来取堪合，顺便拜见了景泰皇帝。两人开始的会谈还是挺轻松愉快的。突然间画风突变，景泰下令将廖庄廷杖八十，发配到陕西定羌城驿当驿丞。

这下手也太狠了。王阳明被贬龙场驿之前，不过才杖责四十。到底廖庄做了什么大逆不道的事情呢？原来，他只是曾向景泰上了篇奏表，无非是要求早点立沂王以安天下。当时景泰看了就扔到一边，不想和他一般见识。没想到这一次，皇上想起往事，突然情绪失控，恨不能将廖庄当场打死。

打完了廖庄，景泰又想到了两位老熟人，想给他们一起发福利，于是让锦衣卫特制了两根大明开国以来最粗的棍子，带到诏狱去问候钟、章二人，一人一百棍。

这二位一直在监狱里埋头学习和锻炼身体，还想出狱后继续给皇帝找碴儿。结果没等打完，钟同就永远停止了呼吸。章纶则侥幸保住了一条命，估计后半生走道都困难了。

经过这顿操作，朝中大臣算是老实多了。大家都心照不宣地不提立储之事。皇上爱折腾就折腾吧。

在此期间，请注意于谦的表现。自始至终，于谦并没有主动上疏要求复立朱见深，当然也更不可能要求立别人。显然，于谦不愿意管兵部以外的事情。但全天下都知道景泰最信任他，因此都期望由他来阻止景泰。这确实有些强人所难了。

有一位叫杨集的进士给于谦写信，大意说黄闳等奸恶小人进易储之说，为的是逃避自己的极刑。于公你是国家的柱石，却贪恋权位，不想想如何善后。而且章纶、钟同都关进大狱了，你却不愿意搭救！

杨集的信写得很不礼貌，于谦是怎么对付他的呢？不久，杨集升任南直隶六安州知州。他还以为自己真有多少才华，却根本不知道，背后有贵人帮了他。

于谦将信拿给吏部尚书王文。此时，王文以"天官"身份进入内阁，在朝中的影响力大有比肩于谦之势，但两人其实没有什么私交。

王文看了不禁哑然失笑："这书生不知道朝廷法度，但胆略还是有的。要不要给他官升一级？"于谦也觉得应该为朝廷培养储备人才，就和王文一道为他推荐了职务。不过这书生此后再无建树，明史中也没有了他的记录。

而北京保卫战和之后的军制改革，似乎消耗了于谦的全部精力。之后几年，他的身体状况迅速下滑，当年的理想与豪情，也慢慢地被放在一边了。

那么，于谦对大明军制做过哪些改革呢？

有声诵读　明史大案
读书笔记　追忆交流

第十一章

出塞未果生退意

一、军制改革，让战斗力大为提升

在北京城下，也先损失了上万兵马。在之后的一些小规模战争中，他也没有捞到多少便宜，反而让脱脱不花和阿剌知院的不满情绪越发严重，离心倾向越发升级了。这位太师开始意识到，和大明长期对抗是没有前途的，为了草原的生计考虑，最好能恢复之前的朝贡贸易。

但景泰又不是他哥，肯定不能容许也先再派两三千人的使团过来白吃白喝、以次充好。再说了，现在又不是打不赢你，何必委曲求全？他甚至不想让使者入境。

但王直、胡濙等老臣却认为，对瓦剌的请求不能回绝，以免再起战端。显然，他们的思路过于保守，虽说明军在土木堡惨败，但北京保卫战中瓦剌的损失也不小，双方至少是打了个平手，实在没必要畏敌如虎。

景泰最看重于谦的意见。这位有着长远抱负的兵部尚书，对于恢复朝贡并没有完全反对，但强调应该继续加强军备，让瓦剌骑兵不敢越过边关。

当然，于谦不会满足于在北京城下将瓦剌赶走，不会满足于固城自守，他还有更宏伟的蓝图。以笔者对于谦的理解，他一定会认为，如果能亲率大军犁庭漠北，彻底铲除瓦剌对中原的威胁，完成太宗皇帝未竟的事业，才算是不世之功，才能真正让后人景仰。

朱棣一手组建的神机、三千和五军三大营，曾经也风光一时。但随着这位永乐大帝的去世，各种弊端也逐步暴露了出来。

神机营是火器兵，三千营是蒙古式的轻甲骑兵，五军营是重装步兵，三军配合得当的话，在实战中可以产生 1+1+1>3 的效果，从而全面压制蒙古骑兵。三大营同属五军都督府管辖，但各有总兵统领，并不统一，平时不驻在一起，训练也是各练各的。等到真正作战时，临期调拨，彼此相当陌生，配合不娴熟。

即便这样，三大营在永乐朝还是能轻松战胜强悍的蒙古骑兵。但土木堡的惨败，充分暴露了京军组织上的弊端。三支兵种既然需要紧密配合，目前的各自为战就是重大缺陷。

但"将不知兵"正是北宋以来朝廷制衡武将的传统，真的能够打破吗？

经过与身边助手商量沟通，景泰三年（1452）十二月，于谦向景泰呈上奏疏，建议改革三大营。施政偏保守的景泰，这一次却欣然同意了，这无疑需要极大勇气，当然，也彰显了他对于谦的充分信任。

于谦从神机、五军和三千三大营中挑选了十五万精兵，组成团营，建议由兵部尚书或都御史出任提督，并根据永乐以来的惯例，由太监监军。石亨担任团营总兵官，受提督于谦节制。曹吉祥和刘永诚担任监军。

团营下分十营。每营都是步兵、骑兵和火铳兵的混搭。他们吃住在一起，训练在一起，有了突发事件，也能很快集结在一起。每营都有一位都督负责，并有太监监军。之下还有号头官一人，都指挥二人，把总十人，领队一百人，管队二百人。

也就是说，都督管一万人，都指挥管五千人，把总管一千人，领队管一百人，管队管五十人。这样任务层层分解，上情下达，可以减少推诿扯皮现象。

而没有被选进团营的士兵，依然留在三大营，称为"老家"。这部分士兵相当于"预备役"，承担一些次要任务。

一年之后，于谦又增加五万人编入团营，每营达到了一万五千人。

于谦规定，所有将官都要亲自披挂，在安定门外的校场参与训练，演练阵法。把总以下官员，必须熟悉自己管辖下的所有士兵情况，甚至要叫得出名字，记得住年龄、相貌和卫所番号。杜绝"兵不知将""将不知兵"现象的发生。如此一来，"管军者知兵士之强弱，为兵者知将帅之号令"。京军战斗力自然就大大加强了。

于谦既强调训练的重要性，也特别重视对兵器的改进。

明军步兵的长枪都是长杆短刃。于谦在和下属讨论之后，将长枪设计成短杆长刃，如此一来可以显著提高杀伤力。但这样的兵器，如果控制不好很容易伤到使用者自己，所以必须加强训练，做到应用自如。

在北京保卫战中，明军的火器发挥了至关重要的作用，让强悍的瓦剌骑兵吃足了苦头，甚至留下了心理阴影。大明国力强盛，能大批量生产火器和弹药，而北方游牧民族显然不具备这样的条件。于谦敏锐地指出，不光京营要大量装备火器，地方军队也要根据条件，配备足够的火铳神枪，并加以操练，保证能够熟练使用。

针对宋明以来军事组织的弊端，于谦采取了相当大胆的改革措施，而在京城缺少根基的景泰，也乐于支持这样的改变。这么一来，团营的作战效率大大提高，多兵种协同作战的默契也明显增强。沿着这样的道路发展下去，相信要不了太长时间，他们就足以令瓦剌和鞑靼彻底绝望。

有位将军欣赏于谦的改革，但并不欣赏于谦对他的节制。按照他的想法，京营完全由自己以及自己的亲信控制最好。但景泰对于谦又非常信任，怎么办呢？在身边亲信的怂恿下，他有办法了——辞职！

此人就是当年被于谦从诏狱中保出来，并一路高升到武清侯的石亨。他上疏请辞总兵官，以此向景泰示威。皇帝知道石亨的才华，也明白他是个热衷名利之人，就没有同意他的辞职。

于谦看出来了，石亨这是针对自己的。但平心而论，自大明开国以来，确实没有第二个兵部尚书能同时总督京营，他们做的主要是后勤工作。于谦开了历史先河，将统兵权与调兵权合二为一，是非常时期的非常手段，确实不应该成为和平时期的定制。

石亨不是戚继光这种级别的儒将，严格说来算个大老粗。他闹个情绪，一定程度上是可以理解的。于谦很快上疏请辞总督军务一职，只当兵部尚书，让石亨可以专任其事。于谦的辞职动机非常真诚，可景泰似乎不愿意石亨在军界一手遮天，因而并没有批准，依然让两人继续共事。

不能不说，这个做法并不明智，反而为于谦之后的悲剧埋下了伏笔。

作为兵部尚书，于谦的眼光并没有仅仅停留在北京及周边，全国的形势他都密切关注。景泰三年，两广境内浔州、梧州瑶民叛乱活动愈发猖獗。而广东副总兵董兴、广西副总兵武毅都有渎职行为，于谦遂令陈旺、翁信取代董、武二人的位置，并向景泰提出设立两广总督，以改变两省之间沟通不畅、配合不利的局面。

于谦向景泰提出了四个人选：第一是安远侯柳溥，第三是太子太保兼户部尚书金濂，第四是太子太保、左都御史王翱。而排在第二的候选人，是景泰万万想不到的。

于谦居然把自己的名字列了进去。当时，他可是少保、太子太傅、兵部尚书、总督军务，要坐镇京师，统管全国的军事。如果一去两广，兵部尚书肯定就得换人了。

而且为了便于联络，当时的两广总督府并没有设在繁华的广州，而是建在广西东部的梧州，条件比起京城来差了很多。于谦根本不在乎自己从一品的身份，不在乎梧州湿热的生活环境对身体的伤害，只要大明需要，皇上需要，他就和当年巡抚晋豫一样，坚定挑起这份重担。

当然，于谦并没有前往两广，兵部的工作离不开他。景泰安排王翱担任了大明首任两广总督，驻节梧州。两省副总兵均受总督节制，这就大大改变了过去的相互扯皮推诿现象，保证了地方治安。不过，王翱在广西待了一年多就回到京师，并荣升为吏部尚书，成为王直的助手。

而于谦和景泰的老朋友也先，能玩出什么花样呢？

二、瓦剌之变无赢家，从此一蹶不振

正统十四年（1449）对也先来说完全是冰火两重天。

命运之神和他开了个大玩笑，先是将他慷慨地捧上半空，又无情地让他脸朝下摔在地面。

土木堡一战的辉煌胜利，是也先之前做梦都不敢想象的。瓦剌没有费多少力气，没有死多少战士，就将明军最精锐的三大营几乎彻底打残，从而让北京城经历了迁都以来最大的一次危机，甚至让无数蒙古贵族看到了光复大都的希望，让也先在草原各部的声望急剧升高。

可惜，他之前赢得有多顺利，之后输得就有多难堪。

他带着近十万精兵开到北京，创造了蒙古铁骑八十一年来距这个城市最近的纪录。但仅仅过了五天，仅仅打了三场仗，他就相当狼狈地远离了北京。这五天，无疑是他的噩梦。

当也先远眺巍峨的德胜门城楼，以为这是自己北京之行的起点时，却根本没想到，这里就是瓦剌军队的终点。

带着全部精锐围攻北京，结果根本没能攻到城墙底下，连架云梯、挖地道、抛石头的机会都没有，就不得不撤军，实在是太丢人了。

不光丢人，还死人。弟弟孛罗死了，上万瓦剌勇士死了，自己的大营都被炸了个一塌糊涂。

之前就对他阳奉阴违的脱脱不花和阿剌，从此对他更不服气了。

好不容易抓到的英宗，最终被杨善领了回去。对大明来说，这标志着北京保卫战的彻底胜利，而对也先来说，却是土木堡红利的完全丧失。

连那个傀儡可汗，对他也是越来越不尊敬了。

为了控制脱脱不花，也先将姐姐送给他当了正妻。但蒙古可不像大明，可汗都是有很多妻子的。脱脱不花想立继承人时，也先也根本不跟他客气，明确提出：一定要立我姐的儿子。可这个傀儡死活不答应——那你们家不就在蒙古一手遮天了吗，不干！

脱脱不花好不容易强硬了一回，却给自己惹来了大麻烦。景泰三年（1452）初，为了让自己的外甥当上太子，也先居然想起了召开蒙古传统的忽里勒台大会。不过人家那是选可汗，他却要来选太子，真是太着急了吧。

一群蒙古贵族把羊腿、奶茶消耗了不少，但愣是讨论不出结果来。大家都不想得罪也先，可也不想让他姐夫太没面子。

当天晚上，脱脱不花拖着疲惫的身子刚想睡觉，忽然外面一片喧哗。他忙让护卫去看个究竟，结果这小兵的回答差点没把他气昏过去。

也先居然带着手下精锐杀过来了！

白天还是一片祥和、推杯换盏的聚会场所，到了晚上却成了死尸遍地、哀鸿遍野的人间地狱。脱脱不花的手下被杀死了大半，在亲随的拼命保护下，他才侥幸逃了出去。脱脱不花这个恨啊，但在草原上，实力决定一切。你打不过人家，说什么也没有用。

"我要报仇！"这一定是脱脱不花内心最真实的呼喊。

寻找帮手是他最为现实的需要。

也先并没有继续追杀脱脱不花。不过几天之后，这位蒙古可汗的人头，居然出现在了也先的大帐里，摆在了这位太师的胡床前。谁这么有眼色，知道也先想要什么，就不辞辛苦、不失时机地送了过来？

说出来也许很多人不愿相信。杀死脱脱不花的，居然是他的熟人。

脱脱不花逃到兀良哈，投奔岳父沙不丹。这位慈祥的老人置办了丰盛的酒宴招待女婿，让脱脱不花及其下属非常开心和感动，一伙人喝得都走不了道了。迷迷糊糊之间，一群武士杀了进来，将远道而来的客人通通送上了天。

沙不丹知道脱脱不花和也先闹翻了，也知道自己应该站在哪一边，知道怎么做能换点赏钱。之后，本着"要么不做，要么做绝"的宗旨，也先将脱脱不花的后代（除了姐姐的孩子）杀了个一干二净，让这个家族彻底从草原上消失了。

到了景泰四年（1453），利令智昏却自命雄才伟略的也先，终于迈出了爷爷和父亲当年只是想想，但始终未敢迈出的一步。

他组织草原各部落召开忽里勒台大会，让支持者推选自己做全蒙古大汗。在致明朝的国书中，也先自称蒙古田盛（天圣）可汗，还将当年改为天元元年，学忽必烈搞起年号了。但明朝的国书只愿称他为瓦剌可汗，不承认他是整个蒙古的领袖。

可惜，由于北京保卫战的失败和攻灭脱脱不花，也先的威望早就不如从前了。鞑靼各部对他更是相当不服气。拒不承认也先领导地位的孛来，立了黄金家族的麻儿可儿为可汗。这孩子当时年仅七岁，明朝史书称他"小王子"。

从此以后，历代鞑靼可汗不管年龄大小，通通都被南边的邻居亲切地称为"小王子"。

过往多年，阿剌知院都是也先的亲密战友和马仔，帮他做了不少坏事。现在也先当上可汗了，阿剌天真地以为，自己可以接替也先的太师一职，风光一把，为祖宗争光了。

可他还真是想多了。也先封自己的次子阿马桑赤为太师，令阿剌相当失望。没过多久，让他更为愤怒的事情发生了。

阿剌的两个儿子，先后莫名其妙地中毒身亡。阿剌经过调查，发现是也先毒杀了他们，能不悲愤欲绝吗？他知道，也先的下一个目标，肯定就轮到自己了。与其伸长脖子让你砍，不如砍了你的脖子！

景泰五年（1454），也先派两个弟弟赛刊王和大同王攻打兀良哈，本部就相对空虚了。得到消息的阿剌集中了全部人马，突然对也先发起袭击。

猝不及防的一代雄主也先，以及他的弟弟伯颜帖木儿，都死在了乱军之中。从土木之变时的势不可当，俘虏英宗时的志得意满，入寇北京时的目空一切，到众叛亲离的可悲处境，断子绝孙的无比凄凉，只用了五年时间。

而其中最关键的一环，是北京保卫战的失败。说真的，碰上于谦，是他这辈子最大的不幸。

阿剌也想照猫画虎当可汗，可他既没有也先的人脉，更没有人家的根基。仅仅一年之后，在一次冲突中，孛来杀死了阿剌，并将其势力一网打尽。

从此之后，瓦剌一蹶不振，而鞑靼势力重新崛起，进而成为大明最大的威胁。在英宗回到北京整整一百年之后，俺答汗率兵杀到了通州城下，制造了再次让大明蒙羞的"庚戌之变"，进而迫使朝廷不得不开始大规模整修边墙，并修建了北京外城。

其实，这种尴尬本是完全可以避免的。

三、建言北伐未果，渐生归隐之意

北京城下未能擒获或者击毙也先，于谦当然并不甘心。

对于太宗朱棣的施政措施，于谦当然未必全都欣赏。但这位皇帝五征漠北、以身犯险的勇气，于谦不可能不钦佩和尊重。

岳飞"直捣黄龙府，与诸君痛饮耳"的宣言令人热血沸腾，但操作可能性近乎为零。而对于谦来说，率领明军从京师开始北伐蒙古，却要容易多了。

特别是获悉瓦剌内乱，也先与脱脱不花相互攻击，实力都大为损耗时，于谦认为，扫荡漠北，彻底解决蒙古问题的天赐良机已经到了。

机不可失，时不再来。

五十五岁的永乐可以"老夫聊发少年狂"，亲自披坚执锐，在忽兰忽失温大败也先的祖父马哈木，打得瓦剌此后三十五年一直对大明称臣。而五十五岁的于谦，尽管身体状况已经大不如前，但在能够建立不世之功的机遇面前，他也难以抑制胸中的豪情。

景泰三年（1452）正月二十二，于谦向景泰上疏，申请率军北伐。请注意这个日期。五年之后的同一天，也发生了一件与于谦密切相关的事情。

他写道：

臣等窃惟也先违背天道，辜负国恩。一旦无故生衅，侵扰边境，茶毒生灵，虽悔过摅诚，遣使入贡，而罪大恶极，终不可容。今犬羊自相吞噬，是天授以复仇之机而不可失也。伏望皇上允臣所请，统领三营团操兵马，分往宣府、大同征剿逆胡虏，以复前仇，以奋忠义之气，以竭涓埃之报。

豪迈之情溢于言表。

早在景泰元年（1450）四月，当瓦剌入寇大同时，都督杨俊曾奏请大举发兵出塞，对瓦剌实施严厉惩罚。但总督军务的于谦否决了这个请求。景泰当然也认同了于谦。

但是，此一时彼一时也。

当时于谦认为也先的实力依然很强，劳师远征没有把握。而这一次，情况不一样了。因为自相残杀，也先和脱脱不花的实力都大受影响，更加难以与拥有先进武器的明军抗衡了。机不可失，时不再来。

景泰答应了吗？

很遗憾，景泰否定了于谦的建议，认为不需要劳师动众，还是做好防御，静观其变吧。

原本可以改变明朝历史的大好时机，就让皇上这么放弃了。五十五岁的于谦依然热血，而二十五岁的景泰却显得有些保守，可能是土木堡留下的阴影太深，也可能是朝中大臣普遍畏战，更不希望于谦借机再出风头，在景泰面前极力质疑出征的劳民伤财、得不偿失。

于谦的失望之情无以言表，在《新年客怀》中，他感慨时光的流逝，纠结机遇的错失：

> 客底光阴似水流，又看五十五春秋。
>
> 深惭一品三孤秩，敢望千金万户侯。
>
> 辇路尘清残雪在，御炉香煖瑞烟浮。
>
> 老来况味俱萧索，只有归心不自由。

如果景泰答应了于谦，让这位兵部尚书率军"犁庭漠北"，忙于内讧、缺少防备的瓦剌各部，受到的打击很可能是毁灭性的，甚至很可能就此变成历史名词。鞑靼势力想要重新崛起，估计也是不可能完成的任务了。而对明廷来说，土木堡的耻辱可以彻底洗刷，北京保卫战的危局再也无须担心，永乐当年未能达成的心愿，就能在景泰时代真正实现。这么一来，于谦在朝中的威望将会进一步提高，太上皇党的活动也会受到全面遏制，景泰也不会遭遇厄运，明朝中后期的历史将会彻底改写。

可惜，历史不能假设。而失望的于谦又会有什么决定呢？

四、屡次辞职，铁了心告老还乡

在景泰一朝，于谦没有入阁，也不是吏部尚书，却是皇帝最信任的重臣。于谦集兵部尚书与总督军务于一身，相当于汉魏时期的"大将军"，威望自然高于普通尚书，甚至被时人称为"救时宰相"。

于谦是一位优点与缺点都极其鲜明的读书人，却很难说是一流的政治家。在晋豫两省做巡抚时，因为有朝廷的"尚方宝剑"庇护，有"三杨"、顾佐等重臣的关照，除了一次被王振陷害下狱的遭遇，他的仕途几乎没出现过什么危机。

但到了京城，一切都不一样了。于谦刚调任兵部右侍郎不到两年，就因土木之变被推到了历史前台，因指挥北京保卫战而立下不世之功，深得景泰赏识和重用，却遭到了很多人的眼红与嫉恨。

于谦做京官的时间太短，在京城既没有足够的人脉，也对人情应酬没有太大兴趣。而中国传统社会，讲究的是"木秀于林，风必摧之；堆出于岸，流必湍之；行高于人，众必非之"。对于谦这样性情耿直的人来说，很难做到游刃有余，往往还是力不从心。虽说不招人妒是庸才，但掣肘太多肯定麻烦。

北京保卫战和之后繁重的兵部工作，似乎掏空了于谦的身体。五十来岁的他，看起来比真实年龄要大得多。

"狡兔死，走狗烹；高鸟尽，良弓藏；敌国灭，谋臣亡"的古训，饱读诗书的于谦岂能不熟悉？大臣的威望越高，越显得皇帝无能；大臣的能力越强，越让皇帝不安；大臣的操守越严，越令皇帝忌惮。

懂得进退的重臣，要么像范蠡、张良一样自解权柄，及时消失；要么如周勃、郭子仪和韩世忠一样沉迷酒色，摆出一副没有节操的样子，让皇上懒得收拾你。

而像寇准、刘基一样执拗，如岳飞、于谦一样严于律己，在很多君主看来都是野心大的表征，都是要重点防范和打击的目标。

当然，于谦比岳飞幸运的是，当朝皇帝是景泰而不是宋高宗。

在北京城陷入危难之时，景泰曾给予于谦毫无保留的支持，如同登基前的朱元璋对刘基；而政权日益巩固之时，景泰对于谦的信任并未减少多少，猜忌更是谈不上。

景泰没有像刘邦收拾韩信、彭越一样杀害于谦（想想后来他哥都做了什么），也没有搞赵匡胤式的"杯酒释兵权"，依然让于谦以兵部尚书总督军务，这份信任，放眼两千年皇权专制史，都是相当罕见的。

因此，于谦对景泰始终心存一份感激，但他确实不想长期占据要职。

于谦很早就有了退隐之意。之前景泰安排亲信仪铭当兵部尚书，于谦非但没有抵触情绪，反而相当开心。他觉得，一旦仪铭熟悉了岗位职责，自己不就可以顺利退休，回杭州养老了吗？

可人算不如天算，到了景泰五年（1454），仪铭突然去世了。人生无常，于谦感慨良多，更坚定了告老还乡的态度。

这一年，于谦的痰疾加重了。景泰相当着急。他派太监兴安、舒良带上最好的宫廷御医，专程去给于谦看病。御医诊断后给于谦开的方子，需要用竹沥和药。

北京位于北方，气温干燥，冬天寒冷，并不适合竹子生长。景泰向太监打听，知道万岁山有竹林，不顾惜九五之尊，马上就带人赶了过去，不由分说砍倒了大片竹子，也不管浪费不浪费，只为能给于谦找到药引。

这件事情自然也成了一段佳话。但于谦真心觉得自己的身体已经承担不了兵部繁重的工作，再留下是为皇帝添麻烦。

景泰六年（1455）正月初三，当无数国人还沉浸在新春的喜悦之时，于谦正式向景泰提出辞呈。顺便说一句，这一天是宣德去世二十周年，但朝廷并没有特别的悼念活动。

这一次，于谦的态度极其坚决，并建议尽早派人来交接兵部事宜。仪铭已经不在了，换谁能放心呢？景泰当然舍不得于谦离开，就与内阁诸臣商议。

颇得景泰欣赏的商辂，在上表中提出了"石兵江工"的方案，景泰表示同意。于是，工部尚书石璞被调任为兵部尚书，而江渊则成为新的工部尚书。

但景泰驳回了辞呈，只是让石璞协助于谦处理兵部工作，也就是拿石璞当"常务副尚书"。但刚刚过了两天，于谦又提出辞职了。

他在上疏中说道：

> 比缘臣病，蒙调太子太保妆工部尚书石璞于兵部，然犹令臣掌印。臣才疏识短，闻见浅陋，平居行事多不中理，况疾病缠淹之日在乎，乞命璞掌印。

显然，于谦是铁了心要告病回乡，不达目的不罢休了。他一直有病是不假，在朝中做得不开心也是真的。如果于谦再年轻十岁，再多的流言，再多的弹劾，他根本都不会在乎。然而眼看奔六之年，体力精力大不如前，对于官场上的拉帮结派、尔虞我诈，于谦真切地感到力不从心。

于谦希望早点摆脱让自己不开心的环境，早点回到风景如画的杭州，回到出生和成长的故园，好好调养身体，著书立说，为家乡父老做点事情，也等于是为大明发挥余热了。

在《自叹》诗中，于谦道尽了对杭州的思念之情：

> 鬓花斑白带围宽，窃禄无功久旷官。
> 岸帻耻为寒士语，调羹不用腐儒酸。
> 逢人只说还家好，垂老方知济世难。

恋恋西湖旧风月，六桥三塔梦中看。

《左传·襄公二十四年》中说道："太上有立德，其次有立功，其次有立言，虽久不废，此之谓不朽。"立德、立功和立言，是古代读书人奋斗的三大目标。在立德方面，于谦自认为官多年，品行还算合格；立功层面，虽没能北伐瓦剌，犁庭漠北，彻底打垮蒙古势力，但有了京师保卫战的成功，也算差强人意；唯有立言方面，他自觉没有什么建树，和宋濂、刘基这样的浙江大儒差得远。

与其贪恋权力，不如及时退出。有陈循和王文在，景泰也不担心没有支持者吧。

但景泰的不舍，却让于谦一直滞留在了京城。他颁下敕书，认为兵部事情繁杂，石璞刚刚上任，对业务不熟悉，于谦还得接着掌印，不必（其实是不能）辞职。看景泰这么认真，于谦又有点"滥好人"，再不好多说什么了。

景泰七年（1456）五月十六，于谦终于又找到了新的辞职理由。

这一年频发天灾。于谦与王直、王翱、胡濙、俞士悦和江渊等二十三位文武大臣一起上疏，请求致仕。但景泰怎么可能同意。

别人的动机不太好说，也许不乏有炒作的，但于谦是真的想回乡休养，可皇上就是舍不得他走。要是京城还在南京，想他就能随时把他召来，可杭州府距京师有两千多里，实在是太远了。于谦这一回去，很可能再也回不了京城。他也就再见不到这位重臣，再不能向他讨教了。

不过，于谦的心已经不在北京，景泰再强留就有些不明智了。

于谦不结党营私，对事不对人，这让他在朝中没有真正的朋友。即便在自己领导的兵部，一些助手对他也不够忠诚。

右侍郎王伟是正统元年（1436）进士，可以说是老尚书一手提拔上来的。于谦先是推荐他当上了兵部职方司郎中，在景泰三年（1452）九月，又提拔他担任右侍郎。按理说，王伟应该感恩戴德好好工作来回报领导的信任吧？

并没有！王伟见朝中于谦的"政敌"不少，就急于跟这位上司划清界限，居然想到了一个昏招。

有一次，景泰和于谦商谈国事。皇上不动声色地拿出一份奏疏，面无表情地交给于谦。这位兵部尚书一看挺不好意思——居然是弹劾自己的。再一看署名，乐了，居然是王伟。

景泰很不屑地说："我信任于卿，怎么会相信这些流言？"如果于谦和王振有那么一点像，王伟的家人恐怕得准备买棺材了。

于谦从宫中出来时，居然看到了王伟。这位侍郎小心地问："皇上都跟您说了什么啊？"

于谦冷冷地看着他："我有不当之处，你大可当面指出，何必用密疏呈给皇上呢？"把王伟当场臊得满脸通红，恨不能找个地缝钻进去。

于谦并没有处分王伟，这实在有些过于宽容。再想到石亨的恩将仇报，真的有些为于谦不值。

挂职兵部左侍郎的左春坊大学士商辂，对于谦也只是表面上尊敬。在骨子里，这位"三元及第"是个不折不扣的太上皇党。金刀案未能一查到底，正是因为他的大力劝谏。

作为武将领袖，石亨对文官于谦并不真心服气，总觉得对方是在掣肘自己。而范广对于谦却相当忠诚。但无论景泰还是于谦，都没有用范广取代石亨的打算。可即便在更加重文抑武的北宋，连欧阳修都曾弹劾没有什么过错的狄青。

由此，我们想到了另外一位英雄人物袁崇焕。

袁崇焕一介书生，却督师蓟辽，为了实现崇祯五年复辽的宏大计划，需要统一调配辽东军队，可老资格的兵痞毛文龙根本不服他，而且贪污成性，谎报军功，甚至暗通女真。袁崇焕上书皇帝，希望将毛文龙调离，但崇祯没有同意。

为了立威，袁崇焕用尚方宝剑斩杀毛文龙。这成为他后来被崇祯凌迟的重要罪证之一。

而面对石亨的挑衅，于谦却一再容忍，景泰也一再姑息，同样为最终的悲剧埋下了伏笔。

那么，于谦在朝中的保护伞景泰，他的命运又如何呢？

明上解锁

☑ 有声诵读　☑ 明史大案
☑ 读书笔记　☑ 追忆交流

第十二章

夺门之变谁之过

一、景泰病重，令奸佞之人有机可乘

五十五岁以后，于谦多次辞职，都被景泰以各种理由婉拒。作为一个火线上岗的"代理皇帝"，景泰在朝中的根基始终有限，除了于谦和王文，其他重臣几乎都与太上皇和孙太后有千丝万缕的联系，都难以让景泰完全信任。

于谦虽说不算景泰的"死党"，但他的能力和操守，都是这位皇帝非常欣赏的。无论是为了巩固政权，制约反对势力，还是树立忠臣样板，景泰绝对不能放于谦走。

而景泰这时候更急迫的事情，是再生一个儿子，再立一个太子，再占一个位子。

按理说，才二十来岁的景泰，不必着急考虑立储问题，皇太子之位空就空着吧。秦始皇从来就没有立过太子，隋炀帝在太子杨昭薨后也没有再立太子，怕什么啊？

怕出事。这两个朝代最后什么下场，能不让后人遗憾吗？能不让历代文臣警惕吗？能不让他们将皇帝的家务事看得比什么都重要吗？

为了弥补朱见济去世的遗憾，为了堵住好事者的嘴，更为了证明一位九五之尊的能力，景泰坚定不移地执行着自己的"造人计划"。他可以不上朝，但不可以不翻牌子。每个白天，他不是安排这一天的行程，就是与太监商量引进"外援"。每个夜晚，他不是与嫔妃尽情缠绵，就是奔波在赶往美人住所的路上。可当一个个后宫佳丽没法"有喜"时，他的精神就得一次次承受打击和摧残。

而且，也许是过多的房事严重透支了身体，也许是精神压力越来越大，也许是南宫的人丁兴旺令他怒火攻心，也许是他还过量服用了某类保健品，反正二十九岁的景泰，健康状况莫名其妙地迅速恶化了。很快，他的体质甚至连五十九岁的于谦都不如了。看来，更需要辞职的不是于谦，而是他本人！

到了景泰七年（1456）年底，这位当朝皇帝已经重病缠身。这时候的他，才明白年轻不是什么都可以。十二月二十八日，景泰不得不颁下诏书，把最重要的元旦大朝仪都取消了，养病要紧！

转眼就是丁丑新年。很多人一定不会想到，这又是大明历史上特别重要、特别关键的一年。

相比英宗当政十四年的浑浑噩噩，景泰在位的七年，即便说不上多么励精图治，殚精竭虑，也算是勤勤恳恳，踏踏实实，绝对对得起朱家列祖列宗。可是，他的努力付出，根本没有收到相应的回报。

只能说，景泰这皇帝当得太失败，一直没有树立起足够的威望。

英宗当政时，最信任的是王振等太监，对朝中文臣显然没有多好。景泰上台之后，基本上保留了英宗朝的臣子，并没有特意安插自己的亲信，再者，他也确实没有什么亲信。这种任人不唯亲、唯才是举的做法，反而为自己的祸患埋下了伏笔。

说白了，也先和伯颜等人根本没有"土木堡综合征"，倒是大明的很多文臣，却真像患有"斯德哥尔摩综合征"。在十四年的正统朝，他们没少受到英宗和王振的"修理"，却一厢情愿地认为过错都是王振的；景泰当政之后对他们再好，这些人还是坚定不移地想把朱见深扶上太子之位，更是对太上皇怀有特殊感情，而不能理解和尊重景泰的真实感受。

由此，一个"朱祁钰悖论"产生了：

他如果不复立朱见深，就会受到群臣没完没了、夹枪带棒的口诛笔伐，严重影响皇帝的权威与帝位的巩固；

他如果真的复立了朱见深，就不但坐实了"代理"的名分，更让群臣觉得软弱可欺，还是不利于自身权威和皇位稳固。

这种窘境，也许他本人也看清楚了。但两害相权取其轻，他倒是知道自己应该怎么选。

一年之计在于春。也许是想讨个彩头，元旦的朝贺，景泰还是强撑着病体出席了，但要求仪式从简，很快收场。之后的一些活动，像祭太庙和社稷坛等，他都机智地请人代劳。

不过，如果知道半个月后将要发生的事情，皇上一定会为自己的选择无比后悔。

作为这几年景泰最信任的重臣之一，于谦当然最有资格代替他主持这些典礼。但皇上知道于谦身体不好，还三天两头想辞职，怎么好意思再折腾他呢？礼部尚书胡濙倒是非常合适的人选，但老爷子已经八十三岁了，比王直还大四岁，景泰同样不忍心折腾他。

最后，皇上为祭祀选的替代人选，居然是石亨这个大老粗。不过，这位太子太师高大威猛，还有太宗朱棣一般的大胡子，可能让景泰看起来比较亲切吧。

正月十二，景泰来到南郊斋宫，为第二天的祭天大礼做准备。这一次，他是想自己亲自主持的。万万没想到的是，当晚他的病情又加重了。可能是因为半夜受凉，景泰开始大口咯血。这让当值的御医分分钟有重新做人的冲动——不想活了。

不得已，景泰又把石亨叫来，命他替自己完成礼仪。而正是这次召见，成为改变历史进程的关键一步。

石亨已然看出，皇上这是快不行了。与此同时，朝野中要求复立朱见深的呼声，自然也就越来越强烈了。

石亨想，我应该做何应对，才能保证利益最大化呢？

二、于谦探视，留下千古遗憾

正月十三，石亨代替皇上完成祭天大典后，景泰支撑着身子回到奉天殿，命文武百官免行庆成礼，并取消次日的庆成宴，他要好好休息一下。

而石亨心中的小算盘，早已经噼里啪啦乱响了。

正月十四，正在乾清宫休息的景泰突然听到了太监传话，说有一个人求见。景泰一听来人的名字，立马来了精神："快宣！"

于谦已经是满头白发，满脸皱纹，更是满眼的关切与焦虑。但相比景泰，他的气色还是要好一些的。看着年轻的皇帝病成这样，于谦怎么不痛心？景泰很想站起来迎接他，可已经力不从心了。

于谦行礼完毕。景泰示意他在床边落座，有很多话想和他讲，但现在似乎连说话的力气都没有了。

"朕即位以来，一直恪守祖宗法度，承蒙列祖列宗护佑，直到今天。朕身体本已转好，但昨天去了南郊，病情又加重了……"

"陛下一定要保重龙体，我大明江山离不开你。"（潜台词：离了我一切正常，你就赶紧让我回杭州吧。）

"朝中如果多一些于卿这样的贤臣，朕也不至于如此辛苦。朕一直不肯放你回余杭，你不要埋怨朕，实在是贤臣太少。"

景泰比于冕还小四岁。于冕资质平平，于谦何尝不想有第二个儿子？也许在于谦的潜意识中，把这个皇帝就当成了自己的亲生骨肉一样爱护，希望他的功业能超越仁宣二帝，而不要和他哥一样。

但眼前的皇帝还能不能好起来，于谦已经没有太多信心了。

"臣定当肝脑涂地，报效圣恩！"

见到于谦丝毫没有提及立储的事情，景泰能不开心吗？他已经下定了决心，一定要早日临朝，一定要把争议平息下去，一定不能让那些别有用心之人得逞！

"托爱卿吉言，后日朕定会视朝。"

那么，景泰会如愿吗？如果他知道之后两人的命运，肯定不会让于谦就这么走了。

礼部尚书胡濙也听说了景泰咯血的消息，立即上表问安。不过，本着一贯给皇上添堵的做派，他居然提出：

> 皇上日理万机，未建储副，无由助理，致劳圣恭。伏乞早选元
> 良为皇太子，以慰宗庙、社稷、臣民之望。

真是哪壶不开提哪壶。景泰哪有什么元良可选，胡濙还不是变着法儿想让朱见深当皇太子，全然不顾及皇上的病情和心情。当然，胡濙觉得自己这是为江山社稷负责，不然景泰一死，龙椅谁来坐呢？景泰当然不想这么就范，下诏回绝了他的要求。

但事情没有这么简单。左都御史萧维贞、左都副御史徐有贞带着十三道监察御史来到左顺门问安，六科给事中也来了。当年正是在这里，文官们活活打死了王振的三个手下。

看到场面这么混乱，兴安走了过来："你们都是什么官，想做什么？"

萧维贞赔着笑脸回答道："我们是都察院御史和六科十三道给事中，听说圣上龙体不豫，特来问安。"

这时候的兴安伸出双手，比出了一个堪比"斯芬克斯之谜"的符号，并引发了后续的连锁反应。

他将两手食指交叉在一起，摆了个"十"字。徐有贞马上想到：皇上只剩下十天寿命了？

这徐有贞不是别人，就是大家的老熟人，那个主张南迁的徐珵。他为什么会改名，改名后为什么还能混到现在的官职，笔者后面会讲到。

显然，兴安不可能是这个意思，之后的事实说明，景泰的命还长着呢。这位大太监让群臣早点散去，别打扰皇宫的宁静："诸位都是股肱之臣，不能献出良策，日日问安又有何益？"

众人一听，仿佛明白了什么：公公是要我们请皇上立储啊。此时，很多大臣正在礼部开会，由胡濙主持，商量集体上疏的事情。萧维贞和徐有贞领着大家伙儿也赶过去了。

要是在 21 世纪，胡濙和王直都应该退居二线了。可明朝官场并没有严格的退休年龄规定，这两位五朝元老也没有坚定的退休意愿。他俩在朝中有着良好的口碑和广泛的人脉，虽说一直坚持复立朱见深，惹得景泰时时不开心，但人品操守还算不错，皇帝也一直没狠下心来免二人的职，更希望他们自己主动致仕。

但人算不如天算，俩老头偏偏不配合，偏偏要继续为大明发挥余热，偏偏身体也硬朗，大有不活到九十岁不甘心的架势。

事后看来，这俩老干部，真是不看到朱见深或者英宗上位就死不瞑目。这份对旧主的忠诚无可厚非，但他们对得起景泰的信任与包容吗？

据于谦的儿子于冕后来回忆，他爹当时也在现场，也力主复立沂王。后世的学者大多认同了这种观点。

考虑到后来于冕为争取给父亲平反所做的各种违心事，说的各种违心话，我们有理由怀疑，于谦未必在场，即使在场也未必和胡、王二人保持一致。

所谓早建元良，就是早立沂王的同义词。考虑到景泰为了不让朱见深当皇太子，不惜透支身体从事造人运动，甚至不惜把官妓带进宫的事情，可见这些大臣的所作所为，完全是在给皇帝的伤口上拼命撒盐，是成心不想让他多活几天，甚至完全可以说，这些人就是在逼宫。他们也不想想这七年，皇上是怎么对待他们的。当然了，景泰对这些人再好，人家的心永远在孙太后和太上皇那里。

还是做个类比吧。今天一个普通人得了重病，还没到马上要死的地步，他的妻子儿女们不是想着怎么给他治病，不是给他找名医，不是努力让他开心、给他鼓励，反而要趁他精力不济，逼他做自己最不愿意做的事情，或者逼他马上立遗嘱。这算什么？这是落井下石，是恶化病情，是谋杀！

相比之下，后来的武宗朱厚照还是要幸福一些。他生前没有子嗣，当然也没有选定继承人。当三十一岁的朱厚照已经到了生命垂危之时，依然没有大臣逼他选定接班人，让他走得还不至于那么闹心。直到朱厚照驾崩之后，杨廷和等人才向张太后建议，立兴献王世子朱厚熜为新皇帝。

到了这个时刻，才能看出谁是真心向着景泰。内阁学士萧兹说："废了又立，难道不是太儿戏了吗？"显然，景泰肯定也是这么想的，逼他走回头路，还不如让他也去草原放羊。

王文则冷冷说："列位大人只是请立东宫，又不是请沂王复位，我们如何知道皇上想什么呢？"显然，对于这些人不为皇帝着想，只打自己算盘的做法，王文相当不满了。而他的立场，也为自己后来的结局埋下了伏笔。

作为内阁学士之首的陈循，此时却不表态，似乎想两面都不得罪。显然，在场的大多数人支持复立沂王。

胡濙已让人根据众大臣的意思写好奏表，大家依次签字。而萧维贞却希望改一个字。他将"早建元良"的"建"字改为了"择"，并得意地宣布："我的玉带要换了。"

中国人最讲究语言艺术，这样一改，确实就给景泰留了余地。但景泰看了之后并不领情，马上给打了回去，并说自己身体恢复了，十七日就可以早朝。

皇上话都说到这个份儿上了，王直和胡濙还是不甘心。正月十六日，二老又把多位大臣召集到礼部，准备再上诏书——这不是把景泰往死里逼？

其实，他们大可不必把事情做得这么绝。景泰又没有儿子，如果他真的死了，朝臣们大可轻松地把朱见深或者英宗扶上皇位，何必在景泰还在世时，一而再、再而三地刺激他？如果换成朱厚照，真的要大开杀戒了。

今天看来，我们甚至可以说，这些人做的事情，跟发动夺门的另一伙人，是五十步笑百步。考虑到于谦对景泰的一贯忠诚，笔者并不认为他愿意和这些人搅和在一起。

群臣们推举连中三元的翰林学士商辂主笔，再次恳请景泰早立太子。这一次，话说得更直白了，防止景泰听不懂或者装糊涂。

> 天下者，太祖、太宗之天下（建文皇帝表示不服），传之于宣宗。陛下，宣宗之子。宣宗之孙，以祖父之天下传之于孙，此万古不易之堂法。

这下似乎景泰必须就范，没有第二条路可走了。皇位必须传给宣宗的孙子，他又没有儿子，那对不起，只能让英宗的儿子，也就是朱见深继位！众人都为这样的奏疏感到得意，觉得十七日一早，一切就得尘埃落定了。

可他们根本没想到，十六日晚上，另一拨人干了票更大的。

三、共同的目标，让叛乱者走到一起

正月十七清晨，午门外的朝房中，已经坐了很多等待上朝的大臣。这一天对他们来说非常关键，能不能顺利让沂王当上皇太子，就看接下来的行动了。

但是，奉天殿那边却传来一片喧哗之声，显然相当怪异。很快，又是钟鼓齐鸣，声响震天，这是要演哪出？

众大臣纷纷走出朝房，向奉天殿赶去。就在雄伟的大殿丹陛前，一位小个子官员不可一世地站在正中，全然不把百官放在眼里，他扯着嗓子大喊。在场的人面面相觑，都怀疑自己耳朵有问题。

"太上皇复位了，宣众官进谒！"

这不是徐有贞吗？他哪里来的底气？

众大臣越发糊涂了。有些人本能地揉揉眼睛，确定自己不是在做梦：这到底是怎么回事？

过去的十二时辰，究竟发生了什么？

中国有句老话，叫作"不是一家人，不进一家门"。策划和导演这场政变的叛乱分子，居然有一个共同点。说来让人难以置信，他们都痛恨于谦，都想置这位英雄于死地。更讽刺的是，他们这些人大多得到过于谦的提携和照顾。《伊索寓言》中农夫与蛇的故事，在十五世纪中叶的北京有了现实版。

徐有贞就不用提了，当他还叫徐珵时，就对于谦恨之入骨。

正统十四年（1449）八月十八日，于谦走到了历史的聚光灯下，同时徐珵成为人人嘲笑的目标。

徐珵以为自己能看破天象，在朝堂之上力主南迁，却遭到了于谦的当场呵斥："建议南迁之人，当斩！"随后，更是引发了文武大臣的群嘲，更被司礼监太监金英赶出了大殿。

徐有贞其貌不扬，自卑敏感，特别容易记仇。所谓"宁肯得罪君子，也别得罪小人"，徐有贞就是这样标准的小人。

朝中嘲笑他的人很多，他却偏偏只记住了于谦，真是会"抓主要矛盾"。徐珵也不是一根筋，为了能够东山再起，他鼓足勇气去找自己的"仇人"，希望他能为自己说点好话，谋个好差事，真是能屈能伸。

此人不是别人，正是当时景泰最信任的重臣于谦。

于谦是说过徐珵"当斩"，可他从来都是对事不对人。而且更糟糕的是，于谦早就将自己与这伙计的梁子忘记了。当后者求他帮忙时，于谦也就爽快答应了。

可是，于谦并没有帮到徐珵，从而让后者更加痛恨他。

当时，于谦去找景泰，建议提拔徐珵为国子监祭酒（最高学府负责人）。可皇帝却清楚地记得徐珵这个人："这不就是建议南迁的那个庸才吗，此人不可用！"

景泰认为徐珵心术不正，怎么能做这个要职呢，那不把年轻人都带坏了？于谦也就不好再说什么。徐珵不知道感恩，却将责任全推到于谦身上，从此更加痛恨他。加上徐珵自命不凡，对于谦在北京保卫战之后的声名地位也很不服气，甚至由此动了杀机。

无数历史故事都证明了这样一条定律：有才华的人如果走正道，会成为一个人才，甚至是一位英雄；有才华的人走邪路，会成为一个祸害，甚至是千古罪人。石敬瑭、秦桧和胡惟庸都是如此，而徐珵也光荣地加入了他们的行列。

为了洗刷过去的耻辱，徐珵居然想到了一个阴招，在当时的条件下，居然还就成功了。

他将自己的名字改为徐有贞，从此开始了新的人生。这事说来很蹊跷，明朝的户籍制度相当完善，普通人改个名字都会留下记录，何况只有一万多人的京官？但徐珵不知道使了什么手段，居然没有露出破绽，还有了外放山东为官的机会，并在治理黄河水患中表现突出，被朝廷加封为左都副御史，成了三品大员。

这里，一个千古之谜产生了。

徐有贞回到京师，距他叫嚣南迁没隔几年。三品官肯定是要上朝的，景泰既然很反感徐有贞，怎么可能认不出他，怎么容许他每天在眼皮子底下乱晃悠？难道说，徐有贞对自己的容貌气质，也做了一定程度的调整改变，让皇帝发现不了？

相比徐有贞的锱铢必较，石亨更是恩将仇报。

如果给这位大老粗选一个生命中的贵人，很多人肯定会首先想到于谦。

是啊，当他兵败阳和口逃回京师，被关到诏狱受苦，被所有人讥笑之时，是于谦独具慧眼，发现了他的军事才华，并让他主管京营，让他有了展示天赋的机会。

在北京保卫战中，石亨和侄子石彪确实表现抢眼，立下了赫赫战功，谁也无法否认。

但让石亨不爽的是：老子天天拿命在拼，而他于谦根本就没有亲自打过一仗、亲手杀过一贼，名望、功勋却远在自己之上，太不公平，太欺负人了！

大老粗就是大老粗，境界只能这样了。于谦可以推掉自己的封赏，却一再为石家叔侄争取利益，让石亨当上了太子太师、武清侯，就连小年轻石彪都能当上定远伯。

石亨不知道感激于谦，却认为自己的一切荣耀都是应得的。可按大明的规矩，他的武将出身就决定了不可能成为兵部尚书。只要于谦一天不退休，石亨就得听他指挥，受他节制。即便于谦退休了，他还得听下一任尚书的。

起初，石亨对于谦还是感激的。景泰二年（1451），石亨向朝廷举荐于谦之子于冕，希望以此取悦于谦。景泰见到石亨的上疏之后，就召还在杭州的于冕入京。

于谦听说之后深感不安，就向景泰上了一道奏表推辞，其中说道：

> 为人父者，莫不欲其子之贵显，臣岂独无是心哉？但方国家多事之秋，宜以公义为重，不录顾其私恩。伏念臣才乏寸长，官跻一品，顾已乖于清议，也重冒于殊恩？况臣男器非远大，名位爵禄非所能胜。且亨不闻举一岩穴幽隐，拔一行伍微贱，以裨军国之务，顾乃推荐臣之子，于公义安在？况臣叨掌兵政、选法，比以军功妄报，得多不准，理所心侥幸，革冒滥也。岂宜臣之子而冒官赏乎？仰祈圣鉴，令冕回原籍，庶上不玷朝廷之名器，下以协舆论之至公，而臣亦免非分之责。

在文中，于谦批评了石亨不提拔出身低微的英才，来为国家分忧，却要求封赏上司的儿子，确实有失公义。于谦还表示，如果他真的想提升自己的儿子，何必假石亨之手。请皇上收回成命，让于冕继续回杭州待着去。

但景泰却不听于谦的，依然加封于冕为府军前卫副千户。不知什么原因，这个奏折被石亨知道了，他因此非常恼火，觉得好心却没有好报，从而迁怒于谦。

平心而论，于谦对石亨的指责确实不够委婉，让他在皇帝面前丢了面子，也往往让后人指责于谦情商不高。但这件事就让石亨起了杀心，恩将仇报，还有天理吗？

于谦其实早就希望辞去总督一职，不再直接领导石亨，但景泰一直不同意。

景泰三年（1452）冬天，石彪充任右参将，协助年富防守大同。石彪为人跋扈，比他叔更不知道收敛。而于谦提出的"核丁法"，每年两次由兵部和都察院核查团营人数，防止军官吃空饷，直接损害了石彪的利益。于谦又查办了一些石氏叔侄的亲信军官，让他们非常不满。

太监曹吉祥同样痛恨于谦。他本是王振死党，曾两次作为监军，参与了征讨麓川之役，具有一定的军事才华。

景泰上台之后清理王振余党，曹吉祥神奇地逃脱了秋后算账，可见此人的能力之强，城府之深，人脉之广。于谦组建团营时，按照太宗以来的祖制，景泰任命曹吉祥任监军。于谦因痛恨王振之祸，上疏要求取消宦官监军制度。终景泰一朝，这位皇帝对于谦几乎是言听计从，但这一次却罕见地否定了后者的提议。

实话实说，太监势力在军中有四五十年根基，要彻底消除他们的影响力确实不太现实，于谦的做法也显得操之过急，这是他的性格所决定的。而景泰行事稳重，他的回绝并无问题。但这么一来，曹吉祥对于谦也就相当仇视，而且他还想为王振等人报仇呢。

都督张轨出自名门，父亲就是大名鼎鼎的荣国公张玉，哥哥是在土木堡死难的张辅。这样的名门之后，按理说不应该和徐有贞、石亨这些势利小人混在一起吧，但事实上，张轨也正是这样的人。

张轨并未参加北京保卫战，而是随总兵官宫聚率军在贵州镇压苗人叛乱。作为名将之后，张轨轻率出兵，意气用事，没有章法，遭遇大败，导致万余士兵惨死，他本人却毫无担当地逃回京城。于谦曾上疏要求严惩张轨，景泰却因是忠臣之后而作罢。张轨从此恨透了于谦，念念不忘要报复。

以上四人，就组成了夺门的骨干力量四人组。其中，石亨是掌控京军的总兵官，张轨代表传统武将勋贵的利益，曹吉祥在内宫有很大势力，而徐有贞鬼点子多，这个组合还真的能优势互补，一块儿作恶。

其实，石亨和张轨起初并没有找徐有贞，他们联络的是太常寺卿许彬。

这位仁兄当年已经六十六岁，确实不太适合参与随时可能掉脑袋的高风险活动了。许彬向二人表示，自己"身不能至，心向往之"。全力支持你们搞复辟。而且还给他们推荐了一位智多星。

此人就是徐有贞。

但是，我们是否忽略了一个重要问题。

即便想让于谦死，就一定要搞"夺门"吗？

这四人虽说不是位极人臣，但级别也已经非常高了，特别是石亨，已经当上了从一品的太子太师，还怎么升官？他是武将，又不可能顶替于谦成为兵部尚书，顶替陈循掌控内阁，折腾什么劲呢？

　　夺门的风险如此之高，搞不好就人头落地，对四个已经拥有荣华富贵，也没有多大理想和抱负的人来说，为什么非要提着脑袋搞政变呢？

四、隐忍七年，英宗就是为了这一天

　　对于南宫之变，后世很多史家将责任完全推给了以石亨、徐有贞为代表的"四大恶人"，好像英宗无辜得和白莲花一样。对了，土木之变那样的过失都能完全推给王振，夺门能赖一个"囚犯"吗？

　　但我们不妨想一想，这四奸臣想弄死于谦，可以有很多种选择，非得冒着生命危险搞"夺门"吗？搞不好，仇没报得了，自己分分钟就得被镇压，老命就没了。

　　如果没有势力强大的幕后老板指使四人这么做，并许诺事成之后进一步高升，很难想象他们会这么积极。

　　显然，放眼整个大明王朝，能够做到这一点的，也只有太上皇英宗和他妈孙太后了。

　　英宗隐忍七年，就是为了这一天。金刀案的发生，很大程度上就证明他已经在积极筹划政变了。景泰身体健康时，对皇兄的防备措施还是比较得力的。但朝中文武大臣，甚至内宫的兴安等人，却没有他这样的忧患意识，不能很好地替他分忧。

　　而当景泰身体欠佳的时候，英宗一伙的颠覆活动，当然就更加猖獗，更容易成功。

　　当然，今人看古人，很多行为似乎觉得无法理解。但是，我们绝对不能在充分了解前因后果之后，以上帝视角去指责古人智商低、不作为。

夺门事件能够得手，概率其实非常小。

首先，得要求不到三十岁而且有过儿女的景泰，在怀献太子死后的三年多时间里，在后宫嫔妃众多的情况下，一个儿子都生不出来；

其次，得要求还是青年人的景泰，突然就得了重症，卧床不起，无法正常理政；

再次，得要求英宗及其政变团伙团结一致，没有一个人动摇或者变节；

最后，得要求掌握兵权的于谦、控制锦衣卫的兴安等人完全不作为，或者被蒙在鼓里，或者无意干涉。

这些条件必须同时满足，而不是只具备其一。大家看看，就算每个条件的概率为一半（事实上远远不到），那政变成功的可能性，也只是二分之一的四次方。

现在看来，英宗一伙儿的命是真的硬，运气是真的好。

话说回来，景泰的身体，真的如多数史书上所说，已经病入膏肓、无药可治了吗？那他为何在夺门之后一个月才离世？

他既然表示十七日能上朝，就说明自己还没有到说不行就不行的地步。

如果群臣打算请立朱见深为太子，而景泰又活不了几天了，那英宗根本没有理由搞政变。

朱见深此时年仅十一岁（九周岁），肯定也不具备处理朝政的能力，而孙太后的影响力依然很大，朝中文官又多同情太上皇，恨不能天天去他那儿问安照顾。只要景泰一死，英宗还会继续住在南宫当太上皇吗？

怎么可能！

我们不难想象，只要朱祁钰一告别人间，孙太后和群臣一定会端出一碗又一碗"父慈子孝"之类的鸡汤，狠狠地灌朱见深一脖子。这小朋友会有什么反应呢？他要么根本就不敢登基，直接表态"让我爹替我"；要么登基之后请出太上皇监国，然后找个合适的时机，再请老爹复位，自己继续做回皇太子。

不管怎样，一旦确定了朱见深的太子之位，景泰又活不了多长时间，那英宗什么事情都不做，也能重新当上皇帝，何必要和几大奸臣搞在一起，提着脑袋搞政变？

如此一来，更接近事实的情形恐怕就是：景泰一时半会儿也死不了，无论给他施加多大压力，他也不会复立朱见深——谁还没有逆反心理？而且据热心参与政变的提督操练右都御史罗通后来回忆说，景泰要在十七日上朝时，拘捕他和石亨。而不知道什么原因，这个消息竟然被罗通获悉：

> 正月十六黄昏时，亨派遣人来约，明日四更至朝房相会。臣闻知十七日蚤（早）欲拿总兵官石亨并臣等，即于本夜三更时，会亨在朝房。亨报只宜蚤下在乎。臣遂同亨等领军进南城，以成大功。①

如果景泰真的拘捕了石亨，那金刀案式的不了了之就不会重演，英宗团伙将面临灭顶之灾。因此十六日晚上，是他们能翻盘的唯一机会了。而景泰这边，只能说是实在太大意，完美地致敬了朱棣起兵前夜的朱允

---

① 见《天顺实录卷274》，转引自赵现海著：《十字路口的明朝》，天地出版社2021年版，第277页。

炆。

那么，这出政变是怎样完成的呢？

五、北京十二时辰，铸就史上最轻松政变

十五的月亮十六圆。景泰八年（1457）的正月十六，却是一个阴天。

白天，徐有贞去了礼部官署，参加众大臣拥立沂王的会议，还在奏疏上签了字。但是，谁敢保证景泰真的一定会听他们的，一定会受他们摆布？对他来说，就算立个外藩，也比让朱见深上位强得多。

离开礼部之后，徐有贞和政变同伙们又争分夺秒碰面商议。都到这时候了，他还有闲心登上屋顶，观测天象。没办法，古人就是这么迷信。帮凶们着急啊，害怕他一不小心摔下来，叛乱活动就没有军师了。不过，徐有贞很快就从房顶下来，还面露欣喜之色："今日必成，机不可失。"

于是，张𬳿利用自己在军中之便，放出消息说鞑靼扰边，需要调动千余人进城保卫皇宫安全。作为总兵官，石亨有皇城长安门的钥匙，可以把军兵放进去营救英宗。而曹吉祥则安排宫中太监作为内应。

傍晚，徐有贞回到自己的家中，认认真真地焚香祷告，沐浴更衣，和亲人告别。他平静地说："成功了，就是社稷之福；失败了，就是门户之祸。能回来，就做人；回不来，就做鬼！"把自己整得跟荆轲似的。在妻儿绝望又无奈的眼神中，他昂首走出门去。

听说石亨要举事，左都御史杨善和前兵部尚书王骥这两位老干部也坐不住了，纷纷表示要为营救太上皇发挥余热。显然，石亨一伙的行事

并不机密，把柄很多。但不知道什么原因，景泰和兴安并没有什么反制措施。

考虑到兴安后来的归宿，我们有理由怀疑，这位仁兄可能已经被孙太后收买，因此非但不采取行动，反而为政变提供了便利。

四更时分，在黑压压的夜色下，石亨、徐有贞带着一千名全副武装的士兵打开长安左门，闯入了皇城。他们把大门重新锁好，防止外面的京军进入。

延安宫在皇城东南角，很快就能走到。看着石亨一副犹犹豫豫、没见过大世面的样子，徐有贞不觉在心里非常鄙视：真是个老粗啊！你当年在德胜门外的狠劲哪里去了？

"钥匙呢？"徐有贞冷不丁地问。石亨不明就里，就把钥匙交给了他。接下来发生的事情，直接把这老粗搞傻眼了。

徐有贞的右手划出了一道优美的弧线，钥匙从此消失得无影无踪了。石亨又惊又怕，但这时候了，总不能杀人灭口吧。看人家老徐，这才叫破釜沉舟，有进无退，有生无死！

徐有贞的狠劲，还真有一点于谦保卫北京城时的影子，可惜没用在正道上。随后，一行人来到了南宫前。

所谓南宫门门锁灌铅，显然是后世文人的杜撰。如果真的灌铅，那孙太后和大臣们一次次跑来看望英宗，用的难道是降落伞吗？金刀案发生时，卫兵又是怎么进去抓人的呢？

因此，真相很可能就是，南宫守备并不严格。毕竟里面住的是太上皇，又不是真正的囚犯。就算有几个护卫，也能很快被干掉。所谓用木桩撞坏宫墙，从里面钻进去的桥段，八成是一种小说笔法，为的是增加戏剧张力，以显示夺门过程的艰辛和不易。

接下来，叛乱分子们是怎么与英宗会面的呢？

主要生活在嘉靖年间的广东学者陈建，创作了中国历史上第一部编年体明代通史《皇明通纪》。在《英宗睿皇帝纪下丁丑天顺元年》中，陈建对夺门的来龙去脉有相当翔实的记录。而成书于清代的《明通鉴》《明史纪事本末》等，基本上照搬了陈建的描述。

> ……遂薄南宫城，毁垣坏门而入。亨等入见，上皇出问曰："尔等何为？"俯伏合声："请陛下登位。"遂共掖登舆，有贞等前导。忽天色昭明，星月交辉，上皇顾问："卿等为谁？"各对某官某，遂升奉天殿，登御座。初文武群臣约以是日，并入候景帝出视朝，祈遂前议。顷之，南城呼噪震地，群臣失色。须臾，钟鼓鸣，上皇复位矣！群臣遂入贺，改景泰八年为天顺元年。

按照陈建的记述，石亨等人都砸开门闯入崇质殿了，英宗还一脸茫然地问："你们要干什么？"这帮奸臣回答说："请陛下登位。"注意，他们用的是陛下而不是太上皇。

一行人去往宫城的路上，英宗甚至还很认真地问大伙儿："各位爱卿都是谁啊？"都要提着脑袋搞政变了，居然还不认识同伙，却还能答应一块儿去干坏事，这简直太儿戏了。

英宗之前已经当了七年"囚徒"，并有过金刀案的教训了，他怎么可能如此大意，如此信任陌生人。当英宗是无公害的小白兔？

首先，这些人要是景泰安排的"卧底"，给英宗玩"引蛇出洞"，那他恐怕就活不过正月了。

其次，英宗好歹是前皇帝、现太上皇，就算他们的拥戴是真心的，他也会怀疑，这些人能不能成事，会不会把自己带上绝路。

显然，英宗对石亨等人的行动不可能不知情，他们之间肯定早就有了沟通，否则，如果没有太上皇的事先应允，石亨等人根本不敢行动：他反咬一口，把你们交给景泰怎么办呢？

陈建的这段描写，与哈铭、袁彬"记录"英宗北狩的过程，可以说有异曲同工之妙，都是不遗余力地给英宗涂脂抹粉，将责任完全推给奸佞小人。可堂堂的一国之君，总是和奸臣混在一起，总是被奸臣利用，似乎也不是英明伟大的表现吧。

一行人浩浩荡荡地开到了东华门。此时，上朝的官员都已经进去了，宫门是关上的。徐有贞们没有钥匙，也不能像撞南宫一样撞开大门，怎么办呢？

据说，当时有人及时站了出来，喊了一嗓子，然后大门就跟变魔术一样，乖乖地打开了。

此人的光环实在强大，他当然只能是英宗。

当然，英宗并没有看过《天方夜谭》或者《大话西游》，他喊的并不是"芝麻开门"，而是："我是太上皇，速开门！"

然后，门还真的就开了，门就这么被夺了！

真是神勇英武啊。可惜，这样的段子就跟他在草原的各种收买人心一样不可信。很显然，在这场大动作中，孙太后的势力怎么可能不配合，他们一定是要充当内应的。宫城卫队很可能已经被他们控制了，不然也不会如此顺利。

徐有贞们簇拥着太上皇来到奉天殿坐定，随后敲响钟鼓，提醒大臣们过来参拜。

　　完全没有心理准备的文武百官，看到的居然是一个曾经无比熟悉，现在又相对陌生的身影，而不是过去当了七年皇帝的景泰。

　　这种场面，很多人一辈子也没有经历过。这是他们兄弟之间商量好的吗？很多人自然会这么猜想。

　　"卿等因景泰皇帝病重无法理政，迎朕复位。众卿家照旧用心办事，共享太平！"英宗表明立场了。

　　石亨、徐有贞等人带头跪下，三拜九叩首，连呼万岁。现场的百官，不少本身就是太上皇党，盼这一天都盼了七年了；有些人不喜欢景泰，也愿意在新皇治下换换手气；即使是过去七年一直得宠的，看到这样的场面，他们又能怎样呢？

　　于是，按正史记载，他们一个个地跪了下去，一遍遍地叩头行礼。现场没有一个人表示异议，没有一个人愿意捍卫景泰的权力，没有一个人想当烈士，都顺从得令人发指。反正这里面的大多数人，都一门心思想让朱见深当太子、当皇帝。儿子当和老子当，又能有多大区别呢，江山还不都是他们朱家的，我们还不是都得磕头？

　　这场赤裸裸的政变，就这么过家家一般成功了。后世许多文人将夺门捧得很高，就连托名刘伯温的《烧饼歌》也毫不客气地吹捧了一番：

　　　　北方胡虏残生灵，御驾亲征得太平。

　　　　失算功臣不敢谏，生灵遮掩主惊魂。

　　　　国压瑞云七载长，胡人不敢害贤良。

　　　　相送金龙复故旧，云开日月照边疆。

　　但这一切，毕竟没有录像证明，也未必没有大臣不愿意乖乖就范，只是史书上不记载罢了。内阁学士、六部尚书和侍郎这些高官，确实都安然无恙，但并不等于说他们全都乖乖地跪下行礼、听天由命。

那么，政变者最痛恨的于谦，当时在哪里呢？

六、现场还原，于谦为什么"毫无作为"

一直期望告老还乡的于谦，并没有预料到十六日晚上会发生那样的一幕，还以为景泰能够掌控全局。

作为吏部尚书兼内阁大学士，王文也没有预料到这一切。可惜，他们的对头，已经要置他们于死地了。

于谦一直病痛缠身，一直试图告老还乡。不过，他之前探望景泰时，皇帝说他要在十七日上朝，于谦怎好意思不来？

但是，如果他在场，肯定不会这么乖乖就范、束手就擒的。

"天位已定，宁复有他"是于谦坚守的底线。他恐怕不会容忍一个公开宣称不会复位的人，出尔反尔又当皇帝。

王文更不愿意，他已经把自己和景泰深度绑定了。而在几天之前，朝中甚至都传出谣言，说王文试图迎立襄王世子朱祁镛进京继位。

因此，他俩作为要犯，很可能在第一时间就被英宗身边的士兵抓起来了。

英宗宣布复位的时候，景泰还在乾清宫休息，为即将到来的早朝做准备。《明史纪事本末·南宫复辟》中有记载：

　　景帝闻钟鼓声，大惊，问左右曰："于谦耶？"既知为上皇，连声曰："好，好。"明日，上皇临朝，谓诸臣曰："弟昨日食粥，颇无恙。"

　　这显然是后世文人挑拨这对君臣关系的段子。如果景泰怀疑于谦有谋反动机，就算不动杀心，在后者屡屡辞职时早就答应了。朱祁钰就算再糊涂，也知道朝中最值得自己信任的是谁。

　　英宗夺了弟弟的皇位，景泰居然还连声说"好"，如果属实，那只能是讽刺了。

　　景泰当年没有杀英宗，英宗夺门之后，也未必马上置景泰于死地。但大庭广众之下说这句"颇无恙"，有点类似永乐说解缙"缙犹在耶"，可以视作是在给手下发信号。同时也说明，景泰的病症并没有兴安和群臣认为的那样严重——活不过十天。

　　英宗复位，当然要住回乾清宫。他把还有几口气的弟弟赶到西宫，严密看管起来。不过，这个西宫也不是荒凉的冷宫，而是位于西苑，由当年朱棣的燕王府改建的。

　　《明通鉴·景帝景泰八年》中记载：

　　方上皇复辟，帝方卧病，闻钟声，问左右为谁。既知为上皇，连声曰："好，好！"逾月，帝崩于西宫。

　　在《罪惟录·卷八》中，查继佐干脆写道：

是（二）月十有九日，成王病已愈。太监蒋安希旨，以帛扼杀王，报成王薨。

不管各种版本如何行文，它们都承认景泰死时，距夺门已过去了三十来天。而且如果不是被突然赶下台，被无情地赶到西宫，被一直囚禁折磨，景泰还能活得更长。由此也足以证明，在"夺门之变"发生之前，他已经"病入膏肓""奄奄一息"的结论似乎并不成立。

而于谦和王文，则成了政变的祭品。正因于谦生前一直是兵部尚书并总督军务，后世往往觉得他缺乏必要的警惕，未能阻止政变的发生，并给自己带来了不幸。但我们一定别忘了，于谦这几年非但身体不佳，还一直在争取告老还乡，只是景泰始终舍不得让他离开。

更何况，朝廷已经安排了新的兵部尚书石璞，于谦已经算是"退居二线"，随时准备退休，"疏于防范"也就不奇怪了。

在《国榷》中，作者谈迁曾引了一段时人的如下记述：

夺门之役，徐石密谋，左右悉知而以报谦，时重兵在握，灭徐石摧枯拉朽耳，顾念身一举事，家门可保，而两主势不俱全，身死则祸止一身而两主无恙。方徐石兵夜入南城，公悉知之，屹不为动，听英宗复辟，景庙自全，功则归人，祸则归己，公盖可以无死，而顾以一死，保全社稷者也。

此人认为，徐、石的密谋，于谦早已经知道了。他平定这场叛乱轻而易举，但这么一来，英宗和宪宗（朱见深）两个皇帝肯定都保不住了。而他听任夺门发生，宁可自己死，也要保两帝安全，保社稷平安。

显然，作者谈迁是认同这种观点的。后世很多学者也这么看于谦。但很遗憾，他们可能没法理解这位大明捍卫者的气魄与胸怀。

于谦是个敢于任事，很有大局观的人。他争的从来不是个人的小利，而是国家的大利，民族的大义。

于谦也许并不反对朱见深当皇太子，但他对英宗的治国能力完全不信任，并不希望太上皇来吃"回头草"。

有明一代，当然没有像两宋一样明确规定"不杀士大夫及上书言事之人"，但自从永乐政权巩固之后，四十余年也很少诛杀朝中重臣。于谦既然已经多次请辞，远离了朝廷纷争，也无意参与立储之事，他不相信早已经表态不再复位的英宗还处心积虑地要搞政变。而且他十四日看望景泰时，也不觉得皇上会不久于人世。

说来说去，于谦还是低估了人性之恶，低估了小人之阴险。他们真是为了抢一个鸡蛋，不惜杀掉几万只母鸡。就算于谦早早辞职返回杭州，以英宗的个性，上位之后能放过他吗？只要看看这哥们儿对几个小人物的清算，就知道答案只能有一个——No！

就算你躲在杭州不问世事，就万事大吉了？我一定要把你抓到北京审判，以雪当年被废之耻。

大明第一首辅张居正死后，被他悉心培养的万历皇帝抄家清算。海瑞说他"工于谋国，拙于谋身"。同样的话，也可以用在于谦和朱祁钰身上。但于谦只是一个兵部尚书，不是内阁成员，把未能阻止夺门的主要责任推给他，肯定更不公平。

平心而论，以陈循、王文为代表的内阁大学士们肯定责任更大。他们就在宫城的文渊阁办公，更方便见到景泰，而兵部距宫城则有不小距离。

他们更有条件和义务来阻止这场政变。特别是王文，他和于谦从来不是政坛上的盟友，最后却因同样的"莫须有"罪名被问斩，实在令人唏嘘。如果两人早些结成同盟，徐有贞之流就很难有可乘之机了。

司礼监掌印太监兴安掌管锦衣卫，更是严重渎职。就在他的眼皮底下，徐有贞和石亨等人能够碰头，并与英宗和孙太后达成共识。

兴安在政变发生之前未能察觉，政变发生之时，也没有组织人手及时镇压，其表现堪称卧底。考虑到王诚、舒良、张永和王勤等太监都被问斩，而兴安居然能平安无事，实在令人浮想联翩。

至于景泰本人，得了重病那没办法，但让石亨代替自己主持祭天仪式，实在是愚不可及。对南宫疏于看管，对兴安的不作为不做惩戒，未能及时确定皇位继承人，却公开宣布十七日临朝，这些都给政变者提供了回旋余地。

当然，于谦自己做得肯定不是无懈可击，他也过于天真了，这是没有争议的。但于冕深夜告知父亲而于谦毫不作为的段子，显然是后人编撰，借以为英宗粉饰。这个典故，甚至有可能就是于冕本人放出来的，只为能早日给他爹平反。

但是，于冕应该搞清楚，于谦需要朝廷给他恢复名誉吗？于谦的伟大，需要皇帝来证明吗？完全不需要，他们也不配。但于冕自己却需要。

那么，英宗一伙是怎么处理于谦的呢？

第十三章

英雄蒙难成国殇

一、党同伐异，英宗上任大清洗

天顺元年（1457）正月二十一日，英宗颁布了由徐有贞起草的登基诏书，改本年为天顺元年，并号称要"大赦天下，咸与维新"。但他们的所作所为，称"大杀天下"还差不多。

虽说夺门的主心骨是英宗和孙太后，但如果没有石亨、徐有贞等人在外的玩命鼓动、曹吉祥在内的大力协助，这场政变显然也没有成功的可能。因此，这帮人的高官厚禄一定是跑不了的。

徐有贞以政变的"军师"自居。夺门的当天，英宗就令他以本官加翰林学士，入值内阁，第二天又封他为兵部尚书，取代于谦。

三月，英宗晋封徐有贞为奉天翊卫推诚宣力守正文臣、武功伯，兼任华盖殿大学士，掌文渊阁事，赐诰券，子孙世袭锦衣卫指挥使（《皇明人物考》作武功卫指挥使）。而于谦做了八年兵部尚书，却没能当一天的"阁老"。

正所谓"批评的武器终究不如武器的批判"。石亨的作用至关重要，因此英宗大笔一挥，慷慨地给了石亨一个特大礼包：晋封忠国公，年俸一千五百石。放眼整个大明王朝，能活着封公的人虽不是屈指可数，那名额也是相当有限的，足见英宗对这个老粗的回馈之大。

曹吉祥则接替兴安担任司礼监掌印太监，并总督三大营。

而其他打下手的，职位也都如坐直升机一样攀升。英宗封都督张轨为太平侯，食禄一千三百石；张軏为文安伯；都御史杨善为兴济伯，食禄一千二百石，并且子孙世袭。

袁彬和哈铭没有参与夺门，但凭借在瓦剌照顾英宗的辉煌经历，也可以吹一辈子了。英宗当然不会忘记他们，都擢升为正四品的锦衣卫指挥佥事，比正五品的内阁大学士品级还高。

一人得道，鸡犬升天。主子升官了，当然要为马仔谋福利。石亨、张轨和张軏眼看皇帝高兴，不失时机上疏："随臣夺门官舍、旗军三百三十一人，大汉、百户六十九人，保驾官军一千四百九十二人，守门摆队官军一千三百一十九人，乞加升擢。"这时候的英宗当然准奏。凡是参加夺门的，都官升三级，参与保驾、守门的，都升一级。

既然有太多的人要提拔，就得有更多的人腾地方。历代新君上位，通常要大赦天下以安抚百姓，展现皇恩浩荡。景泰执政八年，用的基本上都是英宗班底。但英宗二进宫之后，却对内阁和六部来了个大清洗。

前朝的六位大学士之中，王文首先被抓，接着陈循、萧镃、江渊和商辂也被捕下狱。有言官建议将他们通通处决，以示惩戒。高谷一看形势不妙，果断请辞，总算保住了脑袋。

颇有讽刺意味的是，作为景泰内阁的负责人，陈循和萧镃多年来坚持不懈地和稀泥，在太上皇与孙太后积极活动时不警惕，在之前群臣建议复储时不作为，在石亨、徐有贞密谋政变时不干预，结果，英宗复位之后，岂止将他们一脚踢出权力核心，甚至要踢到鬼门关。

连中三元的商辂，多年来更是坚定的太上皇党，还在金刀案时救过英宗一次，这样的功臣，非但没有高升，反而仅仅因为没有积极参与夺门，就成罪过了。这找谁说理去。

不过，最终处斩的重臣，也仅有极少的几个。陈循、江渊、俞士悦和吏部左侍郎项文曜被罚充军岭卫，从高官变成了新兵蛋子，商辂、萧镃和王伟等被罢斥为民。他们中的大多数人在夺门之前还积极地为复立朱见深奔走呼吁，对太上皇的忠心天日可鉴，对景泰的冷血也不太掩饰。可惜，新主子完全不领情。

新内阁需要人手，英宗于是将徐有贞的"伯乐"、太常寺卿许彬升为礼部左侍郎，大理寺卿薛瑄为右侍郎，他俩都成为内阁大学士。而徐有贞则在内阁里排名第一，相当于事实上的"首辅"。但三人还是少了点。到了二月，徐有贞又将李贤拉进内阁。

而政变者们最重要的目的，显然是除掉一个人，一个他们的心腹大患。

二、罗织罪名，千古奇冤终酿成

史学界通常以"土木之变"为明朝由盛转衰的标志，也是明朝中期的开始。但笔者认为，以夺门之变和于谦之死作为明朝中期的开始更为合适。

随着英宗的大清洗，原本还算基本称职的执政班底被一网打尽，北京保卫战之后凝聚起来的人气更是受到严重伤害，直到明朝灭亡之前都难以恢复。

天顺元年（1457）正月十九，六科给事中们为了邀功请赏，居然联名上了一道奏章：

> 王文、于谦内结王诚、舒良、张永、王勤，外连陈循、江渊、萧镃、商辂等，朋奸恶党，逢迎景泰，易立储君，废黜汪后，卖权鬻爵，弄法舞文。乃者，景泰不豫，而文、谦、诚、良等包藏祸心，阴有异图，欲召外藩入继大位，事虽传闻，情实显著。且王文党古镪、丁澄，于谦党项文翟、蒋林及俞士悦、王伟辈，皆检邪谣佞，国之大憨。乞将谦、文等明正典刑，循等诛其一二，余悉屏之远方，以为不臣之戒！

这篇奏章信息量很大，显然是秉承了徐有贞等人的心意，而且反复揣摩了英宗的心思。更值得强调的是，奏章的高明之处是将于谦放在了王文后面，确实有转移视线、把水搅浑的妙用。

为了置王文和于谦于死地，徐有贞一伙儿绞尽脑汁想出了"欲谋立外藩"的说辞，还要补充一下"事虽传闻，情实显著"。可见，古往今来的阴险小人，用的套路也都是大同小异。

于谦与王文都是景泰朝重臣，同为永乐十九年（1421）进士。他们并非政治上的同盟，却被阴谋家们绑定在了一起，被罗织了同样的罪名，但区别在于，王文不光是吏部（第二）尚书，还是内阁大学士，可以全面参与议政，并享有票拟权，而于谦只是兵部尚书。值得强调的是，王文当年同样没有被选为庶吉士，却成为以"天官"身份入阁的第一人。

王文能够步步高升，在朝中的话语权甚至不亚于于谦，一是自身能力强，二是办事对景泰的胃口。但令人遗憾的是，对于英宗一伙的政变图谋，王文没有足够的防范措施，因此给自己招来了杀身之祸。

林语堂先生在《苏东坡传》中指出："苏东坡永远不够为一个好党人，因为他过于孤高，非常人可及。"这句话同样适用于于谦。但相比苏东坡在仕途上的作为不大，于谦凭借北京保卫战的丰功伟绩，足以在中国历史上占据一个重要位置。

苏东坡不知道"蜀党"为何物，于谦身边当然也没有一个"浙党"。如果有的话，他的晚景何至如此凄凉？女婿朱骥是锦衣卫指挥佥事，于谦都没有利用职权助他拓展人脉、步步高升，何谈培植自己的班底？

王文和于谦被三法司联合会审。主审官是左都御史萧维贞。面对"谋立外藩"的指控，两人当然不愿意招认——没有的事啊。

萧维贞见两人不肯就范，也不顾及他们一把年纪又是从一品高官就下令用刑。于谦只能紧闭双眼，紧咬牙关挺住。王文不想就这么被屈打成招，争辩说："召亲王进京，一定需要调动金牌信符。派遣使者，必须有兵部颁发的马牌。你们去内府和兵部查了吗？怎么能血口喷人？"

王文也是够天真的，这等于是给对方提了醒。人家大可以带着这些东西去查，一查一个准儿。说你有，你就是有。当年汉武帝让江充查太子刘据"巫蛊案"，江充直接带着一些木偶去搜索，硬要说这就是太子诅咒皇上的铁证，你找谁说理去？

于谦却早已看透了一切。他冷笑道："石亨等公报私仇，想让我等死，再争辩何益?"

萧维贞等人不高兴了，这么讲大家都很没面子啊。有个下级官员想为主子解气，抡起拳头想再打于、王二人一顿，不过被当场喝止了。

萧维贞还算做人有底线，没有玩"给你家里塞毒品再告你贩毒"的黑招，而是派人去兵部和内府调查。兵部车驾司主事沈敬挨了打，却咬牙坚持说从来没有发过马牌。内府中襄王的金符果然不见了，但当值太监却说，张太皇太后二十年前就把金符拿走，只是没用而已。

对嘛，当年张太皇太后差点就选了襄王朱瞻墡，没有选英宗朱祁镇。为什么同样的事，老太太做了就是英明正确，王文和于谦做了就罪该万死? 何况他俩还根本没有做。

难道就这么算了? 当然不行。通过一番"头脑风暴"，三法司官员们从历代冤案中寻找灵感，终于想到了一招"意欲"——虽说没有做，但你想了，就是死罪!

这个罪名，似乎致敬了秦桧陷害岳飞用的"莫须有"。

王文得罪的人太多，很多官员盼着他倒霉。但于谦就不一样了，他毕竟是北京保卫战的英雄，又好几年不怎么参与朝政了。

《明史纪事本末·南宫复辟》有记载:

> 狱具，上犹豫未忍，曰:"于谦曾有功。"有贞直前曰:"不杀于谦，今日之事无名。"上意乃决，遂与王文及太监舒良、王诚、张永、王勤斩东市，妻子戍边徼。

但《明史》和《英宗实录》并无相关表述。以上描述，似乎又是后世文人替这位皇帝洗白，将责任推给徐有贞等人。

　　而且这种逻辑本身是不成立的。于谦既没有迎立外藩，又没有劝说景泰不要复立朱见深，真正阻碍朱见深复位甚至有可能立外藩的，当然只能是景泰本人。何来"不杀于谦，今日之事无名"？

　　再说了，锱铢必较的英宗，连建议南宫砍树的小角色高平都处斩了，以彰显自己爱憎分明，又怎么可能放过于谦？

　　带头建议换皇帝，鼓吹"民为贵，社稷次之，君为轻"的是他；

　　在北京城下，似乎没搞清太上皇在不在，就用重炮攻击也先阵营的是他；

　　群臣讨论迎太上皇回京时，说什么"天位已定，宁复有他"，不承认太上皇权威的还是他。

　　这样的人，外宽内忌的英宗，怎么可能让他活着？

　　但平心而论，于谦还真是英宗的恩人。

　　没有于谦力排众议，朝廷很可能就南迁了。如此一来，英宗铁定回不到京城，要在草原上流浪很长时间。参见宋钦宗赵桓的先例。

　　没有于谦领导军民打赢北京保卫战，打怕了也先，打得瓦剌内部有了离心倾向，就没有也先主动提出送回英宗这档子事，他的处境只会更糟糕。

　　没有于谦的坚定态度，景泰也不会有接回太上皇的坚定决心。这样英宗就得长留瓦剌，很可能就得死在也先与阿剌知院的冲突中。

　　《天顺实录卷274》中记载：

　　　谦英迈过人，历事三朝，知无不言，巡抚十有八年，政达大体。土木之变，毅然以天下事为己任，朝廷卒赖以安。年未五十，丧妻不复娶，门第萧然，不容私谒。故乡惟旧庐，不治田宅，官籍其家，惟所赐金帛而已。学问该博，善诗文，尤长于奏疏。政务旁午，章日数十上，累千万言，挥笔立就。然恃才自用，矜己傲物，视勋庸国戚若婴稚，士类无当其意者，是以事机阴发，卒得奇祸。

既然是英宗实录，怎么可能给于谦太高评价呢？前面说了些套话，后面的"恃才自用，矜己傲物"才是重点，把于谦的不幸说成是"卒得奇祸"，咎由自取，以显示皇上英明。

不过，英宗杀于谦真不合算。

这一年，于谦已快六十岁，超过了明朝人的平均寿命，而且身体很不好（得的可能是和他妻子类似的哮喘病）。就算将于谦放归杭州，他也没有多少时光了。当年朱元璋忌惮刘基，也并没有杀他，而是打发到了故乡青田。可英宗和他的支持者们，非要置于谦于死地不可，好让天下人看清得罪他们的下场。

英宗这通操作，等于是进一步成全了于谦的英名，让他的伟岸形象更加深入人心。从此之后，武有岳飞，文有于谦，成为悲剧英雄的代名词。而明英宗则和宋高宗一样，成了昏庸皇帝的代表。

那么，于谦是怎样离开人间的？

三、魂断京城，倒在自己捍卫的城市

天顺元年（1457）正月二十二日，一个让人不堪回首的日子。

这一天，于谦被押赴京城西市斩首。同时遇害的，还有"同党"王文，以及太监王诚、舒良、张永和王勤。

如此一来，在自己曾拼尽全力捍卫的城市中，这位英雄被公开处决。哪怕世间最优秀的编剧，也不敢想象这么残忍、这么荒唐的剧情。

没有于谦挺身而出，领导北京保卫战的成功，这座名城很可能会再度落入蒙古人之手，重新变成元大都。中原半壁江山很可能就此失守，元明南北朝将长期对峙。

再将历史时段放长一些，如果没有于谦，从后晋天福元年（936）到清宣统四年（1912）这近千年时间里，北京这座名城由汉人管理的时间，很可能就只剩下明初的区区八十一年。

幸亏有了于谦的挺身而出，北京的历史，大明的历史，中国的历史，才不至于令后人特别尴尬。

西市是京城处斩要犯的固定场所，当时，这里还高高耸立着一座气势宏伟的牌楼，另有一个比牌楼还高的木杆，以供悬挂死者人头之用。

之所以在大庭广众之下执行死刑，想必是为了警示和震慑，让百姓领教皇权的至高无上，明白触犯天威的严重后果。但就在这一天，就在这里，监斩官和刽子手们却见识到了让他们很不开心、很没面子的一幕。

正值隆冬，天寒地冻。这一天的京城乌云密布，狂风怒号，出门走道都很不方便。但很多得到消息的四九城百姓，还是自发站到了街边，想再看于少保最后一眼，送他最后一程。很多人难以抑制绝望情绪，当场放声痛哭。也许他们认为，以这样的方式，可以为北京这座城市赎罪。

明朝并没有如宋朝一样，公开提倡"不杀士大夫及上书言事之人"，但有明二百七十七年间，在西市牌楼公开处斩的高官并不多，文官的待遇总体上说还是不错的。而于谦之死，恐怕是最为冤屈、最令后人诟病的一次。

在这个世界上，无数奸佞之人如鱼得水。大明好不容易有一个于谦，却落得这样的下场。

时间上推一百七十四年，元至元十九年十二月（1283 年 1 月），同样在北京城（元大都）的菜市口，同样在深冬刺骨的寒风里，于谦的偶像文天祥从容就义，时年四十七岁。他走得平静安详，并留下了"孔曰成仁，孟曰取义，惟其义尽，所以仁至。读圣贤书，所学何事，而今而后，庶几无愧"的文字。

再上推一百四十一年，南宋绍兴十一年十二月二十九日（1142 年 1 月 27 日），在于谦的家乡杭州，抗金英雄岳飞被宋高宗赵构杀害，时年三十九岁。临终前，岳飞写下了"天日昭昭，天日昭昭"八字，向后人证明自己的问心无愧。

自始至终，于谦的表情都相当平和淡定。生命不会重来，没有人会不珍惜。但死亡，又是所有人都必然面对的归宿，何惧之有？何况，他已经充分展现了自身才华，极大程度展现了天赋，实现了少年时代似乎遥不可及的梦想，更成为之后数百年无数热血男儿效仿的典范。

于谦景仰文天祥的浩然正气，崇敬他"只手挽神州"的无畏精神，此时此刻，就在这里，能以同样的方式离开人间，于谦一定不会懊悔，不用遗憾，不必纠结，"而今而后，庶几无愧"。于谦已经真正做到了。当他仰望苍穹，也许会看到文山公正在向他致意，父亲于仁在向他点头，妻子董氏也在使劲向他招手。在天国，他们终于可以团聚了。

不知道什么原因，于谦并没有绝命诗留下。按说他特别喜欢写诗，这时候更应该留下一些心情记录。在《于谦精忠演义》中，作者孙高亮

为于谦虚构了一首七律《辞世诗》，倒是彰显了这位英雄的从容不迫和
笑看生死：

　　　　村庄居士老多磨，成就人间好事多。

　　　　天顺已颁新岁月，人臣应谢旧山河。

　　　　心同吕望扶周室，功迈张良散楚歌。

　　　　顾我今朝归去也，白云堆里笑呵呵。

　　喝完了绝命酒，于谦镇定地引颈受戮。刽子手的大刀高高扬起，伴
随着呼啸的北风，伴随着周遭震耳的哭泣哀号，伴随着骤然喷出的鲜血，
英雄的头颅落在了地上。

　　于谦的生命定格在了五十九岁，距离他在北京保卫战书写的无上荣
光，仅仅过去了七年多时间。第二年的四月二十七，就是他的本命年生
日，可惜，他再也等不到了。

　　于谦已死，整个北京城笼罩在了一片悲痛之中。不久，范广也以于
谦余党之名被杀害。而一首儿歌，则开始在大街小巷传播：

　　　　京都老米贵，哪里得饭广（范广）；

　　　　鹭鸶水上走，何处觅鱼嗛（于谦）。

　　真是天怒人怨。据于冕《先肃愍公行状》记载，孙太后事先并不知
道英宗要杀于谦，获悉死讯之后，连续几天哭泣不止。英宗来看望时，
太后指责皇帝过于绝情："于谦曾为国出力，如不想用可放归田里，何忍

置之于死地?"英宗也日益认识到了于谦的冤情,深深后悔。

这个故事被后世很多史家引用,当成孙太后宅心仁厚的证据。但笔者认为,这应该是于冕为讨好成化以尽早为父平反,而精心编造出来的段子。英宗杀于谦这么大的事情,不可能不事先请示孙太后,而孙太后也并没有保全于谦的动机。

朝中大臣,有不少得到过于谦的提携,可没有一个顾念旧情。他们的全部心思,都用在讨好刚复位的英宗上了。

但就在行刑完毕之后,就在刑场,一位身穿飞鱼服的军官却旁若无人地祭酒痛哭,惹得行人不断驻足观望。显然,这位锦衣卫是不想活了,已经将生死置之度外。他也用这种方式,表达了对于谦之死的强烈不满。

他叫朵儿,一听就是蒙古名字。而他的上司,正是一心想置于谦于死地的曹吉祥。

曹吉祥闻讯大怒,将朵儿狠狠打了一顿。这位下属长记性了吗?第二天,他又跑到西市祭奠于谦了。就这样,一个小人物也被写进了历史。

有明一朝,前后出现了数百位一品、二品高官,他们的故居今天大多已不复存在。但于谦在东长安街住过的宅子依旧保存完好,傲然挺立在一片高楼大厦之中,更显得与众不同。

既然于谦已被判了斩刑,锦衣卫肯定是要抄家的。他们都有着丰富的经验,也见识过很多大场面,金山银山堆在眼前也不会大惊小怪。

但这一次,他们还真的吃惊不小。

身为从一品的少保,于谦的府第连很多七品县令的都不如。装修平常的房子,土气简陋的家具,局促狭小的后院,给这些抄家的人住,他们都未必能看上。真是难以想象,过去十年,这位于大人是怎么忍受下来的？忙活了半天，什么值钱的东西都没搜到。于谦家里除了一点旧家具，只剩下几百本书了。

锦衣卫正准备离开，却看到了一间上锁的屋子。他们非常重视，觉得可以在里边发现宝藏了。

还客气什么，有人抄起榔头就把锁砸开了。而眼前出现的一幕，再一次刷新了他们的三观。

房间里面空空荡荡，只有一个柜子。锦衣卫兴冲冲地打开，却只发现了一些蟒袍、披风、刀剑和敕书，都是当年景泰皇帝陆续赏赐的。而且，每个物件都有记录，标记着何年何月，因何而赐。

景泰对于谦不薄，于谦对景泰更是忠心。如此用心的收藏，让在场锦衣卫都为之动容。再联想到这些年来，他为大明政权所付出的心血，所承受的流言，所遭受的陷害，有些人不禁当场落泪了。

于谦拯救了北京，这座城市却让他身首异处。

于谦日夜思念着杭州，却终究未能回去。

那么，他的遗体，又是怎样返回家乡的呢？

扫码上解锁

☑ 有声诵读　☑ 明史大案
☑ 读书笔记　☑ 追忆交流

第十四章

平反昭雪快人心

一、安葬杭州，于谦终于回到家乡

"二进宫"的英宗，一直忙于扶植亲信，铲除异己，特别是处决于谦和王文，却把一件大事给忙忘了。

直到二月初一这日，英宗才废掉景泰的皇帝尊号，仍称郕王。也就是说，在过去两周时间里，大明王朝同时存在两个皇帝。可能是英宗觉得弟弟活不了几天了，不忍心下手。事实证明，景泰的生命力真不容低估。

二月初六，英宗改吴太后为宣宗吴贤妃，废后汪氏复为郕王妃，怀献太子朱见济降封为怀献世子。当钦天监奏请革除景泰年号改为正统时，英宗却认真地说："朕心有所不忍，仍旧书之。"这么一来，群臣又有热情吹捧皇上圣明的证据了。但英宗之后的表现，证明他对弟弟丝毫也不宽容。

二月十九日，郕王朱祁钰终于在王府中逝去，让英宗大大松了一口气。但根据陆钗的《病逸漫记》记载，景泰是被太监蒋安以帛绢活活勒死的，下命令的主子，当然非英宗莫属。

这种说法并未被多数学者采用。但景泰在被骤然赶下台，承受身体和精神双重摧残之后，还能顽强地活了三十多天，这让"绝症说"不攻自破。因此，正月十七发生的夺门之变，绝对不是"多此一举"，而是彻底改变了历史走向的政变。

弟弟死了，当哥的依然不解恨。他给郕王上谥号为"戾"，并以亲王礼葬于怀献世子墓园附近。

在生前，景泰已经在天寿山为自己修建了寿陵，并仿照太祖太宗旧例，将最爱的杭皇后先期安葬。但英宗"二进宫"之后，下令捣毁了寿陵。杭皇后被废除谥号，遗体也被拉了出来，不知去向，也许是草草埋在别处了。

也就是说，天寿山没有朱祁钰的一席之地。当年，景泰让英宗的嫔妃们和他在南宫团聚，还玩出了"八星报喜"。也许是为了回报弟弟的暖心，也许是不想让他太寂寞，英宗体贴地将除汪废后之外的景泰所有嫔妃全部殉葬，让他们在阴间团聚了。

联想到朱瞻基杀掉叔叔朱高煦之后，又处死了他的十一个儿子，我们可以说：有其父必有其子，都够绝情的。

当初景泰要易立太子时，据说汪皇后曾坚决反对，因此触怒龙颜被废。英宗原本也想赐死汪氏，在李贤的劝说之下才作罢，如此一来，当然也就成了皇帝的一项仁政。

在最寒冷的正月，于谦倒在了自己全力保护下来的北京，天地同悲，日月共泣。当时，这位英雄的儿子于冕、养子于康和女婿朱骥都被充军边关，无法为父亲大人收尸。而朝中大臣忌惮英宗，自然也不敢有所行动。

但越是这样的时候，越能展现人性之光。有一位原本默默无闻的小人物，因为自己的大胆举动，也得以青史留名，为后人景仰。

都督同知陈逵对于谦的冤死极其痛心，也做出了生平最大胆的事情。这位小官用草席卷了于谦尸体，秘密掩埋在了北京西郊，并安排专人保护。这个地方相当隐蔽，一般人也找不到。

就在这年正月，一直好端端的西湖，突然之间湖水干涸。在今天的我们看来，这当然只是巧合。但在当年，获悉于谦的死讯之后，杭州百姓无比哀痛，觉得这是得罪了上天。于谦是杭州人的骄傲，是这座城市最亮丽的名片，无数人盼着他能落叶归根，造福桑梓。可是，他们永远等不到这一天，只能期盼他归葬桑梓了。

此时担任浙江巡抚的，是当年于谦举荐过的孙原贞。据说，当时他曾告诉朋友："贤才之生，实钟山川之秀。今日之兆，哲人其萎在乎？吾甚虞于（谦）公。"

可见，和于谦共事过的孙原贞，也知道后者的耿直在官场上是会有麻烦的。但没想到的是，于谦的生命，会以如此令人无奈的方式终结。

在于谦近六十年的人生历程中，大约有一半时间是在杭州度过的。

他在这里出生，成长，成家，中举。从呱呱坠地的婴儿，牙牙学语的孩子，一路长到胸怀大志的青年。平心而论，他确实没有为家乡做过多少贡献，杭城百姓却为能拥有他而自豪。他遇难之后，无数家乡父老只剩下了一个念想，期盼英雄早日魂归故土，世世代代护佑他最爱的城市。

自从景泰六年（1455）正月开始，于谦就多次试图告老还乡，在西子湖畔颐养天年。当然我们都知道，景泰不舍得放于谦回归，英宗更是不给于谦活路。

身在龙门的于冕，一心想将父亲遗体运回家乡。可他是戴罪之人，根本没有这样的机会。于冕将自己的心愿，告诉了兄长于康。

天顺三年（1459），于康从流放地回到了北京。经人介绍，他见到了陈逵。说起于谦的种种往事，两人不禁都潸然泪下。陈逵薪俸有限，却还是重新置办了棺椁，并赠送盘缠，以便于康能将父亲灵柩运回家乡，安葬在西湖之滨的三台山。

就这样，于谦终于可以长眠在故乡的青山绿水之畔，与另一位抗金英雄岳飞为伴，永远守护着这座名城。人间的纷纷扰扰，恩恩怨怨，已经和他无关了。但那些曾经加害他的人，会继续逍遥快活吗？

二、卸磨杀驴，政变者的末路（上）

盘点两千年皇权专制史，能够成功"二进宫"的皇帝，绝对堪称奇迹。

自打住进南宫，英宗就处心积虑要搞政变，把失去的一切夺回来。但如果不是景泰病重，又没有继承人，英宗就算再怎么努力折腾，很可能一辈子都没有机会翻身，一辈子再也坐不上龙椅。

如果不是找到了石亨和徐有贞这些野心家，不是他们都和于谦有"深仇大恨"，敢于孤注一掷搞夺门，英宗的政变同样无法得手。

平心而论，石亨、徐有贞、曹吉祥和张轨四贼，景泰年间没少从皇帝和于谦那里得到好处，他们真的以为，提着脑袋搞政变，把新主子扶上台，就能保证一生一世的荣华富贵吗？想得太简单了。

景泰身上有建文与洪熙两帝的影子，而英宗的刻薄则更像嘉靖与崇祯。

很快，英宗和夺门帮凶之间的矛盾，就越来越尖锐了。

当初，也先把他抓到草原，隔三岔五地靠他向大明敲诈金银珠宝，将他当成了没有限额的提款机；

如今，几个小人帮他夺了皇位，整天把"夺门"挂在嘴上，整天想从他那里要好处，还是想拿他当提款机。

你们的行径，和也先有多大区别？而我身为皇帝和在草原当囚徒又有多大区别？

如果不把你们清理干净，我这辈子还不得永远受你们敲诈？

如果不把你们清理干净，怎么显示我作为皇帝的圣明？

相比弟弟朱祁钰，英宗显然将帝王之术运用得更为纯熟。如果说正统朝的十四年，他还只是不断学习摸索，不断交学费，那在景泰朝的七年，他的隐忍果决、扮猪吃虎之术，就已经取得明显进步了。

轻视他的人，终将付出极其惨重的代价。

盘点英宗的一生，可以有两大关键词：一是锅，二是门。他善于甩锅，让别人背黑锅，而把自己诠释得跟白莲花一样。他曾"率领"瓦剌大军来大明的城池下叫门，又曾带着一帮野心家在北京皇宫夺门。

土木之变的责任，无论当时的大臣，还是后世的学者，基本上都归结于王振，而选择性地忽略英宗。那么，这位太上皇篡位之后，会继续扩大对王振余孽的打击吗？天顺元年（1457）十月，英宗的一项举措让世人大跌眼镜。

他恢复了王振的司礼监掌印太监职务，还归还了查抄的家产，恢复了名誉。这位死太监的尸首是找不到了，但根本难不倒英宗。他下令用上好楠木刻成王振形象，招魂以葬，并在北京修建旌忠祠以示纪念。

对于这样的举措，满朝文武会跳起来反对吗？很多人当年可是参与制造了左顺门惨案的。正史没有记载，但此一时彼一时，搞不好，他们还要机智地高唱赞歌呢。

于谦已经遇难了，英宗对所谓"于谦一党"的打击迫害却从未停止。巡抚贵州副都御史蒋琳离北京天远地远，都被抓回来处决了。而当英宗想收拾夺门团队那些帮凶时却惊喜地发现，这些人自己先掐了起来。真好，省事。

徐有贞、石亨和曹吉祥是夺门团队的三大核心人物。但他们和很多草根创业者一样，可以共患难，无法共富贵。当初三人能够团结，是因为有共同的敌人于谦，有共同的目标政变。随着夺门成功，于谦遇害，他们之间的矛盾也就逐步激化了。

自诩才华突出的徐有贞，打心眼儿里看不起曹吉祥和石亨两个粗人，甚至觉得跟他俩搅和在一起跌份儿。他这一年不过才五十一岁，觉得自己还有大把的时间，让大明王朝的施政方略上都深深打上他的烙印。

而曹、石二人也看出苗头来了，他们联手煽动言官弹劾徐有贞。低估了对手的能力，高估了英宗对自己的信任，老徐付出的代价相当惨重。

刚当了四个月大学士，徐有贞就和他一手提拔的李贤，去了当初于谦住过的地方——锦衣卫诏狱。

想当年他陷害于谦时有多威风，此刻蹲大牢就有多凄惨。但徐有贞如果能未卜先知，知道曹、石二人的下场，他应该感到特别高兴才对。

诏狱别名鬼门关。在有明一朝，很多官员莫名其妙地"病"死在里面，实际上都是被领了任务的锦衣卫干掉的。但徐有贞幸运的是，他不但出狱了，还继续当官。

当然，京城他是待不了了，被降为广东参政。李贤则被贬为福建参政。

今天的广东是中国最发达的省份，可在明朝，京官千里迢迢去广东上任，差不多就等于流放。徐有贞还真的是能站起来也能蹲下，他不哭不闹不上吊，准备扎根边疆艰苦奋斗，为将来重返京城做准备。

李贤却没有走，反而当上了吏部侍郎。这也足以证明，他和徐有贞根本不是盟友。

徐有贞以为流放广东的日子会漫长，但实际上却很短。他这是要咸鱼翻身了吗？

没过几个月，徐有贞又回到了熟悉的京城，住进了熟悉的地方，又遇到了熟悉的一拨人。

这些人曾经用皮鞭大棍问候过他，用嘲讽奚落招待过他，还用残汤剩饭款待过他，就差没把他扔到雪地里冻成雪人。不过，可能是他们觉得徐有贞还不配吧，那毕竟是大才子解缙的"经典造型"。

没错，徐有贞回到的正是锦衣卫诏狱，而且是被人千里迢迢抓回去的。多大仇，多大恨？

本着痛打落水狗的精神，曹吉祥和石亨在英宗面前坚持不懈地说徐有贞的坏话。而皇帝自己对这个过于精明又有可怕意志的夺门骨干，何尝没有杀心呢？臣子心眼儿太多了，主子肯定不会开心，而会忌惮。

但我们都知道，徐有贞并没有死。

当时，京师莫名其妙来了一场大雷雨，让皇宫损失惨重，却让徐有贞保住了脑袋。十五世纪的中国人，谁没有点迷信思想呢？英宗认为，此时杀人不吉祥，于是将徐有贞打发到云南。这次可不是让他当官了，而是服兵役。

这位五十多岁的新兵蛋子，之前还是二品大员，来到陌生的云南，没有机会游山玩水，倒是有做不完的脏活儿累活儿，还要受比他儿子还小的老兵欺负。这种从云端跌到十八层地狱的经历，要换一般人，早就没有活下去的勇气，早就买块豆腐撞死了吧。

可不也有句话，叫"卑贱地活着，胜过英勇地死去"吗？徐有贞真是个狠人，真有定力，从来没动过轻生的念头，倒是坚持做他起复的美梦。

到了天顺四年（1460），徐有贞终因表现不错，被光荣地恩赐……退休，回到了家乡苏州。顶着家乡人民的冷嘲热讽，这位前高官又顽强地多活了十二年。石亨死了他没死，英宗死了他没死，李贤死了他还没死。

可惜，新皇帝重新重用了很多人，就是不给他一点机会。直到成化八年（1472），六十六岁的徐有贞才带着深深的遗憾，依依不舍地离开了人间。

临死前的徐有贞，有没有后悔参与夺门呢？四个月的威风，换来的是之后十五年的凄凉。人心不足蛇吞象，他自己选择的道路，也只能自己吞下苦果。不过，能看着老对手一个个离开人世，徐有贞也许能感受到些许温暖。

那么，他的那些死敌，又是怎么变成死人的呢？

三、卸磨杀驴，政变者的末路（下）

徐有贞聪明过人，他真的是被两个不上道的莽夫斗倒的吗？显然，如果英宗想保徐有贞，多少人说坏话也没有用。真正想收拾他的，正是最擅长甩锅和借刀杀人的前太上皇。

成功挤走徐有贞之后，石亨和曹吉祥愈发跋扈，行事一点都不知道收敛（至少正史是这么说的）。他俩读书少，没有多少文化，可能连"狡兔死，走狗烹；高鸟尽，良弓藏"都不会背。英宗却对二人一味地听之任之，几乎是有求必应，惹得言官纷纷上疏，替皇帝不值。

正所谓"想要使其灭亡，必先使其疯狂"。这两人的根基和人脉，远远胜过徐有贞，英宗要收拾他们，肯定不是动动小指头这么简单。

徐有贞入狱之后，兵部尚书这一要职就空缺了。石亨趁机推荐自己人陈汝言接任。英宗很快批准。如此一来，石亨就像当年的于谦一样，可以同时掌控统兵权和调兵权。可惜，他高兴得太早了。

天顺元年（1457）十一月，言官举报陈汝言贪污受贿。锦衣卫查抄陈府，搜出来的银两珠宝令人咋舌，和于谦的清贫形成了鲜明的反差。英宗怎能放弃这样羞辱石亨的机会？他召来这位忠国公，毫不客气地训斥道："景泰年间，于谦当了那么久的大司马，抄家时都没有余资。陈汝言才干了几个月，怎么就受贿这么多？"石亨跪在地上，战战兢兢不敢说话。

天顺二年（1458）四月，参与夺门和陷害于谦的张轨病逝。但根据英宗实录记载，这位仁兄大病一场之后，居然产生了幻觉，总以为范广的魂魄在跟踪他，吓得是坐卧不安，心神不宁，很快就一命呜呼了。显然，实录作者不待见他，非要给他安上这样的死法才解气。

转眼到了这年冬天，英宗带着几位近臣登上翔凤楼。站在楼上，京城美景一览无余，各种亭台楼榭尽收眼底。现场气氛相当愉快。突然间，英宗手指远处一座极为豪华的院落，问站在身边的恭顺侯吴瑾："你知道那是谁的房子吗？"

吴瑾当然知道，也当然知道去那里行贿。但是，看着皇帝的做派，他忽然明白了什么，就有了一个好主意。

"那一定是哪位王爷的王府吧？"吴瑾露出羡慕的眼神回答。

英宗一听乐了。这骂人不带脏字的功夫，很有点当年王振老爷子的风采啊。不过，英宗还是提醒他："石亨居然可以放纵到这种地步，居然没有人揭发他！"

相比永乐当年"（解）缙犹在耶"的暗示，英宗已经够不含蓄了。那大家伙儿还等什么啊。

石彪镇守大同，与在京城的石亨可以遥相呼应。朝中文官为了讨好英宗，就捕风捉影地攻击石家叔侄，准备效仿赵匡胤，以"陈桥兵变"方式夺取大明天下。这么一来，皇帝收拾他们，就是为了捍卫大明江山。

天顺三年（1459）七月，朱祁镇下诏令石彪回京。这位跋扈将军自然不愿顺从。但他的愚蠢对策，却大大加快了自己的倒霉步伐。石彪居然唆使千户杨斌等五十余将入京师，一起保奏，要求让自己继续镇守原地。能量不小啊！这种近乎赤裸裸逼宫的手段，在景泰那里也许有效，但对已经历了多次政治变故的英宗来说，只能起反作用。

英宗下令将杨斌等人下狱拷打，严刑逼供。这些人扛不住了，只能将责任添油加醋地推给石彪。很快，弹劾石彪在大同为非作歹的文件，像雪片一样出现在了内阁和都察院。这年八月，英宗也顺应民意，诚邀这位北京保卫战的功臣来北京，在死囚牢里"白吃白住白挨打"。

所谓树倒猢狲散，墙倒众人推。石亨的亲信、锦衣卫指挥逯杲趁机上疏，指责"（石）亨怨望，与其从孙（石）后等造妖言，蓄养无赖，专伺朝廷动静，不轨迹已著"。

眼看石彪就要被处以极刑，石亨知道问题严重了。他还没有蠢到为侄子求情的地步，而是主动请求辞职，以退为进。按说石亨这个应对还算机灵，都卑微到尘埃里了，念在当初撞南墙的分儿上，也得给他一条活路吧。

这时候的英宗，心机之深远非景泰可比。他不光果断驳回了辞呈，还好言抚慰了石大将军，鼓励后者继续为大明效忠，发挥余热。粗人就是粗人，石亨一旦放松警惕，死神就向他送上热吻了。

英宗和李贤先有条不紊地清理掉了石亨的党羽，确认他掀不起什么风浪之后，终于收网了。

天顺四年（1460）正月，夺门之变三周年之际，石亨还真收到了一份大礼包——终身免费住房。他以谋反罪被关进死牢。之前对石亨百般讨好的群臣，如今秒变正义的化身，纷纷上疏要求将他处决，以彰显大明国威。显然，这些大臣已经看清了风向，并得到了暗示和�恿，知道自己应该怎么站队。对石亨在北京保卫战中的功劳，他们当然选择性失明。

但本着慈悲为怀、绝不轻易杀人的宗旨，英宗迟迟未能答应。不过就在二月，石亨突然"病死"在狱中了。熟悉大明历史的人，知道这不过是常规操作。

四天之后，石亨和好侄子就在阴间团聚了。同样是寒风呼啸的深冬，同样是气氛肃杀的西市，石彪被公开斩首。三年前，无数人在这里见证了于谦的遇难，哭得撕心裂肺；如今，太多人又目睹了石彪的末路，笑得那叫一个开心，更要赞叹皇上圣明。如果英宗选择凌迟石彪，京城百姓想必一定会重金抢购割下来的肉片，拿回家涮火锅，既是替自己解恨，更是为于少保报仇。

石氏叔侄在景泰朝步步高升、一顺百顺，朱祁钰和于谦对他们包容大度、不计小节。这让他俩及其马仔有些忘乎所以了。别人尊重你，不是因为你真的太过优秀，而是别人真的太过优秀；不是别人想巴结你，而是别人有教养。这个道理，没有文化的石氏叔侄怎么可能明白。

他们身在福中不知福，自作聪明地投靠新主子递投名状，结果落了个惨死的下场。人不能总是在失去之后才懂得珍惜，世界上最难买的就是后悔药。叔侄二人在另一个世界抱头痛哭时，有没有想起当年的老上司于谦？

虽说兔死狐悲，但正在云南"劳动改造"的徐有贞得到消息之后，恐怕中午得多吃两个窝头庆祝，做梦都能笑醒了。

徐有贞和石亨都被轻而易举地清除了。曹吉祥智商再低，也知道英宗的下一个目标是谁了。怎么办呢？

天顺五年（1461）七月，好端端的皇宫里，居然又迎来了一场大战。

四年前的夺门之变，其实并没有发生激烈的战斗，整个过程顺利得莫名其妙，但其实合情合理——景泰重病之下，对英宗的防范放松太多。

可曹吉祥没文化真可怕，还想再玩一次升级版。

他和侄子曹钦纠集了一批蒙古武士，准备占领皇宫，让曹钦做皇帝——谁让当叔叔的是太监呢？据说，曹钦为了给自己壮胆，还特意向门客冯益请教，有宦官子弟当皇帝的吗？对方的回答，让这位仁兄非常开心。

"有，太有了，一千多年前跟您还是一家，就是魏太祖武皇帝曹操啊。"曹操的父亲曹嵩是宦官曹腾的养子，而曹钦是曹吉祥的侄子，他一听能不高兴吗？

当年冯益曾建议景泰将太上皇和沂王都迁于沂州，以绝后患。可惜景泰念及兄弟之情，不愿这么做。英宗上台之后，冯益担心被英宗清算，就悄悄投靠到了曹钦门下。

曹钦与叔叔商量，七月二日夜动手，再搞一次夺门。他们的计划简单得如同儿戏：曹钦领兵从宫外杀入，曹吉祥为内应。废掉英宗，曹钦登基，改朝换代。

当晚，曹钦与弟弟曹铉、曹睿、曹铎，以及蒙古将军伯颜也先，带着近千蒙古武士杀到了长安左门。按事先的约定，曹吉祥的手下会打开大门，放他们进去。

这是五年前夺门时的福地。可曹钦一行赶过去叫门时，原本应该出现的内应，居然放鸽子了。

曹钦猛然醒悟，知道这是内部出了奸细。按说大难临头，只有放手一搏，将造反进行到底。曹钦没有想办法破门而入，却马上直扑"恩将仇报"的逯杲家。

这是给英宗多一点时间来实施抓捕行动吗？真贴心。曹钦赶到逯杲家时，正遇到这位仁兄想跑路。那还客气什么，曹钦当头一刀就把这伙计宰了。

随后，曹钦一伙又赶到了东朝房，当场逮住了一条大鱼。

吏部左侍郎李贤正在里面值班，被逮个正着。叛军们痛恨这个英宗跟前的红人，恨不能把他剁了烧烤，于是纷纷举刀砍过去。

但是，李贤却能活下来，真是太神奇了。

原来，曹钦来找李贤，居然不是为了杀他，而是想让他写封信给英宗，替自己开脱。

都到这份儿上了，曹钦还以为李贤的一封信就能保他的命，真是很傻很天真。李贤倒是很精很镇定，认真写完了信。但将信送出去之后，曹钦突然警醒了："各位兄弟，马上出发！"

话分两头。曹钦手下出了一个"奸细"马亮，他跑去向怀宁伯孙镗和恭顺伯吴瑾告密。

孙镗正是当年在西直门前大战也先，打不过想跑回城里未遂的将军。这一年他已经七十岁了，却依然相当活跃。孙镗本来打算第二天征西，因此也就没回家，直接睡在了朝房里。

听到马亮添油加醋地一形容，孙镗和吴瑾都着急坏了，恨不能马上插上翅膀去保护皇上，赢取封赏。可他俩都是武夫，拙于文墨，纠结了半天，只能写下"曹钦反，曹钦反"几个大字，让人从长安门门缝里给递了进去。

收到消息的朱祁镇反而是一点都不慌乱。他立即下令关闭九门，以防不测，并逮捕了曹吉祥。

根据明朝制度，孙镗和吴瑾没有兵符，根本调不了兵。难道，就这样等着叛乱分子得逞吗？

四年前的兵部尚书于谦，还不是一样无法在半夜调兵。但此时，戏剧性的一幕出现了。

据说，孙镗和两个儿子火速跑到征西军大营，扯着嗓子高喊："刑部大牢有人造反，收拾了他们，赏金丰厚！"

一开始，并没有几个人响应他们。但架不住父子三人的猛喊，越来越多的士兵出来了，最终，集结在孙镗周围的勇夫达到了两千人。这些人本来就是他第二天征西要带走的，可今天，他们有更重要的事情要做。

"看到长安门那边的火光了吗？有人造反，要攻打皇宫。我们现在过去，都能立下盖世奇功！"

今天看来，孙镗这番表演，事前似乎有过彩排，而导演肯定不是他。

曹钦一伙儿已经赶到了长安左门，并且试图放火把门烧坏。里面的卫兵拼着小命往外浇水，大门烧了半天没烧开。眼看天就亮了。曹钦果断命令："去东安门！"

东安门在皇城东侧，比长安门要小一些。曹钦的手下再次点燃了火把扔向大门。随着噼里啪啦的阵阵巨响，大门终于塌了下来。叛乱分子们一个个非常兴奋，似乎看到了杀进皇宫、杀出一条血路、杀死朱祁镇的希望。

可门明明坏了，他们却还是进不去，一个个急得干跺脚。这是怎么了？难道前面有红衣大炮？

那倒没有。皇宫内不可能有重炮的。再说这玩意儿下个世纪才能造出来。东安门守军不知道搬来了什么易燃物品，在里面又放了一把火，等于构建了一道火墙。眼看火势越来越大,曹钦急得浑身哆嗦,却又无可奈何。

就在进退维谷之际,更大的麻烦又来了。孙镗率领的两千征西军,在长安门外没找到曹钦,就顺着城墙杀过来了。就在全中国最为神圣的皇城根下,双方展开了殊死拼杀。曹钦手下的蒙古武士人数虽少,战斗力却相当强劲。从凌晨一直战到中午,居然还没有分出胜负。

更奇怪的是,居然还没有援军来帮助孙镗。但这位将军毕竟是经过北京保卫战洗礼的,在渴望建功立业的信念支持下,率领正规军越战越勇。叛乱分子终于招架不住,败下阵来。

曹钦带着一百多人打马狂奔,试图冲出北京城。他们知道,能逃到哪里没关系,但留在城里,肯定是抄家灭门的下场。可这些人打马围绕北京九门跑了一圈,却发现哪里都出不去,哪里都布置好了火铳箭雨,哪里的守将都想拿他们去领赏。

曹钦算是明白也先十二年前的无奈了。绝望之下,他只能跑回自己家,企图做最后的负隅顽抗。

孙镗岂能放过这样的立功机会?他率领军兵包围了曹家大院,密集的箭雨让里面的人逃无可逃。曹钦知道末路已到,果断投井自尽,免得再受一遍羞辱。而杀红眼的士兵一不做二不休,把曹府上下杀了个干干净净,顺便把能搬走的财物都搬走了。

三天之后,英宗下令处死夺门功臣曹吉祥,可能觉得砍头还不解恨,就给了这位大太监一个凌迟的"大礼包"。陪同他挨刀的还有曹钦等要犯的尸体。冯益和一众喽啰则被斩首。而孙镗则被封为怀宁侯,马昂、王翱和李贤加封太子太保。

就这样,夺门的主要帮凶,全部都被英宗铲除了。此后,再没有人

敢拿政变说事，英宗的权威得到了很大提高。依然很年轻的他，是要在
龙床上再打几十年滚吗？

四、新皇登基，于谦终被肯定

平定了石曹之乱，将当年协助自己搞政变的合伙人清理干净之后，
按理说英宗有条件也有机会，可以甩开膀子大干一场，证明自己比景泰
强，证明"二进宫"顺应天意，也让后世史官吹捧起来容易一些嘛。

但可惜的是，他的身体迅速恶化，不久就离开人间了。史书遮遮掩
掩，居然说英宗死于脚气病，实在让后人无法理解。

天顺八年（1464）是甲申年。正月十七，三十八岁的英宗在紫禁城
驾崩。按说他这时去世还算厚道，否则全北京、全中国百姓连元宵节都
过不成了——他父皇宣德不就这样吗？但这个年龄就死，确实属于"英
年早逝"。

有明一代十六帝，寿命最长的一个，居然是生活条件最差甚至还当
了几年乞丐的朱元璋，也只有他一人活过七十岁。能活过六十岁的，也
只有太宗朱棣和世宗朱厚熜。而朱瞻基和他的俩儿子，经历更是令人唏
嘘。

朱瞻基死于正月初三，朱祁钰则是在二月离世的，父子三人都没有
活过四十岁。三位大明天子，一国之君，寿命居然都远远不如普通人。
而这爷儿仁的短命之因，尽管史书上遮遮掩掩，恐怕都和床帏之事关系
很大。

　　更值得强调的是，正月十七，正好是夺门复辟的日子，也就是说，英宗"二进宫"后做了整整七年皇帝，一天也不少。

　　英宗与朱祁钰原本可以成为兄弟和谐、手足情深的典范，可惜造化弄人，他俩最终也和无数皇室兄弟一样，走向了相互猜忌、陷害甚至谋杀的道路。他们的父亲九泉之下有知，当然会非常心痛；而大明王朝经过土木之变、夺门之变和石曹之变的损失与折腾，则不可逆转地走上了下坡路。

　　如果把英宗和思宗崇祯皇帝做个对比，也会发现一些"神同步"。

　　正统十四年（1449），英宗和也先紧密配合，共同"执导"了令后人不可思议的土木之变，并催生了十月于谦领导的北京保卫战。整整三个甲子之后，崇祯二年（1629）因边防疏漏，皇太极率后金大军侵入关内，形成了"己巳之变"。十一月，袁崇焕等人又领导了一场北京保卫战。

　　两场战争均以明军获胜、入侵者被迫撤退告终。但事后，保卫京师的英雄于谦与袁崇焕，均被皇帝以类似"莫须有"的罪名处决，倒在了自己浴血保卫的城市。

　　天顺八年（1464）正月英宗驾崩，给儿子宪宗留下一个烂摊子；一百八十年后，崇祯十七（1644）年三月，李自成占领北京，思宗在煤山殉国。也就是说，两场京师保卫战，距两个皇帝的驾崩，正好都是十五年。

　　相比英宗被俘之后的率兵叩关，崇祯的骨气还是令人尊重的，但他执政期间的脑残行为可能更多。不懂得从历史中吸取教训的人，历史总会给他教训。

宋高宗赵构杀害了岳飞，明英宗朱祁镇杀害了于谦，后世很难不将这两个皇帝放在一起比较。在宋高宗那里，"恶有恶报"法则完全失灵，他一直活到八十一岁才寿终正寝，在历代皇帝中仅次于清高宗乾隆（八十九岁）和梁武帝萧衍（八十六岁），实在让后人感慨，赵构的心理素质真是过硬，根本不怕鬼敲门。相比之下，英宗在三十八岁时就重病缠身，饱受痛苦之后离开人间，似乎是在为杀害于谦还债。

而夺门之变中的主要骨干，恰恰都是被英宗铲除的。如此一来，后世对这位皇帝少了很多苛责。

而且英宗临死之前做的一件事情，为他挽回了不少口碑。

英宗将太子朱见深召到病榻之前，艰难地一字一句地说："以人殉葬，我所不忍。此事宜我而止，后世不可再有这样的事。"朱见深还能说什么呢，肯定是流泪答应。

从此，明朝历代皇帝实行的嫔妃殉葬制度就此废除了。不过，仅仅为此就说什么英宗"是个好人，不是好皇帝"，纯属夸大事实。

在《天顺日录》中，天顺朝重臣李贤毫不掩饰地称赞：

> 正统十四年间，上在位未尝有失德事。当时王振擅权，致有土木之变。上既回銮，入南城，天下人心慕向不衰。及景泰淫荡无度，臣民失望，一闻上皇复位，无不欢欣鼓舞。

这种说法，恐怕代表了当时很多大臣的立场。那么，真的是这些人智商欠费，看不清事态的本质吗？当然不是。揣着明白装糊涂，才是混迹官场乃至步步高升必需的素质。

作为大明历史上唯一一个享有两个年号的皇帝，英宗在内政上建树平平，对外政策更是失误连连。正统时坐视瓦剌崛起，没有及时采取必要的限制措施，并催生了土木之变，好在有于谦收拾烂摊子。在景泰朝时，瓦剌已经衰落了，但鞑靼却又很不配合地悄然崛起。

天顺五年（1461），鞑靼太师孛来趁朝贡的机会，窃据了陕西北部战略地位极其重要的河套区域。之后一百余年里，大明饱受"套寇"之祸患。

十八岁的太子朱见深继位之后，改次年年号为成化。

他给父亲上的谥号是"法天立道仁明诚敬昭文宪武至德广孝睿皇帝"，庙号则为英宗。这个"英"，绝非英明、英武的意思，而是指"英年早逝，大业未成"。

此前，北宋英宗赵曙和元英宗孛儿只斤·硕德八剌都是早早去世，政绩平庸，显然，英宗绝对不是什么好庙号。

朱见深深受宫廷斗争之苦，经历了废而又立的悲喜剧。他从小由宫女万贞儿养大，两人相濡以沫，终究发生了不可描述的关系，成为后世文人嘲笑取乐的对象。不过，朱见深上台之后，也有一些亲民之举，并为自己赢得了不少好评。

成化二年（1466），在经历了八年流放生活之后，于谦之子于冕从龙门回到京城。他很快向朝廷上书，希望能遵照南宋为岳飞平反的先例，赐予父亲谥号，并春秋庙祭。

显然，于冕敢这么做，肯定得到了朝中一些实权人物的支持。宪宗朱见深没有历史包袱，当然可以听取民意，为自己换取好名声。他首先恢复了于谦的少保和兵部尚书官爵，并派专使去杭州谕祭于谦墓，并颁下了诰谕：

卿以俊伟之器，经济之才，历事先朝，茂著劳绩。当国家之多难，保社稷以无虞，惟公道而自持，为权奸之所害！在先帝已知其枉，而朕心实怜其忠，故复卿子官，遣人谕祭。呜呼，哀其死而表其生，一顺乎天理；屈于前而伸于后，允惬乎人心。用昭百世之名，式合九泉之意。灵爽如在，尚其鉴之。

于谦有北京和杭州两处故居。成化下令将于谦北京故居改为"忠节祠"，以方便顺天府百姓纪念缅怀。

成化还恢复了景泰的帝号，追谥"恭仁康定景皇帝"，并重修其陵寝。虽说谥号仅有五字，远不及明朝皇帝定制的十七字，但总算承认了叔叔的帝位。

想当年，朱祁钰亲手废掉了朱见深的皇太子身份，代之以自己的独子朱见济。成化此举，可以说是以德报怨，自然博得了朝野的广泛好评。相比锱铢必较、连小太监都不放过的他老爹，做儿子的显然要大气不少。

于谦平反的消息传到杭州，家乡百姓无不欢欣鼓舞，奔走相告。在当地士绅的组织下，市民们向巡按御史刘魁请愿，要求依据成化诰谕中的"朕心实怜其忠"，将太平坊南新街的于家老宅命名为"怜忠祠"，从而与北京的"忠节祠"南北呼应，共同纪念这位挽救了大明江山的英雄。

经过请示朝廷之后，刘魁同意了百姓的要求。而于冕则总结了父亲的一生功绩，并邀请大理寺卿夏时正撰写《怜忠祠记》，总结了于谦的光辉一生，盘点了他的心路历程，并深情讴歌了他的浩然正气。其中写道：

　　呜呼，天道好还，不疾而速如此哉！而公保安社稷亿万世以无虞，至仅天语"怜忠"，沛然时雨之降，浣慰忠魂于地，历千百年犹生存，计公有所图报，如生存应当结草以自效也。

　　公道自在人心。于谦用自己的身体力行，在万千国人心目中树立起了不朽丰碑。纵然时光流转，对他的缅怀追忆从未停止。

第十五章

于谦精神耀神州

一、历代推崇，"救时宰相"深入人心

有些人活着，他已经死了。

有些人死了，他还活着。

于谦早已告别了人间，但他的英雄事迹却依然被无数国人深刻铭记。相比后世口碑严重分化的袁崇焕，后世对于谦却是一面倒的好评。石亨、徐有贞等人，永远被钉在了历史的耻辱柱上，就差没有在西湖边上给他们立个跪像了。

成化二十三年（1487），宪宗朱见深驾崩，皇太子朱祐樘继位，改次年为弘治元年。

弘治二年（1489）时，于冕已经六十六岁，进入了古人的风烛残年。他向朝廷上疏，恳求"（于谦）功在社稷，被诬枉死，乞照例赐以赠谥，仍命有司营葬，并将原籍民祠移建坟前，颁赐祠祭文，加赐一祭，有司量拨附近人户看守"。弘治皇帝对于谦相当敬佩，下令赠特进光禄大夫、上柱国、太傅、谥"肃愍"。

赐予赠谥祠额，春秋二祭，谥曰"肃愍"，额曰"旌功"。诰谕中说：

> 奉天承运皇帝制曰：朕惟功大者褒典宜隆，行伟者扬名必远。惟显忠于既往，斯励节于方来。古今攸同，岂容缓也。故少保兼兵部尚书于谦，气禀刚明，才优经济，兼资文武，茂著声猷。当我皇祖北狩之时，正国步艰危之日，乃能殚竭心膂，保障家邦，选将练兵，摧锋破敌。中外赖以宁谧，人心为之晏然，回銮有期，论功应赏。不幸为权奸所构，乃殒其身，舆议咸冤。恤恩已锡，兹复赠特进光禄大夫、上柱国、太傅，谥肃愍，命有司立祠致祭，用昭旌崇之典。于戏！执羁靮，守社稷，劳盖均焉；表忠宜，愧回邪，理则明矣。诞敷嘉命，永贲幽扃。灵爽如存，尚其歆服。

从此之后，于谦不光有北京"忠节祠"、杭州"怜忠祠"南北呼应，他的墓地附近又有了一座"旌功祠"。有这样待遇的名臣，放眼整个中国历史也并不多。对于谦来说，这份荣耀也是当之无愧。

弘治七年（1494），于冕为于谦墓立神道碑，由亲家、礼部尚书倪岳题写。倪岳文笔细腻，鞭辟入里，对于谦给予了高度评价。遗憾的是，这块碑没有保留下来。但通过文字，跨越五百年，我们依然能够感受倪岳的那份景仰之情：

> 内决廷论，外当敌冲；一时安危，万目视公。国步载宁，皇舆遂复；名高毁来，功大弗录。公存以功，公亡以冤，于惟圣明，克俾昭宣，万世之名，一日之厄，失短获长，公亦何责！

弘治十三年（1500），一生致力于为父亲恢复名誉的于冕在杭州去世，终年七十七岁，安葬在了父亲墓旁。作为于谦独子，于冕只有六个女儿，谱系就此断掉了。但在杭州和全国很多地方，对于谦的祭奠活动从来没有停止过。

在于谦的众多铁杆粉丝中，要数心学圣人王阳明的名气最大。成化十八年（1482），即父亲王华高中状元、担任翰林院修撰之后的次年，王阳明与祖父一道来到了京师，成了一位"北京小爷"。

王家距"忠节祠"不远。就在祠前，少年王阳明留下了这样一副对联：

　　　　赤手挽银河，公自大名垂宇宙；青山埋忠骨，我来何处吊英贤。

于谦生活的年代出了奇葩皇帝朱祁镇以及大太监王振，而王振差点害死于谦。

无独有偶。王阳明生活的时代有荒唐皇帝朱厚照以及大太监刘瑾，刘瑾也曾派锦衣卫追杀王阳明。

天顺元年（1457）正月，于谦在北京遇害。整整五十年之后的正德二年（1507）正月，王阳明因为弹劾刘瑾，被发配到遥远的贵州龙场驿。南下路过杭州时，王阳明特意去三台山于谦墓祭拜，并在《于忠肃像赞》中动情写道：

　　　　呜呼！公有姬旦、诸葛武侯之经济勋劳，而踵伍子胥、岳武穆杀身亡家之祸，神人之所共愤也，卒至两地专祠，四忠并列，子孙荫袭，天悯人钦，冥冥中所以报公者，岂其微哉！

王阳明对于谦的遭遇愤愤不平，一度甚至有了浪迹天涯的打算。但他终究还是去了龙场，这才有了脱胎换骨一般的"龙场顿悟"。而于谦在北京保卫战中取得的丰功伟绩，多年来一直激励着王阳明努力自学兵法。

十二年后，在于谦担任过江西巡按的南昌，王阳明率领东拼西凑的义军，在鄱阳湖全歼第四代宁王朱宸濠的舰队，阻止了山寨版朱棣的上台，避免了国家动荡、生灵涂炭。

巧合的是，王阳明平灭宁王是正德十四年（1519），而于谦领导北京保卫战是正统十四年（1449），相隔整整七十年。

于谦在开封任职十七年，河南民众视他为"于青天"。于谦遇难之后，开封百姓在马军衙西，即原河南巡抚官署建立了"庇民祠"，每年清明都有大批民众自发前往祭拜。

到了正德年间，监察御巡按张君等重修庇民祠。一度和王阳明齐名的大才子李梦阳欣然挥毫，创作了《重修开封府于公祠记》以及《庇民祠》诗：

> 朱仙遗庙已沾衣，少保新官泪复挥。
> 金匮山河丹券在，玉门天地翠华归。
> 干城岂合留高祖，秦相何缘怨岳飞。
> 最怪白头梁父老，哭栽松柏渐成围。

王世贞是明末文坛领袖，也是知名历史学家。在《弇山堂别集》中，他不吝赞美之辞：

> 洪武三年庚戌，御史中丞刘基以谋策功封诚意伯，天顺十四年己巳，兵部尚书于谦以靖乱功加少保，正德十六年辛巳，南京兵部尚书王守仁以擒叛功封新建伯。文臣中最为灼然者，皆浙人。刘赠太师，于赠太傅，王赠侯，皆在易世论定之后，于事尤奇。

这个评价相当高了。作为明朝浙江三杰，刘基、于谦和王阳明有很多共同点。

他们都出生在书香门第，有着相对较高的起点，甚至有着相当辉煌的家世，绝非张居正、严嵩那样的草根出身。

他们都自幼聪慧，在同龄孩子中很容易脱颖而出。三人均在三十岁之前考中进士，可以说相当不容易。

他们都是文官，人生最高光的时刻却都因一场经典战役而成就。

刘伯温辅佐朱元璋，在鄱阳湖大战中打败了陈友谅，为大明王朝的建立奠定了扎实基础。

王阳明独立领导了平定宁王的鄱阳湖水战，挽救了大明王朝。

于谦则担任兵部尚书、总督军务，仅用五天时间就打败了瓦剌侵略军，实现了北京保卫战的伟大胜利，创造了中国城市防御史上的经典战例。

相比刘伯温与王阳明的病故，于谦冤死京师，倒在了自己用生命捍卫过的城市，显得更为悲壮。

于谦当时已经年老多病，英宗完全可以将他软禁在杭州，而不必以如此极端的方式结束他的生命。

如果朱元璋公开处斩刘基，嘉靖公开处斩王阳明，肯定会让他们的声望与影响力上一个台阶。但这两个皇帝并没有这么做。

嘉靖十六年（1537），巡按浙江监察御史周汝员在祭扫于谦墓后，下令钱塘县令李念进行修葺，扩大规模，历时五年方完工。

万历十八年（1590），浙江巡抚傅孟春以"肃愍"谥号不能概括于谦的生平伟业，上《请改谥疏》，请求改于谦谥号为"忠愍"。

这一年，神宗万历皇帝不过才二十八岁，却似乎已经提前进入中年。他一心想将郑贵妃所生的三子朱常洵立为太子，而群臣依据祖制，要求立王恭妃所生的长子朱常洛。这场轰轰烈烈的"争国本"持续了十五年，最终，心力交瘁的神宗做出让步，立了朱常洛为太子。

万历被文臣折磨得相当痛苦，他一定会想到百余年前，景泰易立太子时遭受的漫天指责，他也一定期望自己有一个于谦式的忠臣，而不是张居正式的权臣。

万历皇帝改于谦谥号为"忠肃"，并颁下了《赐谥忠肃谕祭文》，并指派傅孟春代表朝廷祭扫于谦祠墓，告之以改谥之意义：

> 惟卿钟灵间气，着望先朝。属多难以驰驱，矢孤忠于板荡。社稷是守，力推城下之要盟；樽俎不惊，坐镇道旁之流议。返皇舆于万里，维国祚以再安。赤手扶天，不及介推之禄；丹心炳日，宁甘武穆之冤。此恤典所以频加，而公论犹有未惬。爰颁谕祭，再易嘉名，贲华衮于重原，表风清于百世。卿灵不昧，尚克祗承。

从此，于谦的谥号定为"忠肃"，他也被后人称为于少保、于忠肃。

于谦从来没有担任过内阁大学士，却在民间拥有了"救时宰相"的美誉，知名度和影响力远胜明朝大多数真正的首辅，公道自在人心。

到了这一年（1590），东北的女真部落已经蠢蠢欲动。昔日宣德、正统父子坐视脱欢统一瓦剌而没有干预，为土木之变埋下了伏笔。而万历一朝对努尔哈赤兼并女真各部落的行为也没有加以约束。最终酿成了萨尔浒之战的惨败。

永乐迁都北京，一个重要目的就是为了控制草原和东北。但在吸纳了数十万明朝降军之后，清朝最终消灭了南明，成为继元朝之后第二个实现大一统的少数民族政权。而且相比元朝对汉地管制的相对宽松，清朝的统治远为严苛。

但就尊重和保留华夏传统文化这一点来说，清朝做得比元朝要成功得多。要不然，他们的统治也不可能维持二百六十多年。

康熙三十四年（1695），于谦祠因年久失修已经相当破旧。杭州知府李铎看在眼中，痛在心里。他不忍心英雄的身后之所如此荒凉。而且当时康熙帝正大力弘扬忠孝精神，对于谦当然只会说好话。

李铎并没有拆除旧祠，而是在其右边另建一座新祠，这不能不说是个聪明的选择。一张白纸上作画，什么都可以按心思来，而翻修旧祠，免不了各种麻烦。全新的于谦祠气势宏伟，布局大气，李铎还亲笔写下《重修于公祠墓记》，对这位英雄给予了高度评价：

> 自古有经济者，未必有经天纬地之经济；有功业者，未必有再造社稷之功业。惟天地间气所钟之伟人，而后有天下后世不朽之功烈，在治世则为良臣，在乱世则为忠节，非反经以行权，其达权正

所以守经也。

　　自从宣德在南京监国，到弘光在南京称帝，这期间只有正德皇帝下过一次江南，还遭到了满朝文臣的强烈反对。可到了清朝，一切都不一样了。康熙和乾隆都是六下江南，满汉大臣却不是批评而是歌颂，不是怀疑而是盲从，不是对抗而是巴结。当然，为了麻痹后人，清朝编修《明史》时，对前朝进行了相当程度的丑化抹黑，彰显明清易代的正当合理。

　　康熙六下江南，后五次均到过杭州，而乾隆更是每次都必到杭州。今天，我们去旌功祠参观时，只要一走进大殿，在高大肃穆的于谦全身像前，就可以看到一幅"丹心抗节"匾额，这正是乾隆祭奠后留下的。

　　乾隆十六年（1751）三月，这位四十一岁的皇帝第一次下江南。抵达杭州后，乾隆住在西湖边上的孤山行宫。这里距于谦祠墓不远，他不仅亲自过去祭拜，还亲笔写下了这个匾额。不过。乾隆的原作已经遗失，如今挂上的只是集字所成。

　　雍正七年（1729）和乾隆十一年（1746），于谦祠经历了两轮修葺。到了道光元年（1821），这里又显得相当破旧了。在浙江巡抚陈若霖和当地诸多名流的大力支持下，杭州府筹集八百两银子进行翻新，直到次年二月才宣告完工。

　　这一年，一位晚清名人也慕名而来，捐出了自己的官俸，并且写下了一副影响后世百年的楹联："公论久而后定，何处更得此人。"

　　说起这个人的名字，中国人没有不知道的，他就是林则徐。于谦抗击瓦剌的英雄事迹，显然也一直激励林则徐在投机盛行、贪污成风的晚清官场上，能长期保持敢于任事、奋发向上的积极心态。

在《重修于忠肃公祠墓记》中，林则徐毫不吝惜自己的景仰之情、尊崇之意：

> 维公纯忠伟伐，与岳忠武同昭天壤，千古以两少保称。……如公浩气不磨于宇宙，祠墓之有无，初不足为加损。然守土者顾听其圮剥而莫之省，尚奚以言治哉！余拜公墓已然凡七，盖公拊于先茔，而子弟孙曾以次拊焉。惟祠文信国于墓左，其义无考，岂以公生平向慕信国，尝悬画像拜之，故为是以成公志耶？九原而有知也，公方尚有信国，进而尚友岳忠武，相与徜徉于湖光山色间，感念志事，抚膺言怀，亦庶乎其不孤已！

十七年后，林则徐领导了著名的虎门销烟，沉重打击了英国殖民者，唤醒了四万万国人的觉醒意识，拉开了中国近代史的序幕。而整整二百年后的我们，也会为这样的文字所吸引，所赞叹，更为于谦的爱国精神与民族气节所震撼，所感动。

因这篇文章，我们也会很自然地联想到另一位安葬在西湖边上的伟人。

二、西湖为伴，岳飞于谦相映生辉

作为土生土长的杭州人，于谦归葬三台山，自然是非常理想的归宿，当然也是他个人的心愿。也许是上天有意成全，在于谦祠墓不远，就有岳飞墓暨岳王庙。

同样是捍卫了家国天下的军事天才，同样有着俗世难容的罕见操守，同样以子虚乌有的罪名被处以极刑，同样在一年中最寒冷的隆冬毅然赴死，同样有小人物冒死运出尸体，同样最终长眠于西湖之滨，为后人世代讴歌，永远怀念。

如今，岳飞和于谦两人的名字，已经成为民族英雄的同义词；他们的事迹，数百年来激励着一代代中华儿女；他们的不幸遭遇，让后人一再警醒，难以释怀。

十二世纪初，金国无疑是东亚武力最强大的政权，甚至可以说是"东亚朝贡体系"的核心。他们灭掉了昔日的宗主国辽国，占据了中原全部领土，并对偏安江南的南宋发动了多次侵袭，试图一统华夏。

面对亡国灭种的危机，南宋军民展现出了罕见的血性与战斗力，进行了多年的顽强抵抗，让金军吃足了苦头。其中，岳飞与刘光世、韩世忠和张俊并称为"中兴四将"，他们一道扛起了捍卫河山、光复华夏的重任。

而其中年纪最轻、资历最浅的岳飞，却是取得建树最多、抗金意志最坚决、影响最大的一个。其麾下近十万精兵，在民间被称为"岳家军"。

绍兴十一年（1141）年底，距新年仅有两天之时，宋高宗赵构和宰相秦桧以"莫须有"的罪名，将岳飞杀害于大理寺监狱。岳飞的儿子岳云和大将张宪，则被公开处斩。

狱卒槐顺冒着生命危险，将岳飞的尸体背出钱塘门秘密安葬，从而得到了留名青史的机会。

绍兴三十二年（1162），宋孝宗赵昚即位之后不久，即为岳飞平反，恢复荣誉，改葬在西湖栖霞岭。淳熙四年（1177），孝宗令太常寺为岳飞拟定谥号，初拟"忠愍"；次年（1178）最终确定为"武穆"。

宋宁宗嘉泰四年（1204），岳飞被追封为鄂王，追赠太师。宋理宗宝庆元年（1225），改谥"忠武"。但民间依然习惯以"岳武穆"称呼岳飞。

岳飞与于谦，一武一文，都在山河破碎、生灵涂炭之时，以无畏的勇气承担起了捍卫江山社稷的职责，在抗击外来侵略的历史上，写下了极为精彩的一笔。

他们都有极为出色的军事指挥才华。岳飞有收复建康、襄阳的突出业绩，更先后四次北伐，取得了颍昌大捷、郾城大捷等辉煌胜利，甚至让金国将领患上了恐岳症。"撼山易，撼岳家军难。"

而于谦尽管只领导了一次北京保卫战，却因此一战成名，永载史册。在这场战役中，于谦的用兵调度、时机捕捉和决战发起，都极为纯熟，完全不像一个从来没有指挥过重大战役的"菜鸟"。

岳飞与于谦生活的年代，相隔了三百余年。宋朝与明朝面临的最大威胁，都来自北方少数民族政权。家国危难之时，方显男儿本色。两人都赶上了一个需要英雄也能产生英雄的时代，登上了一个呼唤传奇也能成就传奇的平台。

但是，岳飞与于谦能够脱颖而出，一个最为重要的原因，还是他们敢于任事，勇于担责，不畏来自敌方的威胁，也不在乎来自内部的掣肘。中国传统文化鼓励保守，忌讳冒尖，"枪打出头鸟"，如果二人一心循规蹈矩，按部就班，那么，他俩在史书上也只能留下一条简单的记录，绝对不可能有辉煌的历史地位。

　　岳飞和于谦的结局非常相似。他们的遇害，很大程度上出于统治者的忌惮和猜疑，所谓"欲加之罪，何患无辞"。

　　他们的惨死，使其英雄形象更加深入人心；他们的不幸归宿，反而成全了他们的永垂不朽。这其实是杀人者最不愿意看到，却应该想到，很大程度上也无法避免的事情。

　　岳、于两人都是理想主义者，都有着不合时宜的天真。当然，这份天真本不是坏事，但遇到疑心太重的君主，他们的仕途甚至生命，必然难以维持长久。

　　绍兴七年（1137）秋，岳飞去建康朝见宋高宗，直言不讳地建议早立养子赵伯琮（即赵昚）为皇储，以免金国在开封将钦宗之子立为皇帝。岳飞此举是为了宋朝的稳定，并非私利，更非想要干政，却让多疑的高宗大为不满。

　　而正统十四年（1449），在明英宗被俘之后，于谦不赞成立两岁的皇太子为帝，带头拥立二十二岁的郕王，一定程度上忽略了英宗的感受，由此为自己的悲剧埋下了伏笔。

　　岳飞和于谦都被人说成是性格原因而遭遇横祸，但事实上，这些个性上的小小"瑕疵"，真的可以作为政治对手杀害他们的理由吗？

　　诚然，二人做事都不是八面玲珑、密不透风，但绝对不是缺心眼儿之人。宋高宗曾夸赞岳飞是"小心恭谨、不专进退"。所谓"迎回二圣"，也是岳飞跟着高宗喊的，是为了提振士气，高宗不喊了他也马上叫停。

　　于谦作为景泰朝兵部尚书，很注意不"过界"，既不反对接回明英宗，又对景泰易立太子不明确表态，只是专注于军务。唯有在自己的领域，才坚持主见不愿让步，甚至有过"此一腔热血，意洒何地"的感慨。无限放大其性格问题，就是鸡蛋里挑骨头了。

在《战士与苍蝇》中，鲁迅不乏激愤地写道：

> 战士死了的时候，苍蝇所首先发见的是他的缺点和伤痕，嘬着，营营地叫着，以为得意，以为比死了的战士更英雄。但是战士已经死了，不再来挥去它们。于是乎苍蝇们即更其营营地叫，自以为倒是不朽的声音，因为它们的完全，远在战士之上。的确的，谁也没有发见过苍蝇们的缺点和创伤。然而，有缺点的战士终竟是战士，完美的苍蝇也终竟不过是苍蝇。

这段评价，特别适合岳飞和于谦。

岳、于二人都洁身自爱，因而家资有限，这一点反而为当权者所忌惮。

战国末期，秦国大将王翦率大军（号称六十万）伐楚之时，再三向秦王要求赏赐大批良田美宅。这么露骨的"自污"，雄才大略的秦王嬴政居然很受用，也很放心。

但岳飞和于谦都不屑于王翦这种玩法，他们作为掌握重兵的高官，经手的军费难以统计，如果想贪污，有着太多的机会。如果想受贿，送礼的人很快就会门庭若市。但他们所受的教育，他们对自己品质的要求，却让自己一直廉洁自律，找不到什么污点。这让当权者非常忌惮，当成是有政治野心的强烈信号。

岳飞认为"文臣不爱钱，武臣不惜命，天下当太平"，表现出的远大气魄，与"直捣黄龙府"的豪情，在经历过"苗刘之变"、一度被赶下台的宋高宗眼里，只能被视为隐患。

而于谦坚持"一身正气，两袖清风"，身为从一品高官却生活节俭，让人抓不住把柄，自然为很多同道所不容，也让英宗不爽。

俗话说"狡兔死，走狗烹；高鸟尽，良弓藏"。可明明亡国灭种的威胁还在眼前，明明面对的不是狡兔而是恶狼，宋高宗偏要置"中兴四将"中年纪最轻、战斗力最强、军功最卓著、抗金意志最坚定的岳飞于死地，很有自毁长城的味道。

而明英宗通过"夺门之变"上台之后，面临的外部压力远小于宋高宗赵构，但依然低估了鞑靼部孛来的野心，并埋下了深重祸患，只因他再也找不到第二个于谦，再没有于谦式的能臣为他赴汤蹈火。

但一个最不容忽视的问题是，赵构只比岳飞小四岁，他们完全是同龄人。赵构有过"苗刘之变"差点被赶下台的变故，对于掌握军权的武将本能的不信任，即便岳飞是他一手提拔起来的，他也担心自己控制不住，到时候丢掉的就不光是皇位，而是老命了。

因此，岳飞的悲剧，很大程度上确实无法避免。而他所受的传统忠君教育，也不允许自己做刘裕、桓温。

而明英宗比于谦小二十九岁，且天顺元年时，于谦早已经病痛缠身，多次期望告老还乡，连理论上的反叛图谋都不存在。在朝中，于谦从不曾结党营私，他下狱后为他说情的重臣一个也没有。

因此，英宗完全没有杀于谦的必要。所谓夺门之后"不杀于谦，此举无名"的说法是相当荒唐的。但自身的狭小气量，以及徐有贞们的挑唆煽动，还是让英宗走到了这一步，并让自己和宋高宗一样，成为昏君的典型。

　　而岳飞与于谦，却永远为国人所景仰和缅怀。他们的身后之所，也成了全国游客到访西湖的重要理由。如果没有他们二人，西湖在中国景区中的地位，也不会如今天一样。

　　西子湖畔安葬的英雄，除了岳飞和于谦，还有南明兵部尚书张煌言。他们三人，并称为"西湖三杰"。

　　在清朝铁骑踏破中原疆土，又在江南制造无数血案之时，张煌言一介书生，正是在岳飞和于谦精神的感召与鼓舞之下，勇敢地掷笔提枪，毅然走上反清复明的艰巨道路，用自己单薄的身躯，书写了反抗清朝的精彩篇章，也比较充分地展现了他的军事天赋。

　　张煌言没有遇到宋高宗、明英宗这样的昏君，但遇上了众多把个人利益凌驾于民族苦难之上的合作者。适逢清朝势力最为强劲之时，张煌言纵然才华过人，殚精竭虑，终究改变不了时代大势。但这种"明知不可为而为之"的执着，正是中华民族最为宝贵的精神财富，也最好地诠释了岳飞和于谦的民族气节与抗争精神。

　　张煌言知名度不高，但能够与岳飞、于谦同葬西湖，就是对他事功与努力的最好肯定。而他的诗作《甲辰八月辞故里》，情真意切，文采飞扬，振聋发聩。笔者也以这首诗，作为本书的结尾，再度向三位民族英雄致敬：

> 国亡家破欲何之？西子湖头有我师。
>
> 日月双悬于氏墓，乾坤半壁岳家祠。
>
> 惭将赤手分三席，敢为丹心借一枝。
>
> 他日素车东浙路，怒涛岂必属鸱夷！

后记

在创作完成《心学圣人王阳明》和《大明设计师刘伯温》之后，我就将主要精力，放在对明朝"三大文臣"中的最后一人——于谦的撰写中。

在我的心目中，于谦的功业不输于刘伯温和王阳明，而操守品行甚至还要略胜他俩一筹。

我仰慕于谦的才智与毅力，钦佩他的勇敢和果决，痛心他的结局与悲剧。更对他当时受到的冷遇，有一些失落和惆怅。

在如今的中国，提起于谦，99%的国人往往想到的是一位相声演员；而明朝的于谦，却已被很多人淡忘和忽略。但人们是否知道，相声演员于谦老师为什么要取这样的名字？正是他的父母为纪念保卫了北京城的民族英雄于谦。

即便在明朝于谦的故乡杭州，他的知名度也远不如另一位少保——南宋抗金名将岳飞。这两位英雄都葬在了西湖景区，但相比岳飞庙内的人潮如织，于谦祠前却明显冷清。这实在是让人相当无奈的事情。

对于明朝于谦这位伟人，我们过去关注的其实不是太多，而是太少。在一个特别强调情商和人际交往的时代，于谦的性格难免被一些人贴上不聪明、不成熟、不理性的标签。这对一位英雄来说，似乎并不公平。

当然，于谦的功业无须任何人肯定，于谦的伟大无须任何人证明，但笔者依然觉得，作为一个创作者，有义务帮助更多读者认识和理解真实的于谦，认识和了解那段直接改写中国历史进程的时光。

今年是壬寅虎年，正好是于谦的本命年，是清末林则徐重修于谦旌功祠、创作《重修于忠肃公祠墓记》二百周年，因而特别值得纪念。

一条京杭大运河，将北京和杭州这两座既有辉煌历史又引领时尚风潮的大都会联系了起来。笔者长年生活在北京，这是于谦曾经用生命捍卫过的城市。每次拜谒西裱褙胡同的于谦故居（忠节祠），看着高楼林立的东长安街上，有这样一座小小宅院能够赫然挺立，强烈的崇敬感便油然而生。

而杭州的于谦墓及旌功祠，皆坐落在西湖之滨，掩映于绿树之中，别有一番幽静与雅致。笔者一直期望，带着拙作《要留清白在人间：大明捍卫者于谦》去杭州，作为送给这位大英雄，送给这座城市，送给第19届亚运会的小小礼物。

可惜，因为新冠肺炎疫情，杭州亚运会被无限期推迟举办。"五一"前后，北京疫情又明显升级，上千万市民的生活受到影响。可以说，这是新时期一场特殊的"北京保卫战"。

作为中国的首都和政治、经济及文化中心，北京的抗疫行动具有示范意义，牵动着无数国人的神经。

要赢下这场战"疫"，我们确实要学习于谦坚韧不拔的奋斗精神、敢为人先的创新精神、出城迎战的无畏精神、临危不惧的牺牲精神、倡言北伐的进取精神、同情民生的务实精神。

于谦已经告别这个世界五百多年，可他似乎又从未离开。我们有理由相信，抗击疫情的"北京保卫战"一定会取得胜利，杭州亚运会一定还会成功举办，中国的未来会更加美好，于谦在杭州、在北京、在全中国会得到更多的纪念与尊重。

史料可以不断发掘，而史观也可以不断改变。以前很多被认为天经地义的结论，如今已然被否定和淘汰。对今天的历史写作者来说，绝不能满足于充当古籍的搬运工和白话文翻译，而应该在大量研究分析史料的基础上，做出负责任的、经得起推敲的史论。

本书以正史为蓝本，加入了自己的合理想象与推理，力求呈现一个血肉丰满、真实可信的于谦形象，同时，笔者也期望对那个云谲波诡的时代，进行自己个性化的解读。

相比王阳明和张居正这样一些知名度更大的人物，于谦的史料确实要少很多。本书并非小说，也不能虚构人物和事件，因而创作之中确实存在不少困难，甚至一度有放弃的打算。庆幸的是，我还是坚持了下来，并完成了这部近二十万字的作品。

本书能够顺利出版，首先，要感谢广大读者的支持，给了我坚持写作的动力与快乐。其次，要感谢为出版付出很多心血的河南文艺出版社领导及刘晨芳老师。再次，要感谢清秋子、王觉仁、吕峥和李浩白等同行作者的帮助指点。最后，还要特别感谢过去十年给予我帮助和支持的刘鹏、李黎明、刘峰和吕进等朋友。

　　笔者深知世上没有完美的作品，欢迎读者朋友拨冗指正，非常感谢。

燕山刀客

2022 年 6 月于燕郊

扫码上解锁

☑ 有声诵读　☑ 明史大案

☑ 读书笔记　☑ 追忆交流

主要参考文献

1.（明）于谦. 于谦集（上下册）[M]：杭州：浙江古籍出版社，2013.

2.（明）陈建. 皇明通纪（上下册）[M]：北京：中华书局，2011.

3.（明）谈迁. 国榷 [M]. 北京：中华书局，2003.

4.（明）叶盛. 水东日记 [M]. 北京：中华书局，1980.

5.（明）张岱. 石匮书 [M]. 北京：故宫出版社，2017.

6.（清）谷应泰. 明史纪事本末 [M]. 北京：中华书局，2015.

7.（清）夏燮. 明通鉴 [M]. 北京：中华书局，2014.

8.（清）查继佐. 明书 [M]. 济南：齐鲁书社，2014.

9.（清）张廷玉，等. 明史 [M]. 北京：中华书局，2015.

10. ［英］崔瑞德，［美］牟复礼编. 剑桥中国明代史［M］. 北京：中国社会科学出版社，2006.

11. ［美］黄仁宇. 万历十五年［M］. 北京：生活·读书·新知三联书店，1997.

12. ［加］卜正民. 哈佛中国史·挣扎的帝国：元与明［M］. 北京：中信出版社，2016.

13. 高阳. 明朝的皇帝［M］. 桂林：广西师范大学出版社，2006.

14. 李湖光. 战争事典：霸者逐鹿·明蒙战争［M］. 北京：中国长安出版社，2014.

15. 林语堂. 苏东坡传［M］. 西安：陕西师范大学出版社，2009.

16. 马渭源. 大明帝国. 景泰、天顺帝卷（上下册）［M］. 南京：东南大学出版社，2016.

17. 孟森. 明史讲义［M］. 北京：民主与建设出版社，2015.

18. 庞乃明，闫志猛. 教科书里没有的明史［M］. 北京：中华书局，2013.

19. 钱国莲. 于谦年谱［M］. 长春：吉林文史出版社，2005.

20. 钱国莲. 风孰与高——于谦传［M］. 杭州：浙江人民出版社，2006.

21. 十年砍柴. 皇帝、文臣和太监［M］. 广州：广东人民出版社，2007.

22. 汤纲，南炳文. 明史［M］. 北京：故宫出版社，2011.

23. 温功义. 明代宦官［M］. 上海：上海人民出版社，2014.

24. 吴晗. 明朝大历史［M］. 西安：陕西师范大学出版社，2010.

25. 燕山刀客. 王阳明传［M］. 北京：中国友谊出版公司，2019.

26. 燕山刀客. 刘伯温［M］. 北京：文化艺术出版社，2021.

27. 赵现海. 十字路口的明朝［M］. 成都：天地出版社，2021.

28. 指文烽火工作室. 明帝国边防史［M］. 长春：吉林文史出版社，2015.

29. 于谦研究会选编. 于谦研究第一辑［N］. 北京：中国文史出版社，1998.

30. 于谦研究会选编. 于谦研究第二辑［N］. 北京：中国文史出版社，2001.

31. 于谦研究会选编. 于谦研究第三辑［N］. 北京：杭州出版社，2005.

32. 于谦研究会选编. 于谦研究第四辑［N］. 北京：杭州出版社，2007.

33. 于谦研究会，杭州于谦祠编. 于谦研究资料长编［N］. 北京：中国文史出版社，2003.

34. 赵其昌主编. 明实录北京史料［G］. 北京：北京出版社，2018.

35. 李新峰. 论元明之间的变革［J］. 古代文明，2010（4）.

36. 王伟. 明前期士大夫主体意识研究［D］. 东北师范大学博士论文，2011.